价值链视角下山东省科技创新与产业升级的耦合研究

任燕 —— 著

本书由青岛科技大学学术专著出版基金资助●

经济管理出版社
ECONOMY & MANAGEMENT PUBLISHING HOUSE

图书在版编目（CIP）数据

价值链视角下山东省科技创新与产业升级的耦合研究/任燕著．—北京：经济管理出版社，2018.12

ISBN 978-7-5096-6122-2

Ⅰ.①价…　Ⅱ.①任…　Ⅲ.①技术革新—关系—产业结构优化—研究—山东　Ⅳ.①F124.3 ②F127.52

中国版本图书馆 CIP 数据核字（2018）第 246281 号

组稿编辑：李玉敏
责任编辑：李玉敏
责任印制：司东翔
责任校对：王淑卿

出版发行：经济管理出版社
（北京市海淀区北蜂窝 8 号中雅大厦 A 座 11 层　100038）
网　　址：www. E-mp. com. cn
电　　话：（010）51915602
印　　刷：北京玺诚印务有限公司
经　　销：新华书店
开　　本：720mm×1000mm/16
印　　张：16
字　　数：261 千字
版　　次：2018 年 12 月第 1 版　　2018 年 12 月第 1 次印刷
书　　号：ISBN 978-7-5096-6122-2
定　　价：58.00 元

序

本书研究切入视角比较新颖，作者基于当前我国产业升级转型、高质量发展的紧迫需要，以价值链分工背景下科技创新与产业升级能够相互促进为主线，分别选取创新维度、产业维度和国际分工三个维度，在制造业行业层面和山东省地区层面上，对山东省参与价值链分工及科技创新和产业升级的特征性事实进行多方位测度，同时研究科技创新和产业结构升级的耦合关系，并对科技创新和产业结构升级的耦合机制进行刻画，从而使研究成果具有较强的系统性、创新性和学术价值。

当前对科技创新与产业结构关系研究的文献中，尚无从价值链分工背景下研究科技创新和产业升级二者的耦合关系。本书从耦合的视角出发，在价值链分工背景下，力图通过对科技创新与产业结构升级的耦合关系进行理论、实证与应用研究，研究山东省科技创新与产业结构升级之间“共生、互动、匹配、协同”的动态复杂关系，并通过合理的战略设计及政策引导，促进价值链分工背景下山东省科技创新和产业结构升级的融合发展。这既是一个全新的视角，也具有理论与实证研究上的创新与挑战性。该书融合了价值链分工理论、科技创新理论与产业结构理论的研究成果，对价值链分工背景下科技创新和产业升级的耦合关系进行了定性分析和定量研究，丰富了科技创新与产业升级二者关系的研究。在研究方法上，本书基于创新价值链的角度构建科技创新和产业结构升级评价指标体系，对科技创新与产业结构耦合进行了理论分析、实证研究及有效路径探讨，具有重要的理论意义。有助于加快山东省科技创新步伐，从而推进山东省产业结构升级，通过创新优势，发展出优势产业，带动相关产业的转型，并能够形成优势互补，进一步增强创新优势和产业实力。因此，对科技创新和产业结构的耦合进行深入细致的研究，具有重要的现实意义。

本书的重要贡献具体包括：

第一，已有的研究大多数是对科技创新与价值链分工的关系进行单独研究，或者是单独关注产业升级与科技创新的关系，针对价值链分工的背景，将科技创新、产业升级纳入到一个整体框架进行综合研究，较为少见。而本书试图全面分析三者间的关系，于价值链分工的背景下，将科技创新、产业升级进行整合，这种综合考察能够更为全面地发现问题，并避免因单独考察某一个或某两个层面而导致的内生性问题。

第二，已有的研究，更多关注科技创新对产业升级的影响，而对产业升级对科技创新的影响，以及二者之间的相互影响和协调机制，较少展开研究。本书思路更为全面，从不同的角度对两大系统的耦合机制进行刻画与检验，从而有助于更好地认识和促进二者之间的良性影响机制。

第三，科技创新、产业升级、价值链分工是一国一地区经济发展的重要维度，本书通过对三者的整合研究，能够在更加系统、全面的角度下，分析山东省在价值链分工背景下，科技创新和产业升级的联动机制，并以此为基础，提出有针对性的政策建议，从而在价值链分工背景下，实现科技创新和产业结构升级的联动。

臧跃茹

2018年7月2日

目 录

导　言

开放背景下，科技创新、产业升级和国际分工，无疑是经济发展的三大维度。科技创新成为经济发展的主要动力，其对经济增长及产业结构调整的意义不言而喻；从经济发展的历史看，正是科技创新带来了新的产品及新的产业，推动了产业结构升级；而当前大多数国家及地区的技术进步及产业结构升级均是在开放背景下实现的，参与国际分工是其基础条件之一。世界经济发展的不同时期，国际分工也体现为不同形式和特征，当今的国际分工体系呈现价值链分工也即产品内国际分工的特点。从广泛参与国际价值链分工并取得成功的国家经验看，能否在价值链分工背景下实现技术进步与产业结构升级，并实现科技创新与产业结构升级的耦合也即相互促进的关系，对经济发展至关重要。而从经济理论及经济发展的实践来看，科技创新与产业升级从来不是单独获得，二者紧密联系。如果科技创新能够有效推动产业升级，或者产业升级能够成功孕育科技创新，也即能实现科技创新与产业升级的耦合发展，则一国或一地区的经济发展就能进入良性循环，反之则将陷入恶性循环。

从价值链分工的角度而言，高度参与国际分工正是带动中国大多数地区经济近三十年高速发展的原因之一。山东省处于中国经济发展与改革的前沿，自改革开放以来相关制造业即积极参与价值链分工，在这种开放背景下，取得了制造业的技术进步及产业结构升级。在科技创新的基础上，衍生出了大量的新兴产业，科技创新的力量，是山东省产业结构升级的重要支柱，也是山东省经济增长必不可少的一环。我们以微笑曲线描述全球价值链分工体系，可以发现山东省大多数企业尚处于其底端，这意味着在全球化分工的利益分配中，山东省处于劣势地位。国内外经济格局的演变，已经使得山东省的现有价值链分工模式及其技术进步和产业结构升级效应受到了较大冲击。在山东省经济的发展过程中，低成本曾是其重要的竞争优势之一，但随着多种生产要素如劳动力、原材料等价格的大幅度上升，山东省企业的低成本竞争优势已经不复存在，也难以再以此为基础参与价值链分工。面对这一挑战，山东省参与价值链分工的方式，必须从低附加值向高附加值阶段发展，在这一过程中实现科技创新和产业升级的耦合。在建设创新型经济的背景下，如何提高已经高度参与全球价值链分工的制造业的科技创新能力，并以此优化山东省产业结构，对山东省转变经济增长方式，实现经济可持续发展起着至关重要的作用。

从科技创新的角度考察，从“十一五”规划开始，科技创新成为国家发展政策中的重中之重。科技创新不再只是一个经济维度，而是成为我国国家发展的重要战略之一。中共十八大以来确定的创新驱动方针，强调加强基础研究，增强自主创新，在再创新的基础上更加注重原始创新，并以科技创新驱动产业结构升级。《国家中长期科学和技术发展规划纲要（2006—2020）》，给出了科技创新的明确要求。要求我国应建设成为创新型国家，彻底转变旧有模式，不再依靠高投入高能耗推动经济增长，而是要提高科技创新对经济增长的推动作用，以提高科技进步贡献率的方式带动经济增长。为了保障科技创新产出，强调迅速提高研发投入。从创新产出的角度衡量，科技进步贡献率，要从39%提升至60%；从创新投入的角度衡量，研发投入占GDP的比率，要从1.35%提升至2.5%。这进一步说明，科技创新和产业结构升级，除了其重要的经济含义，更是已经成为涉及我国中长期发展规划的战略性问题。

从产业升级的角度而言，价值链分工背景下，产业结构调整不仅仅是实现在产业间和产业内的升级，即不再是简单以某种产业取代另一种产业，而更体现在提升价值链分工的位置，强调在价值链分工体系上从中低端跃升至高端环节，从而提升产业素质和结构。从山东省的产业发展和升级来看，传统产业的改造，只能依靠科技创新，实现根本转型；而新兴产业的发展，无疑更要强调科技创新力量。也即山东省产业结构的转型升级，根本的带动力量来自于科技创新，这是价值链分工实现升级跃迁的根本动力。国际环境已经对山东省的产业发展形成两端挤压，高端制造业向发达国家回流，低端制造业向发展中国家转移，这样的国际倒逼机制形成的困局，只能由科技创新的力量进行破局。而科学技术日新月异的发展，是山东省科技创新的机遇，我国国际化战略的实施，如“一带一路”的推进，“中国制造2025”的全面启动，更是山东省国际化拓展和产业结构升级的机遇。以此为契机，倘若能实现要素驱动模式的根本转型，以科技创新的力量取代资本等要素大量投入的力量，则能够摆脱传统的发展模式，从价值链分工体系中底端的劳动密集型环节，转向高端的技术密集型环节，这也就形成了产业结构升级，并从价值链分工转向创新链分工。

目前，科技创新与产业结构升级的研究，已经不仅仅体现在单一的经济领域，而是成为事关中长期内山东省经济发展的整体战略。当前，山东省处于新机遇和新挑战并存时期。改革开放初期，山东省通过高度参与价值链分工，实现了经济高速增长，技术水平及产业结构不断提高。但参与价值链分工，导致过度消耗资源，依靠大量投入带动增长，属于典型的粗放型增长方式。这种方式不仅会严重损害生态环境，更会使经济增长及产业升级依赖于粗放投入，使低技术、低能耗的产业比重大，产业结构不合理，部分低技术产能过剩，而在经济增长和产业升级过程中，严重缺乏核心技术，大量的尖端核心技术依赖进口。在经济新常态和创新经济时期，过去的高投入、高能耗，低效率、低成本的产业模式，已不具备发展基础。从国际环境看，新一轮的科技创新正在形成，世界各国新技术研发和新产业布局正在蓄势待发，由此形成新技术和新业态。作为世界经济中心的美国，已连续三次发布《创新战略》，积极实行政策吸引国外的高端制造业向本土回流，也说明了其对科技创新的重视。而在与中国存在竞争关系的国家，如东南亚等发展中国家，经济迅速启动，劳动力丰富、成本低廉，加上土地等其他生产要素的成本也低于中国，因此，制造业中的高端部分向发达国家回流，而低端部分由于强调成本低廉，正在大量从中国迁往东南亚等成本更低的国家。这也意味着山东省在价值链分工背景下的科技创新和产业结构升级，从高端，会面临来自于发达国家的阻击打压，限制山东省的科技创新和高端制造业的发展；从低端，又受到成本更低的发展中国家的强有力竞争，是从低端对山东省制造业的挤压。如此，低端制造业的转出，高端制造业的回流，将在短期内导致出现大量的产业空白点，甚至出现产业空心化的危险。而技术的发展日新月异，技术革命层出不穷，如果在这样的技术进步中，山东省不能实现技术创新，就无法带动产业的发展，尤其是对于高度依靠科技创新的新兴产业，将无法在国际市场立足，无法面对全球竞争并占据制高点。

基于此，对应于科技创新、产业升级和国际分工三大维度，本书将价值链分工背景下的科技创新和产业升级进行整合，纳入统一的分析框架，在此框架内，对山东省制造业行业的科技创新、产业升级等数据进行实证研究，以价值链分工为背景研究山东省科技创新和产业结构升级的耦合关系，并从科技创新和产业升级角度为提升山东省价值链分工地位提出相关的政策建议，可以成为政府部门政策制定的参考依据。根据本书的测度，近年来山东省价值链分工地位有所下降，与价值链分工相伴而来的技术进步及产业结构升级，也逐渐步履维艰，相应的效应逐年下降。而科技创新与产业结构升级系统的耦合虽然处于初级阶段，但耦合度处于不断改善的过程中。对山东省科技创新与产业结构升级系统的耦合机制及对策研究表明，通过合理的战略设计及政策引导，实现两大系统的高度耦合，能够使山东省科技创新有效推动产业结构升级，产业结构升级又能顺畅地反作用并推动科技创新，也即实现两大系统之间的动态耦合，共生互动，匹配协同，以促进价值链分工背景下山东省科技创新和产业结构升级的融合发展。

第一章　价值链、科技创新及产业升级的理论阐释及含义界定

本章将对全球价值链分工、科技创新、产业结构升级及耦合等研究对象进行理论阐释及含义界定。

第一节　价值链分工的理论阐释及含义界定

一、价值链理论的兴起

1985 年，迈克尔·波特最早提出了价值链的概念。自此，价值链成为一个重要工具，被使用在企业或国家的竞争优势上。要诊断一个企业的竞争优势，关键在于分析其产品或服务的成本和差异化。如图 1-1 所示，波特将企业的经营活动划分为基本活动和支持性活动两种。生产制造、产品营销、物料运输及售后服务等，属于基本活动范畴；原料采购、技术研发、企业规划、人力资源、基础设施等，属于支持性活动范畴，二者共同构成了企业的价值链。

价值链把一个企业的生产加工过程分解为与其战略性发展相关的不同活动，企业的发展历史、战略规划、推行战略的途径不同，其所从事的单个活动方式及这些活动本身的根本经济效益不同，也即决定了企业的竞争优势不同。从价值链的各个环节考察，一条价值链上包括的各个环节，由多个连接点连接

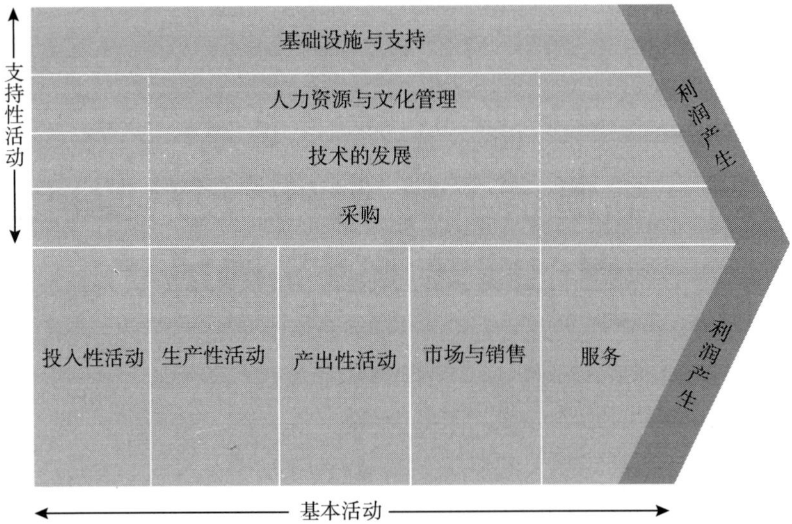

图 1-1　迈克尔·波特“价值链”分析模型示意图

而成，从而使分散的各个环节成为一个有机的整体。因此，这些连接点是价值链上至关重要的环节，具有战略意义。企业的经营活动能否顺利展开，经营成本能否降低，经营收益能否提高，都取决于这些连接点。因此，价值链分工体系的形成，企业竞争优势的获得，取决于依靠连接点连接而成的各个环节能否构成一个系统的整体，而不是靠各个环节的单打独斗。竞争优势的形成，不仅在于有效协调和扩展各个连接点，更在于最大限度地发挥各个连接点作用。同时，竞争优势的巩固，在于能否创造出异于竞争对手的产品或服务，即差异性的价值，尤其在连接点，也即战略性的环节，决不能与竞争对手雷同，否则，将无法从市场竞争中脱颖而出，无法获得企业的竞争优势。只有致力于战略性环节上的差异性或创新性，才能支撑企业的发展和竞争。价值链及价值链上的战略环节，决定和提高着企业的核心竞争力和竞争优势。

二、全球价值链分工的含义界定

从现象上而言，20 世纪 80 年代之后，国际分工凸显为产品内分工的特点，也就是价值链分工。价值链分工开始盛行之后，诸多学者开始研究这一现象，有的从国际经济学的角度进行宏观研究，有的从经济学和管理学的角度，结合企业的国际生产展开研究。当价值链分工超越一国界限实现世界范围内的分工和合作，则成为全球价值链分工。理论界对全球价值链分工的内涵进行了多种形式的界定。

Dixit 等于 1982 年提出多阶段生产概念，从企业生产过程的空间配置展开研究，企业生产的不同阶段，在不同的空间上完成，而如果大多数或所有阶段配置到国外，则将对本国的经济增长和技术进步不利，因此，应采取相应的政策措施，如有效的贸易保护，使产品的一部分生产配置于国内，即一部分附加值在国内形成。2001 年 Arndt 等以零散化生产描述价值链分工，也是将企业的生产过程进行不同空间的配置，但其重点在于考核不同的生产环节配置于不同的国家和地区，将会对该国或该地区带来什么样不同的影响。Krugman 于 1995 年的研究，将价值链分工的侧重点置于价值链分割的角度，研究的侧重点在于如何对价值链进行分割，决定价值链分割的因素是什么，而这种分割对国际贸易和分工又会带来什么样的冲击。Bhagwati 等于 1994 年对价值链分工的研究，从国家的角度出发，指出不同国家都拥有各自的相对优势，而这种优势正好会与价值链分工的不同阶段相对应，从而使企业的不同阶段配置于不同国家，类似于百花齐放，形成万花筒式相对优势。Arndt 在 1997 年的研究，以发达国家为主体，研究其跨国公司的生产经营模式，在国际分工的基础上，以外包和转包的形式，将企业的某一部分功能向国外的企业转移，形成价值链分工的全球配置，并且在全球价值链分工体系中，通过保留战略性环节和功能，居于主体地位，获取更大的分工利益。Feenstra 于 1998 年的研究，以中间产品的贸易盛行为出发点，研究高度发达的国际贸易现象及高度分散的国际生产体系，指出由于中间产品贸易的盛行或贸易的一体化，导致了国际生产阶段的分散或生产的非一体化。Hummels 等于 2001 年提出垂直专业化分工贸易，从中间产品贸易入手，分析全球范围内的生产分割，侧重于研究决定价值链分工的条件或因素，并详细研究了如何测度价值链分工的程度及其影响。卢锋于 2004 年的研究，从企业生产的角度出发，研究产品生产在世界范围内的分割，以产品内分工（Intra-product Division）的现象为研究的侧重点，将产品内的分工环节与不同国家的要素条件和相对优势进行匹配，从影响因素的角度研究价值链分工及其利益。Grossman 等于 2006 年提出了工序分割的概念，指出当前的国际生产和分工，由于产品不同工序的分割，中间投入品的可得性而不是最终市场决定了生产形式和贸易格局。

概而言之，价值链分工是一个纷繁复杂的经济现象，从不同的主体出发，会有不同的概念表述；而研究的侧重点不同，也会有不同的经济学范畴和管理学范畴的表述。典型的代表如经济学家提出的国际生产体系、生产非一体化、垂直专业化分割、工序分割等概念，管理学家提出的供应链、转包、外包、价值链、代工等概念。总而言之，价值链分工属于产品内分工的范畴，将产品的生产予以分解，生产过程又可以划分为不同的生产环节，而不同的生产环节会在不同的国家完成，因此，要完成这种产品的国际生产，将会出现大量的从别国进口中间产品，加工生产后的更高环节的中间产品，又会继续出口到下一环节的国家，直至最后完成最终产品的加工生产。不同国家或地区对价值链分工的关注，是由于不同的生产环节在分工体系中的地位及话语权不同，该国或该地区能够获得的分工利益也就不同。一般而言，每个国家或地区都希望能够占据价值链分工体系中的高利益环节。

Hummels 等于 2001 年给出的价值链分工的含义，是公认的比较权威的解释。按照这一理论，价值链分工应满足三个条件，首先产品的生产体系能够分解，即生产环节能够分离；其次生产环节的空间配置不受限于国内市场，能够从全球选择合适的场所进行相应环节的生产；最后价值链分工是一种生产体系的全球配置，且与国际贸易体系密切相关，体现为大量的中间产品在全球的流动，而最终产品也有相当部分是在国际市场流动。

本书对全球价值链分工的内涵界定将主要借鉴 Hummels 等人（2001）的分析。从功能来看，一种产品的生产起始部分为研发设计环节，这一环节最看重的要素无疑是技术和研发人员，该环节的空间配置，将选择在技术和研发上有优势的国家或地区；研发设计环节完成之后，将是产品的生产环节，包括各种核心零部件及非核心零部件的生产，并将多种零部件加工组装，生产为最终产品，这一环节，无疑会看重资本和生产成本因素，该环节的空间配置，将选择在资本和成本上有优势的国家或地区；生产环节完成之后，进入到最终产品的销售环节，产品的品牌、销售、售后服务是这一环节的基本功能，这一环节，无疑会看重资本和技术因素，该环节的空间配置，将选择在资本和技术上有优势的国家或地区。如此，一种产品的生产和销售，将突破一个国家的界限，生产和销售的触角向全球延伸，从空间上与全球相连，将世界上主要的国家和企业卷入这一分工体系，最终形成功能庞大、无所不包的全球价值链分工网络。

三、创新价值链分工的含义

随着科技创新对经济发展重要性的凸显，理论界开始将价值链与创新结合。如果说决定当前竞争优势的基本工具是价值链的话，那么一国维持当前及未来竞争优势的工具就是创新价值链。Hansen 等在 2007 年提出了创新价值链的概念，认为创新价值链的目的是提高企业绩效，过程可以概括为从创意产生到转化为商品，并把创新看作是循序渐进的连续过程，该过程包括创意产生、转化和推广三个阶段。Roper 等于 2008 年的研究，把创新价值链的研究从概念阶段推进到了模型化阶段，指出创新价值链对于知识的获取和加工，包括获取知识、转化知识和利用知识，最终形成创新产出。基于以上研究 Roper 构建了三阶段创新价值链（如图 1-2 所示），第一阶段是获取知识阶段，通过企业本身的研发从内部获得知识，通过与其他企业的合作获得外部的知识来源；在第二阶段对知识进行加工转化，把理论知识成果，转化为实际经济效益，如生产过程中的新工艺和生产过程结束后的新产品，这是知识转化为创新产出的阶段；第三阶段，创新可以循环往复地进行，在新工艺的基础上继续延伸，带来

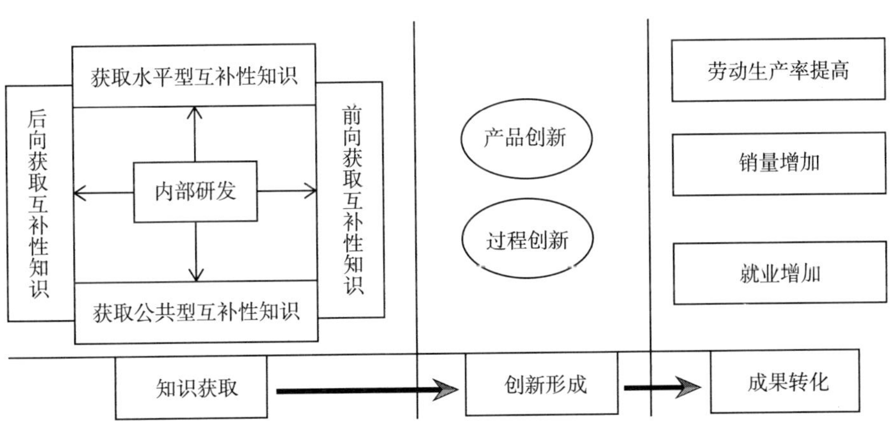

图 1-2 三阶段创新价值链示意图

更新更高的工艺和产品，是创新产生附加值的阶段。由此可见，创新价值链强调了创新价值链循环上升的动态过程。Ganotakis 等于 2012 年将创新价值链理论应用到了对创新评价的实证研究中，以创新价值链为工具，分析了英国企业的创新过程。

本书认为，要理解创新价值链分工的含义，应将科技创新和全球价值链分工相结合，以对其本质特征进行澄清。首先，对创新价值链分工从技术角度进行划分，某特定产品的生产技术可以分解时，该产品的生产过程也必然可以分解，即形成一种新的分工形式，不同的技术和生产环节，不在同一个企业甚至同一个国家内部完成，而是将其配置于不同空间点完成，不同的国家和企业都会参与进来，而一国企业参与相应环节的创新价值链分工，就能从外部获取相应的技术能力。其次，创新价值链分工成为可能之前，生产体系配置的早期阶段，体现为由一个国家、一个地区甚至一个企业完成全部环节，而创新价值链分工，突破了空间和企业对生产环节的制约，使生产环节能够向全球延伸，由不同国家和地区的参与来共同完成，因此，技术的传播能够借助价值链在全球完成。最后，从创新的开发和附加值的提升分析，一国技术创新水平的提升在于能够将参与价值链分工获取的外部技术消化吸收，形成本国企业和整个产业的劳动生产率优势，从而使得在创新价值链不同环节上的跃升成为可能，而更高的环节必然意味着更多的利益、更大的科技创新及产业升级效应。但一国及相关企业从参与全球价值链分工及创新价值链分工中能够获取的科技创新及产业结构升级效应，则由众多现实因素决定。

第二节　科技创新的含义界定

一、创新理论的兴起和发展

1. 创新概念的提出

创新的概念最早是由熊彼特（Joseph A. Schumpeter）明确提出。1912 年和 1935 年，熊彼特先后对创新理论进行了系统阐述，认为创新来自于生产活动的过程，人们试图将生产要素重新组合，如投入新的原材料，使用更新的生产方法，将更新的产品以更新的销售策略销售至更新的市场，凡此种种，都是以人们的智慧改进生产或商业方法，也即寻求生产要素的重新组合，这就是典型的创新，而创新之后，又会产生和形成新的经济变动。

按照熊彼特的定义，创新体现为五种形式，第一是新的产品，如手机的第一次出现；第二是新技术，如智能手机的生产方法；第三是新市场，远的如地理大发现时代，全球市场从欧洲市场向新的大陆和市场的拓展，近代如对发展中国家市场的开拓；第四是新材料，如各种人工合成材料应用于生产中所带来的进步；第五是新组织，第一次工业革命之后，从家庭生产走向工厂生产，20 世纪以来，从国内企业的生产走向跨国公司的生产等，都属于这一范畴。创新也意味着对旧有的破坏。也就是说，创新不仅包括新产品、新技术、新供应来源等新组合的产生，也包括对旧有的、低效的工艺与产品的破坏和替代。创新过程与破坏过程同源，也即二者可以理解为“创造性破坏”过程。当景气循环到谷底的时候，开始破坏旧结构，创新能力差的企业被淘汰出局，旧结构得以破坏；创新能力强的企业脱颖而出，新结构得以创造。在这一过程中，经济得以增长，生产效率得以提高，使产业又重新变得有利可图；大量企业家进入该产业，竞争加剧，从而收益递减，进入景气谷底，周而复始。如果说熊彼特之前的时代，经济学家们强调研究价格竞争对经济增长的推动，那么熊彼特之后的时代，人们已经认识到，只有依靠创新的竞争，才能实现经济增长。

企业家作为创新的主体，其职能是不断创新，因此企业家首先必须是有创新才能的人。然而，只有创新是不够的，如新的生产方法和商业方法，如果不进入生产体系，将是没有意义的创新。因此，发明家不一定是创新者，只有发明家的发明进入生产体系，发明者才能称作是创新者。

本书认为，参与价值链分工的企业，使用进口的中间产品及跨国公司的技术，以垂直一体化的形式组织生产，供应全球市场，这一过程就已经包含了上述五种创新。而在这一过程中，能够同时实现本国本地区产业结构的提升。从价值链分工的角度来看，产品及产业结构的升级，不在于一种产业取代另一种产业，也不仅仅在于由一种产品取代另外一种产品，而是重点在于生产环节功能的提升上，即从劳动密集型的环节，能够跃升至资本和技术密集型的环节。

无疑，这取决于科技创新的推动作用，而产业升级后，能够形成对科技创新的再度驱动也同样重要。这也就是本书强调的协调互动或者耦合，科技创新和产业升级的协调互动，正是这两大系统的耦合。

2. 创新理论的发展

熊彼特的创新理论形成了较大影响力，尤其是“二战”结束之后，各国重视科技和创新对经济的推动，而第三次科技革命及其之后世界经济的黄金增长期以及产业结构的迅速提升，使人们意识到科技的巨大作用。由此创新理论再次受到各国学者的重视，针对创新展开了更为广泛细致的研究，成为创新理论更加兴旺发展的一个时期。这一时期代表性的学者包括 Edwin Mansfield、Morton I. Kamien、Nanoy L. Schwartz、Panl A. David、Zvi Griliches 等。

这一时期，科技创新扩散研究的代表人物为 Edwin Mansfield，他于 1980 年提出了科技创新扩散的模仿理论。该理论认为技术模仿是技术扩散最重要的过程，如果一项科技创新仅仅是影响了一个企业，而没有得到其他企业的模仿，也就是该项技术并没有在产业内得以扩散，当然也就不会产生较大的经济影响并带动整个产业及经济的发展。因此，一个企业是否采用新技术，不只是由本企业决定，更受其他企业的影响。如果一项技术在其他企业使用效果好，生产效率及企业利润有较大提高后，这项技术自然会被更多的企业采用，由此，该项技术会在产业内扩散开来，整个行业的效率得以提高，产品和产业结构升级得以实现。该理论提出了模仿率的概念，并指出模仿率决定了技术如何扩散，模仿率高的新技术，能够更为简单和迅速地被行业内其他企业使用，技术得以在本行业逐步推广。Mansfield 提出了一个简单的模型来解释模仿率，即一个创新企业要多久才能将创新成果扩散到行业中的其他企业，指出技术创新扩散存在周期，而技术扩散的速度在不同时期有较大差异。一项新技术在使用初期，技术本身可能还不成熟，使用新技术的风险可能高于利润，其他企业对该技术的模仿率很低，在这一阶段，技术扩散的速度非常缓慢，创新对产业的推动作用也非常有限。但是随着技术的成熟和技术风险的下降，有更多的企业愿意使用该技术，模仿率迅速提高，技术扩散进入起飞阶段。创新技术的扩散，也使得其对产业和经济的推动作用迅速提升。之后，行业内大多数企业已经使用该技术，技术基本成为标准化技术，此时，技术带来的经济收益极低，生产也基本趋于饱和，使用该技术的产品竞争激烈，利润极低，也没有必要再去模仿该项技术，技术扩散进入衰退阶段，扩散速度逐步趋于缓慢直至停止。这个过程大致类似于一条“S”形曲线。新技术引入初期，突破技术风险并实现市场利润的时间最长，大概需要15年，而一旦突破技术风险，能够带来可观的市场利润后，技术扩散的时间就会大大缩短，起飞阶段大约3年时间，达到饱和状态后，衰退速度加快，仅需要短短几个月，就会进入技术扩散的停止阶段。这一过程，也正是全行业进行科技创新并实现产业升级的过程。从耦合的角度分析，只有科技创新与产业升级的耦合，才能更快更顺利地实现技术扩散和模仿。

20世纪70~80年代之后，正是第三次科技革命的鼎盛时期，对科技创新的研究也相应地进入最活跃的时期。经济学家们将决策理论、信息理论、竞争理论、组织管理行为理论以及数理统计方法等都应用在对科技创新的研究上，使科技创新研究的成果极大丰富。这一阶段对科技创新的研究不限于企业，而是上升到国家创新的高度。典型的代表是英国经济学家Christopher Freeman对日本经验的研究，1987年，他从技术政策与管理绩效出发，指出不仅仅是企业对科技创新的作用重大，政府机构对科技创新同样重要，并把科技创新推进到国家创新系统的范畴。科技创新的过程中，国家能够发挥极大的推动作用，不仅仅是对于创新，在技术引进和扩散中，更要依靠各种政府机构组成的网络，以及各种相应的组织和制度，从而能够更好地完成技术的创新和扩散。科技创新与政府职能结合，构成国家创新系统，这是一国经济追赶和跨越的科技基础。

二、科技创新的含义

创新是永恒的话题，尽管在不同时期，不同主体对创新的定义不同，但其本质仍旧相同。最初熊彼特将创新的含义概括为一种新的组合，无论是新产品、新工艺、新市场、新原料来源还是新的组织形式，都是生产条件或生产要素的前所未有的新组合；之后，美国国家科学基金会拓展了创新的含义，除了熊彼特指出的范畴之外，认为只要是技术变革，都属于创新范畴，并将不需要引入新技术的改进和模仿纳入技术创新的范围；Freeman认为，技术创新特指首次商业性转化，包括新的技术工艺在生产中的应用，新产品的出现，新系统、新过程和新服务导致的新的市场实现等；2004 年，我国对技术创新做出了含义界定，主要指企业开展的研究与试验发展；目前，《国家中长期科学和技术发展规划纲要（2006—2020 年）》对创新又进行了含义界定，认为创新不仅指原始创新，还包括引进消化吸收再创新，强调集成创新和增强国家创新能力。

基于这些基本含义，本书认为，不能单纯从技术或经济行为出发分析科技创新。任何科技创新都是一个复杂过程，即包括对研发的投入和创新成果的产出，更包括在企业和生产中使用这一创新成果并带来市场份额和经济利益，也包括创新成果从本企业向行业内其他企业的扩散或产业化推广，是一整套的复杂过程和体系。对于企业而言，科技创新主要指企业的研发投入、创意产生，继而形成现实的生产方案和工艺，并能够使用这一全新的技术方案生产全新的产品，这是狭义的科技创新。但从中观和宏观的角度而言，科技创新不单单是一个企业的事情，需要多方参与，具有多环节的特征，是一种广义的范畴。企业的技术研发和科技创新，由于能够提升生产率和经济利润，会带来示范效应，行业内其他企业会采用这一新技术发明，通过模仿、引进等手段，实现技术扩散，从而形成产业的技术进步，改进现有的生产状态，带来整个产业生产绩效的提高，又会推动更多企业成为下一步技术创新的主体，形成良性循环，这是一种广义的技术创新。与熊彼特时代的科技创新不同，尽管科技创新都是对投入的生产要素的一种全新组合，或者是一种全新的生产函数，但创新主体不再是由一个企业或一个企业家完成，科技创新虽然仍具有非竞争性和排他性的特点，但科技创新如果要具有可持续性，则必须将科技创新主体从企业内部推进到产业层面。

基于此，本书认为，科技创新包括应用新技术推动产业生产绩效提升的全过程，包括技术的研发、实验室成果的推出和在生产上的应用，提升生产工艺，改进产品质量，开拓新的市场并获得更大的市场份额，以及将这一系列的利益从企业内部向产业层面推广。在价值链分工背景下的科技创新，必须更加强调自主性、原创性，而不能仅仅侧重于技术和工艺上的创新与改进。从创新价值链的环节界定，科技创新不仅仅是在产品的技术研发环节上，零部件的生产、组装工艺的改进、品牌的推广、销售策略的创新，都包含创新成果的转化。因此，科技创新又不是仅局限于技术层面，非技术创新同样重要，如价值链各个环节涉及的创新，包括品牌创新、管理创新、销售创新、售后服务创新、商业模式创新等，其重要性正在逐渐凸显，对于一个企业及国家竞争优势的提升，意义不亚于技术创新。

开放背景下的科技创新，要处理好与技术引进的关系。科技创新无疑应以掌握核心技术为目标，以创新主体为主导，最终获取自主知识产权，但开放背景下的科技创新，绝不应进行封闭式创新。突破国家的界限后，国家能够有更为广泛的技术来源，在开放的大环境下，合理参与全球价值链分工，引进先进技术，从而更有效地利用全球创新资源，使技术引进有效地促进本国的科技创新和产业升级。

三、科技创新的内容和特点

从内容上看，科技创新主要包括如下三个方面：

第一，消化吸收再创新，指通过外部技术来源，选择高于本国现有技术水平的先进技术，对其积极引进，并在引进之后进行相应的消化吸收和改进突破，有所创新，成为本国本企业所有的新技术和新产品，而改进之后的技术应高于引进时的技术水平，并能够在国际市场有竞争优势。这种创新对产业结构升级的作用主要体现在对传统现有产业的改进和推动作用上。

第二，集成创新，指围绕战略性产品或特定市场需求进行的研发战略，并争取实现关键技术的突破，在关键技术的带动下，整合其他方面的技术要素并进行有机融合。这种基础创新对于落后国家极为重要，通过引进战略性产品的技术，在后发优势的背景下整合本国的进行技术创新的要素，实现对战略性产业的突破。

第三，原始创新，是最具有科技创新特点的一种创新，是一种突破性的创新，而且是由本国企业的自主研发所形成的具有首创性特征的科技创新，对现有的技术及产业形成优胜劣汰。原始创新可以改变产业模式，淘汰旧有产业，形成新兴产业，能够有效促进产业结构升级。

从我国参与全球价值链分工的现实来看，我国大多数产业都是以低成本优势切入价值链分工，在切入价值链分工初期一般会大规模引进国外先进技术，因此，这一阶段的技术创新以消化吸收再创新的方式为主。而在参与价值链分工的中期，需要技术水平和创新程度更高的技术。而为了保障竞争优势，发达国家的企业不会转移最先进最核心的技术，只会转让边缘化或标准化的技术，其技术含量不是太高。因此，如果在这一阶段还是单纯依赖从国外引进，已经无法满足经济发展和产业升级的需求。唯一的出路，在于强调集成创新的作用，以避免外资企业技术垄断地位，增强本土企业自主研发和科技创新能力，以缩小与发达国家的技术差距和产业结构差距。也即跨过参与价值链分工的初始阶段后，能否推动原始性的科技创新，从而摆脱对外国企业的技术依赖，由国内企业研发实现核心、关键技术的突破，以及之后能否带动产业结构升级，则成为至关重要的问题。

科技创新的内容广泛，从而呈现出不同的特点，但一般体现为优先性和原创性的特点。

优先性指新技术成果应具有独占性的特点，尤其在竞争程度激烈的国际市场，能否抢占先机，具有优先进入市场的特点，决定了企业能否保持竞争优势。率先获得技术创新的企业，如智能手机初期的苹果，由于对智能手机技术的创新，进入几乎没有竞争对手的全新市场，不仅占有了大量的市场份额和经济利益，也成为未来进一步创新的主体。

原创性强调企业对技术的控制能力。来自于企业外部的技术，如对引进的技术进行的二次创新，一方面会面临更多的竞争对手，另一方面企业也缺乏自主研发的能力，后续技术创新能力不足。因此，原创性的科技创新，强调企业的研发投入和研发人员的培养，以此带来源于企业内部的技术突破。价值链分工背景下，强调的就是参与分工的企业，要摆脱对技术提供方的依赖，实现自主知识产权的技术突破。但价值链分工背景下的科技创新，更加注重对战略性环节的创新，并不要求对整个产品体系技术的独立研发，对于非战略性环节，可以从企业外部获得技术供应；但对于核心环节，则必须强调本企业的自主研发，以免受制于人，无法进行未来的科技创新。

四、我国科技创新的发展

我国国内对创新理论的研究时间较晚，最早的研究文献之一是唐岳驹对熊彼特创新理论的介绍，他系统地引进了创新理论，对创新的定义、形式及其对经济增长、经济周期的影响，做了系统介绍。1988 年，经济学家厉以宁在《技术创新经济学》一文中，总结了国外技术创新理论的发展现状，并对不同创新理论的观点和影响予以详细的分析。此后，随着科技创新对经济作用的凸显，国内对于创新的研究日益活跃。

从科技创新的实践来看，改革开放后我国大量引入外部的创新能力，处于对技术的原始追赶和积累阶段，在科技创新上主要表现为替代和开放式的特点，强调对外部先进技术的引进和消化吸收，实现在改进引进技术基础上的创新。

20 世纪 80 年代至 90 年代初，科技创新在我国处于萌芽时期，这一阶段的科技创新集中在对日本科技进步的经验介绍和学习上。许辛在 1984 年将日本的发展阶段进行了划分，"二战"后的初期阶段体现为"教育立国"的阶段，通过教育为未来的技术创新积攒人才；之后为"贸易立国"阶段，积极引进先进技术，消化吸收后结合日本本土特色进行再创新，并获得了竞争优势，支撑日本包括汽车、钢铁产业在内的出口；第三阶段为"科技立国"阶段，开始由技术引进转向技术自主研发，但技术的主要来源还是由外部而来；最后一个阶段是"自主创新"阶段，日本的许多新兴产业和战略性产业，都是在本土技术研发和创新的基础上脱颖而出。何道峰 1986 年的研究，从企业创新意愿的角度提出了自主创新和奉命创新的概念，认为企业的创新意愿决定了科技创新成果产出的数量和质量。由于技术创新的投入大风险高，企业自主创新的动力不足，更愿意以旧有的技术水平生产，不愿求变，此时创新意愿系数为负；但在政府主导型的经济体制中，企业是按照政府的意愿奉命创新，可以把创新的成本和风险转嫁给政府，此时创新意愿系数为正，但由于政府决策的效率低于市场主体，奉命创新的经济效益会低于自主创新。这一阶段，在对科技创新理论尤其是日本经验的研究中，初步奠定了我国以技术引进为主导的科技进步和创新模式。

20 世纪 90 年代至 21 世纪初，科技创新的作用更加凸显，而对科技创新的研究也随之深入推进。这一阶段对科技创新的研究呈现三个特点：其一是侧重于理论研究，对科技创新的理论基础、概念特点及作用机理展开了深入研究，但很少有实证方面的研究，导致对科技创新的研究不够细致客观；其二是将科技创新和技术引进结合起来研究，这是由于我国作为发展中国家，技术基础薄弱，更注重外部的技术来源；其三是将技术创新放到更为宏观的国家层面，但没有根据不同产业和不同地区的特点，有对比地分析不同产业不同地区在技术水平和技术创新能力上的差异。这一时期代表性的研究包括陈劲于1994年的研究，指出了科技创新的含义和特点，并着重强调技术引进与科技创新密不可分，认为技术引进是科技创新的起步，一国科技创新的路径就是引进、消化、吸收、改进和创新；与此类似，柳卸林（1997）认为，科技创新可以是基于模仿和引进的创新，也可以是基于企业研发和自主知识产权轨道的创新；傅家骥于1998年对科技创新进行了详尽阐述，包括其含义、特点及战略意义等，强调科技创新是企业的能力，发现技术难题，组织企业研发，形成技术突破，并将技术突破应用于企业生产和经营，实现技术的商业化应用并获取市场或利润，从而实现技术创新的目标，并认为科技创新是企业和国家经济发展的战略性环节。同时，学者也开始关注经济方面的其他问题与科技创新的关系，如对其与产业结构的关系进行研究。李念其于1991年指出，产业结构合理化和高级化都属于产业结构调整的内容，而科技创新能从这两个方面起作用，企业通过技术引进，提高消化吸收能力，实现改进型突破，或者企业组织自主研发，实现技术突破，提高自主创新能力。这两种路径，都能使企业获得更新的科技成果，并将其转化为生产力和产业优势，从而带动产业结构调整。许庆瑞（1990）认为，创新对产业结构的影响具有层次性，由于产业结构涉及的范畴广，包括教育培训、人力资源、知识推进、结构变化等因素，这些因素都对产业升级存在较大的影响，而技术创新可以作用于这些因素，从而能直接或间接地推动产业结构升级。

2004年以来，科技创新成为我国发展的重要战略，对科技创新的研究也进入成熟阶段。自“十一五”规划开始，我国的“十二五”“十三五”规划中，屡屡提及提高自主创新能力，标志着我国进入科技创新的时代，科技创新也上升到国家战略的高度。与此相对应，有关创新的研究也更加丰富多样，散布在经济、管理以及其他学科领域中。除了对科技创新的理论研究，更强调结合产业层面和区域层面的数据展开实证研究，获得了有针对性的结论，但研究成果的争议也较大，尚未达成共识。

而多年以来，我国积极参与价值链分工，使之成为我国科技创新的开放背景。因此，对我国科技创新的研究，必须结合这一背景，以了解我国开放式科技创新的历史背景和发展轨迹。简而言之，价值链分工背景下，我国的科技创新以技术引进为出发点，“以市场换技术”，以要素优势切入全球价值链分工，以大规模引进国外先进技术，实现在引进基础上的技术进步和经济发展。作为特殊发展时期的政策，参与全球价值链分工，引进外资，“市场换技术”战略初衷是好的。然而，科技研发和技术创新正属于价值链分工的战略环节，跨国公司竞争优势的根源，正在于其技术垄断地位，因此，“市场换技术”战略本身就存在目标不合理的问题，不可能换来真正的核心技术。国内参与价值链分工的大多数企业，过于依赖外国企业的技术能力，自身的科技创新能力非常薄弱，甚至被锁定在低端。另外，我国经济水平的提高和技术能力的进步，使诸多行业与发达国家技术差距缩小，而由于要保持竞争优势，我们也不能寄望于从国外获得最先进最核心的技术，我们能够获得的，只能是边缘化的非核心技术，因此，再靠技术引进，已经无法支撑我国的产业发展和科技创新。目前的关键，是要形成自主创新能力，摆脱对技术引进的依赖，实现核心技术的突破。

第三节 产业结构升级的含义界定

一、产业结构理论的兴起

1. 配第—克拉克定理

较早对产业结构的论述是在 1691 年，英国古典经济学家威廉·配第（Willian Petty）指出，产业结构会随着经济的发展而改变，有形的财物生产是传统经济模式的产业结构的重心，而随着经济的发展，产业结构的重心转向无形的服务性生产。在《政治算术》中，威廉·配第提出，按照利润贡献的高低来看，最低的是农业，以农业为主的国家其收入水平最低；其次是工业，以工业为主的国家其收入水平必然高于以农业为主的国家；而商业的利润贡献率又高于工业，以商业为主的国家其收入水平又会高于以农业和工业为主的国家。即各国的产业结构不同，其收入水平就会不同。而收入情况也会影响要素的流动，比如劳动力，无疑会从农业到工业再到商业流动。配第的研究揭示了产业结构升级的内在规律，也即生产要素由低向高流动。

之后有大量经济学家针对威廉·配第的分析展开后续研究，其中代表性的观点是英国经济学家科林·构拉克（Colin Clark）在1940年的研究，其进一步分析了经济发展中产业演变的规律，可以说是对 Willian Petty 研究的印证和完善，从而形成了较大影响力，被称为配第—克拉克定理。由于产业间相对收入的差异，一国的就业人口最初主要集中在第一产业；随着经济的发展和国民素质的提高，为了提高收入水平，就业人口会向第二产业转移；而当国民收入水平进一步提高后，第三产业开始吸收大量的就业人口，其原因在于如下两个方面：

首先，第一产业的产品大多是人们的生活必需品，弹性较小。随着整个社会生产率的提高，国民收入也不断提高，而对生活必需品的需求却不会有大的增加，因此第一产业在国民经济中的比重下降。而人均收入水平提高后，人们强调生活品质，会更多消费在耐用品甚至是奢侈消费品及服务上，在生活必需品上的消费比重会进一步下降。因此，服务类产品和高附加值的产品，容易保持更高的价格。与之相应，会有更多的劳动力从产品价格和利润较低的第一产业，转向产品价格和利润较高的第二和第三产业。

其次，第一产业存在技术进步慢、生产周期长、劳动生产率提高困难等特点，甚至存在边际报酬递减的规律。与此相反，国民经济中的第二和第三产业，投资空间大，技术进步的速度快，劳动生产率的提高能力显著，甚至会呈现边际报酬递增的规律。因此，从经济发展和产业结构演进的规律来看，第一产业需要的劳动力不会大幅度增加甚至会逐年减少，而第二、第三产业需要大量的劳动力，吸纳的就业人员会越来越多。

按照配第—克拉克定理的描述，我国产业结构的演进历程不外如是：新中国成立初期以第一产业为重心；改革开放后第二产业迅速崛起，成为产业结构的重心；21世纪以来，我国后工业经济的特征明显，第二产业的增速下降，第三产业突飞猛进地发展，已成为我国产业结构的重心。需要注意的是，在价值链分工背景下，产业结构升级的含义又有所拓展，除了产业间的劳动力转移，还会出现产业内和产品内的转移。

2. 库兹涅茨法则

20 世纪 40 年代，库兹涅茨（Simon Kuznets）把第一产业定义为 A 部门，其范畴为农业、林业、渔业和狩猎；将第二产业称为 I 部门或工业部门，其范畴除了制造业，还包括采矿业、运输业、建筑业等；将第三产业称为 S 部门或服务业部门，其范畴为商业、贸易、仆佣、金融、政府等。

库兹涅茨的研究中，提出了比较劳动生产率的概念，不同产业的劳动力比率不同。假设一国的总产值为 G，劳动力总量为 L，某一产业的产值和劳动力数量分别为 G_i 和 L_i，则该产业的劳动力比率 B_i 为：$B_i=\frac{G_i/G}{L_i/L}$。一般而言，第一产业的劳动力比率小于 1，而第二和第三产业的劳动力比率大于 1。此外，倘若一个国家的产业结构差异不大，则各个产业的劳动力比率差异就较小；若一个国家的产业结构差异较大，或者经济的二元特征明显，各个产业的劳动力比率差异也就越大。

库兹涅茨的研究中，以 4 个欠发达国家和 13 个发达国家为研究主体，以其经济发展和产业结构为研究对象，分别进行了纵向和横向的研究，得出如下结论：首先，大多数国家中，第一产业的产值比重及劳动力比重，都会在长期内低于第二和第三产业，同时，第一产业无论是产值比重还是劳动力比重，都会不断下降；其次，第二产业的产值比重大致呈现上升趋势，但对劳动力的吸纳能力与产值能力不成正比，劳动力比重大致稳定不变；最后，在总产值中的份额，第三产业大致呈现不变或没有持续上升的趋势，但对劳动力的吸纳能力远远高于其产值比重，在所有国家，第三产业的劳动力比重都呈现上升趋势。

库兹涅茨的研究，拓展了产业结构的研究领域，不仅仅研究三次产业的产值，把劳动力的研究也纳入分析框架。概而言之，三次产业中，国民收入相对比重上升趋势最大的产业是工业，服务业的劳动力吸纳能力最强，相对比重上升趋势最明显。农业往往是国家经济发展的起点，但它的产值比重和劳动力比重都最低并持续下降，因此不宜作为产业结构的重心；工业的产值比重上升空间大、速度快，是一国经济起飞阶段产业结构的重心，对经济发展具有重要的意义；而服务业是吸纳劳动力最强的产业，也是工业失去上升空间后的产业重心。

3. 钱纳里的工业化阶段理论

在20世纪50年代，钱纳里（Hollis B. Chenery）构造了“多国模型”，根据不同国家经济的演进过程，区分不同人均GDP的标准，把一国经济的演进过程划分为6个时期，如表1-1所示。按钱纳里多国模型的人均GDP标准，目前，中国大多数地区，包括山东省，已经进入工业化后期。

表1-1 钱纳里多国模型对工业经济发展阶段的划分

单位：美元

<table>
<tr><th>时期</th><th>人均GDP标准（1970年）</th><th colspan="2">发展阶段</th><th>阶段特征</th></tr>
<tr><td>1</td><td>140~280</td><td>初级产品生产阶段</td><td rowspan="2">准工业化阶段</td><td>以农业为主，现代工业少，生产力水平低</td></tr>
<tr><td>2</td><td>280~560</td><td>工业化初期阶段</td><td>逐步由农业为主转向以采掘、建材、食品、烟草等初级产品的劳动密集型产业为主</td></tr>
<tr><td>3</td><td>560~1120</td><td>工业化中期阶段</td><td rowspan="2">工业化阶段</td><td>由轻工业向资本密集型的重工业转型，第三产业开始迅速发展</td></tr>
<tr><td>4</td><td>1120~2100</td><td>工业化后期阶段</td><td>第一、第二产业协调发展，第三产业高速增长并成为经济增长的主要动力</td></tr>
<tr><td>5</td><td>2100~3360</td><td>经济发达初期</td><td rowspan="2">后工业化阶段</td><td>制造业由资本密集型产业向技术密集型产业转型</td></tr>
<tr><td>6</td><td>3360~5040</td><td>经济发达后期</td><td>第三产业开始分化，知识密集型产业从服务业中分离出来并占主导地位</td></tr>
</table>

二、产业结构升级的含义

1. 产业结构的含义

与科技创新的含义类似，不同学者和机构对产业结构也做出了不同的含义界定。《现代产业经济学辞典》，也是我国第一部产业经济学辞典，指出，在国民经济体系中，各个产业之间、产业内部、企业之间，都体现为相互影响、相互制约的关系，这些关系构成了产业结构。对产业结构从不同角度进行的含义界定，主要可以归纳为投入、产出、产业发展形态和产业联系的角度。从投入上来看，产业结构是指各种社会资源在不同产业上的配置；从产出方面来看，产业结构表现为国民收入在不同产业的配置比例；从产业发展形态来看，产业结构表现为各产业中资源配置效率的变化；从产业联系的角度来看，产业结构表现为各产业之间在生产和技术上的联系。综上所述，产业结构就是指国民经济各产业在各个角度上的经济联系。同时，产业结构又是一个动态的概念。在产业发展的过程中，产业结构虽然属于比较稳定的一环，但仍会随着时间而改变。即当一国的资源禀赋、地理环境、人口、社会政治因素等发生变化后，产业也会随之不断调整，从而与这些因素和条件相适应。

2. 产业结构升级的含义

本书对产业结构升级的界定，主要是将其置于价值链分工背景下的界定。在宏观层面，产业结构的升级体现为技术水平的提高，在产业要素投入中，劳动力、土地、资本等有形要素或硬要素的重要性下降，知识、技术、信息、管理等无形要素或软要素的重要性提高，即产业结构呈现高技术化、软性化、知识化和信息化。

从中微观层面对价值链分工背景下的产业结构升级展开分析，首先我们应该明确，产业结构升级，体现为升级主体，无论是企业、国家还是地区，改变本身资本、技术结构，从而实现更高经济效益。由此，可以把产业结构升级划分为四个层面：第一是产品层面，表现为从简单的功能单一的产品拓展为复杂的多功能产品；第二是经济活动层面，体现为从传统的生产活动向现代化的设计及销售等活动的拓展；第三是产业环节层面，主要体现在由低附加值向高附加值环节的提升，从而实现低技术含量向高技术含量的过渡；第四是产业转变层面，主要指劳动密集型产业向技术、资本密集型产业转变的过程。简单而言，产业结构升级，即企业从从事低技术劳动密集型经济活动，转向从事高技术和资本技术密集型经济活动。把产业结构升级置于价值链分工的基础上，体现为企业在价值链环节上的跃升，即从低附加值的环节向高附加值的环节上升的过程，而上升的驱动力又可以分为消费者驱动和生产者驱动两种。以企业为中心的产业结构升级，包括流程升级、产品升级、功能升级和价值链升级四个层次。

三、价值链分工背景下产业结构升级的特点

价值链分工背景下的产业结构升级，除了通过使用新技术和新工艺加快某个生产环节生产率提高的速度，更重要地体现在价值链分工环节上的升级，并使产品和服务在短期内获得更高的附加价值。具体表现为以下四方面特征：

1. 高服务化

高服务化即生产环节“软化”。软化和硬化，是根据价值链不同环节的特点进行的划分。由于我们对生产要素按照其性质划分为硬要素和软要素，硬要素指传统的、有形的一些要素，如土地、劳动力等；而软要素则指一些新兴的、无形的要素，如技术、信息和管理等。从价值链分工的各个环节分析，一般认为生产加工环节为其硬环节，对劳动力等硬要素需求较高；而两端的研发设计、销售、售后服务等环节为其软环节，对技术、知识等软要素需求较高。价值链分工背景下的产业结构升级体现为高服务化的特点，初始阶段表现为生产加工环节的优势，之后向非生产环节延伸，包括研发、销售和售后服务等，在非生产环节的优势不断提高。

2. 高加工度化

价值链的生产加工环节又可以更细致地划分为核心零部件的生产、非核心零部件的生产及加工组装等环节，不同的环节加工程度不同。核心零部件的生产对技术、资本的依赖程度较高，加工程度也较高；非核心零部件的生产及加工组装对劳动力、自然资源、能源的依赖程度较高。价值链分工背景下的产业结构升级体现为加工程度的深化，初始阶段，加工能力和技术水平低，更多地依赖劳动力、自然资源、能源等初级要素；产业结构升级后，加工能力和技术水平提高，对这些初级要素的依赖程度逐渐降低。

3. 高集约化

不同的产业和生产环节，对技术的依赖程度不同，生产效率也就是集约化程度不同。一般而言，生产环节的技术含量越高，对技术的依赖程度越高，生产效率或集约化程度也就越高。价值链分工背景下的产业结构升级，无论是从非核心零部件的生产及加工组装等环节上升至核心零部件的生产，还是从加工生产环节上升至研发和销售环节，都体现为知识技术含量的提高，即从劳动密

集型向资本密集型和知识技术密集型演进。

4. 高附加值化

价值链分工的各个环节，正如微笑曲线所描述的，生产加工环节、非核心零部件的生产及加工组装等环节附加值较低，处于微笑曲线的最底端；而研发设计、核心零部件的生产、产品销售服务等环节附加值较高，处于微笑曲线的高端。价值链分工背景下的产业结构升级，形象地可以描述为向微笑嘴角的延伸，从微笑曲线的底端，沿着附加值提高的方向，向两端延伸，从而实现在高附加值环节的优势地位。

技术进步和比较优势的变化，都会带来产业结构升级。处于经济起步阶段的国家和企业，优势在于初级生产要素，如劳动力及其他自然资源，技术水平的优势较低，与此相对应，产业结构处于低级形态，而企业在价值链分工上也必然处于最底端。产业结构的调整，伴随着技术进步，科技创新会创造新的产业，优势产业高速增长；同时破坏旧的产业，使劣势产业退出产业。这样的创造和破坏也同时出现在企业层面，原有的核心企业或产业可能由于技术和效率的落后，将被技术和效率水平更高的核心企业或产业取代，参与价值链分工的企业或产业就会向着高级形态跃迁，服务程度、加工程度、集约程度及附加值也即效益水平得到有效提高。

第四节　科技创新与产业结构升级耦合的含义界定

一、耦合的含义界定

耦合的概念和理论最初来自于物理学，泛指系统或运动形式之间，存在复杂的相互作用机制，彼此影响；如果能够形成良性互动，各个子系统会出现相互促进和依赖的协调关系，这种动态关联关系，称为耦合。当然动态关联关系或协调关系，有高有低。之后，这一概念从物理学范畴扩展应用于其他领域，尤其在经济领域得到广泛的应用。1970 年，美国学者维克提出了松散耦合理论，属于首次将耦合理论应用于社会和经济问题，主要用以解释学校的系统和各个子系统之间彼此独立又相互影响和联系的关系。在我国，1990 年吴大进出版《协同学原理和应用》一书，属于最早期的在经济管理学中应用耦合理论。目前，对于两个及以上经济现象之间的关系研究上，耦合理论被广泛使用，以分析它们之间是否存在共生互动、协同匹配。

随着科学技术在经济发展中作用的凸显，学者们日益关注科技创新及其对经济领域比如产业结构提升的作用。科技创新无疑是产业结构升级的重要推动力，它决定着产业技术的水平和产业发展的方向。反过来，科技创新来自于具体的产业和企业，很难想象一个农业国的科技创新会大量出现在工业或者高新技术产业上。从二者的关系来说，科技创新影响产业升级，而产业结构也能反作用于科技创新。而科技创新和产业升级，都是一项庞大的系统，受多种因素的影响，这些因素如企业组织、生产要素、政策执行力、人力资本等，分别影响着科技创新和产业升级，而科技创新和产业升级之间也存在相互影响的关系。科技创新和产业升级是复杂的经济现象，而二者之间的关系也非常复杂，如果我们仅仅以相互影响、相互作用之类的词语去描述，只能定性表述二者之间的关系，但无法定量衡量。有鉴于此，耦合理论作为定性并定量分析两个现象之间关系的工具，能够较为准确地描述二者间的互动匹配关系，因此可以更为深入和清晰地分析问题。

二、科技创新与产业结构升级的耦合关系研究

将耦合理论应用在科技创新与产业结构的关系上，代表性的研究如下：张首魁等在 2005 年使用松散耦合理论的分析方法，将科技创新网络分解为结点模块特征，分析了模块独立性和网络整体性，指出科技创新网络实际上构成了一个松散耦合系统，从而形成了松散耦合映像矩阵，在研究科技创新松散组织结构的基础上，对各组织之间的耦合过程及耦合关系进行了论证。郭金喜于 2007 年以复杂开放系统为基础，将蝴蝶效应与路径依赖的耦合作为分析工具，对传统产业集群升级进行了研究。党兴华等于 2009 年提出了以耦合关系为基础的科技创新网络组织治理，以科技创新网络的组织治理作为研究目标，认为应采用松散的关系治理、契约治理和耦合结构治理，来实现科技创新网络的组

织治理目标。吴伟伟等也于2009年以技术能力和技术管理的关系为研究对象，研究了二者间的关系和关系的作用方式，构建了二者间的双螺旋耦合模式，指出技术能力和技术管理的关系模式上，以双螺旋形式相互耦合。熊勇清等在2010年的研究，以我国产业发展为研究对象，提出产业发展面临双重任务，既要改造升级传统产业，又要培育发展新兴产业，针对这一问题，提出了耦合发展的解决思路，指出传统产业改造升级和战略性新兴产业发展上，存在着较强的耦合关系和内容，并具体研究了二者耦合发展的作用机制及主要阶段。陈雁云于2011年以城市群和产业集群的关系为研究对象，指出二者既存在效益集聚效应，又存在相互影响的非线性关系，也即耦合关系，两个系统的效益集聚效应可以相互催化和相互强化，构成互动的耦合关系。郝生宾等在2011年以企业的技术管理能力和技术能力的耦合为研究对象，建立了二者之间的耦合度模型，具体分解为耦合度指标体系、耦合度函数、功效函数及耦合协调度函数，并最终将产业结构升级纳入分析框架。郭峰于2014年的研究，分析了区域创新与产业集群的耦合关系，并具体分解为技术耦合、环境耦合、制度耦合和结构耦合。

本书认为，科技创新与产业结构本身都是庞大而复杂的系统，系统内部存在各种要素，每个系统都受各种要素的影响；而对系统耦合关系的研究，则要认识到系统内诸要素及科技创新与产业结构系统之间，存在各种相互影响的途径，都会影响到另一系统的形成和演化。而各种经济要素（包括物质资本、人力资本、资源、环境、技术水平及制度体系等）之间的协同作用，决定着科技创新能力和产业结构的升级。从产业结构本身的演化规律看，在其中起到主导作用的，无疑是劳动生产率提升，而劳动生产率的提升，无疑又是由科技创新和科技进步推动，反过来，劳动生产率的提升无疑为进一步的科技创新做好了人力资本及物质资本的准备。就产业结构演进的过程看，产业结构升级的过程，实质上是科技创新推动产业替代的过程，科技创新引领着产品及产业的发展方向，能满足更高层次的需要，创造更高的价值，并使高附加值产业成为产业发展的中心，且替代传统产业。科技创新和产业结构系统，无疑是相互作用、相互影响，这正是我们所说的耦合过程。两者的耦合，会构成复杂适应系统，系统内某要素的微小变动，会影响到系统的耦合关系，可能驱动系统更加有序，也可能驱动系统处于无序状态。而以价值链分工的重构为研究的切入点，将为科技创新与产业结构升级的耦合提供一个新的分析框架。

三、科技创新与产业升级的相互作用机理

1. 劳动生产率提升角度

科技创新推动的经济增长属于典型的集约型经济增长模式，也即通过劳动生产率或经济效率的提升而不是经济投入要素的增加来带动经济增长，这对于实现经济可持续增长是至关重要的，也是各国强调以科技创新推动经济增长的重要原因。而在此过程中，劳动生产率的提升将会从传统产业中挤出部分剩余劳动，如果不能同时推动产业结构的升级，科技创新及劳动生产率的提升也无法持续发挥作用。比如农业的科技创新，如果不能提高农业劳动生产率，或农业劳动生产率提高之后，大量劳动力从农业中挤出，而如果不能带来工业的发展，以及工业的创新和劳动生产率提升，这一过程将难以为继。因此，劳动生产率的提升是科技创新和产业结构升级的结果，却也同时成为科技创新和产业结构升级的原因，在这一角度上，更容易实现二者的耦合。

2. 技术模仿和扩散角度

科技创新大多起始于研发理念和技术思想，但这种理念和思想必须落到实处，应用于企业和市场，推动资源的更优配置，并改变产业结构。科技创新主体的创新投入将有效增加其专利产出，并提高其市场份额和利润率，这种示范作用及技术进步带来的对行业内其他企业的竞争作用，将驱使先进的技术在产业内的循环，当该产业内大多数企业对较为先进的技术进行模仿后，则形成整个产业国际竞争力和市场份额的提升，也即该国产业结构的升级。技术的模仿和扩散，无疑有利于后跟进企业，有利于整个行业的技术水平提高和产业升级，但却不利于最初进行创新的主体。因此，技术创新和技术扩散都需要在严密合理的体系下进行，才能维持科技创新的动力和积极性。

3. 需求结构变动角度

科技创新对产业结构的影响，既包括直接影响，作用于生产企业和生产工艺；也包括间接影响，作用于消费上，而消费随之又会形成对生产的影响。科技创新之后，工艺和技术得以改进，原有产品得以改善，甚至新产品得以推出。由于新产品的推出，加快了原有产品市场趋于成熟和饱和的速度，在原有

产品市场上，价格不复敏感，销售收益和经济利润大幅度下降，资源将从这一部分产业退出，带来原有部门的收缩。而消费者增加对出现的新产品的消费，减少对原有产品的消费，会改变需求结构；需求结构的变化当然会改变生产结构，新产品部门扩张，旧产品部门缩小，于是出现产业结构的变化。

四、价值链视角下科技创新与产业结构升级的耦合

科技创新和产业升级互相影响和促进，技术进步会影响产业结构，迅速增长的产业及拥有更高利润的产业，极有可能成为下一阶段科技创新的主体。假如产业结构升级缓慢，如一国的农业比重或者低技术制造业的比重过低，无疑这些产业将缺乏创新动力，企业的研发投入不足，无疑呈现为整个国家科技创新的不足。因此，企业的科技创新及其动力机制，既要考察外部因素，如一国的市场需求、市场竞争、消费者的要求等，也要考察企业的内部因素，如企业对待创新的意愿、承担风险的能力甚至创新文化等，二者相互耦合，成为科技创新的动力源泉。

科技创新和产业升级从不同角度有不同的界定，本书是基于全球价值链理论角度。科技创新和产业升级，置于全球价值链体系下，其根本目标是提升企业的创新能力和技术水平，获取价值链分工的更高附加值，提高全球分工地位。由于全球价值链分工存在正面和负面的双面效应，典型体现在向价值链高端演进时，将受到封锁效应的影响。而借助科技创新和产业升级的耦合，则可以突破阻碍封锁效应，可以实现技术水平和产业结构的快速提升，从而能够抢占全球价值链高端。以中国为代表的新兴市场国家及其地区，在全球价值链分工体系中，起到了十分重要的作用，成为价值链分工体系的初始形成和稳固发展的重要力量，但从中获得的技术进步和产业结构升级却越来越难以为继。因此，明确山东省及全国在价值链分工背景下实现科技创新与产业升级耦合的有效路径和机制，并指出山东省在价值链分工背景下科技创新与产业升级如何耦合协调发展，会转变经济增长模式，促进产业升级，同时改变对生产要素和投资的依赖。企业在开放背景下的创新，除了技术引进，更应不断创新，并以高技术参与国际竞争，使企业向外投资进入国际市场。形成国内产业集群后，既能够实现垂直产业一体化，带动上下游产业发展，也能够实现在横向水平方向

上的拓展，形成更新更大的产业集群，从垂直深化和水平拓展两个方面，实现产业结构升级。而在价值链分工视角下实现广义的科技创新，除了生产角度上的技术进步、工业改善，还要实现非生产角度的创新，如营销模式、商业组织、促销手法的创新等，这将成为企业或国家新的更高层次的竞争优势。科技创新和产业升级的耦合，能够改变仅仅以廉价的劳动力和资源这种低层次的竞争优势参与价值链分工，获得低层次的分工利益的局面。尤其重要的是，能够使低层次的竞争优势被高层次的竞争优势取代，因为低层次的竞争优势随时可能被竞争对手模仿取代，只有高层次的竞争优势才是无法简单被竞争对手模仿超越的，才可以使竞争优势持久。

第二章　山东省参与国际价值链分工的效应及现状

改革开放以来，山东省经济增长迅速，制造业实现了技术进步和产业结构升级，而价值链分工是山东省技术进步和产业结构升级的重要推动力之一。改革开放初期，山东省利用充裕的劳动力和低工资优势，加上土地等其他要素的低成本，并借助中国庞大的国内市场作为产业发展的大本营，积极参与国际分工。当时适逢跨国公司全球布局的高潮，山东省得以迅速融入价值链分工体系，山东省制造业从而获得了在国际生产体系中的一席之地。根据价值链分工的含义和特点，山东省制造业通过进口国外的中间产品（而这些中间产品一般含有更高的技术），以山东省的劳动力和资本能力与之结合，加工生产为最终产品，再行出口，山东省获得了技术进步及产业结构升级。价值链分工中，山东省的相关企业仅从事某一生产环节，从发达国家进口技术含量较高的核心零部件，从其他国家进口技术含量稍低的非核心零部件，利用本地的劳动力、机器设备及其他要素，形成最终产品，部分在国内销售，大量出口到国际市场，如图 2-1 所示。

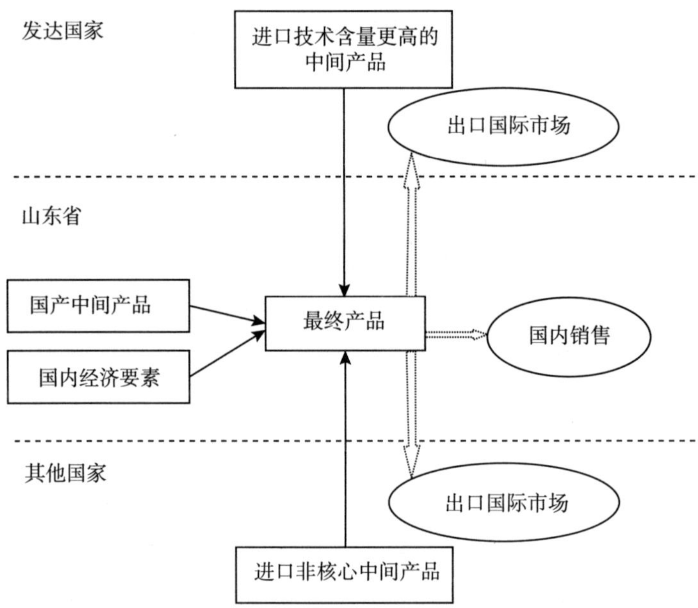

图 2-1　山东省参与国际价值链分工示意图

第一节　国际价值链分工发展的背景

当今世界经济密切联系在一起，而这种联系从最初的以流通领域的国际贸易已经发展到生产领域的国际生产合作。生产要素的国际移动，无论从广度还是深度都有较大发展，在很多产品的生产上，小到手套、皮鞋，大到汽车、飞机，都在进行着生产领域的全球合作，形成了价值链不同环节在全球的布局。以棒球手套为例，美国是棒球手套的消费大国，但国内生产的棒球手套远远低于其需求，因此大部分棒球手套从国外尤其是日本进口；日本生产的棒球手套所使用的熟牛皮是巴西加工的；追根溯源，巴西加工的熟牛皮，又是从美国进口生牛皮加工而得。由此，小小的棒球手套形成了一个全球价值链分工体系。再以汽车为例，大多数跨国公司生产的汽车，价值链也是全球布局，可能在德国完成设计，在美国生产燃油泵，在韩国生产制动装置，在加拿大生产发动机，在澳大利亚生产自动驱动器。如上所述，当前世界范围内的经济联系与合作无疑是越来越密切，而更多体现在生产领域的合作，以生产要素为对象，实现其在全球范围内的流动及重组，这正是国际价值链分工深化的体现。

一、"二战"后国际价值链分工发展的主要原因

国际价值链分工是一个历史范畴的现象和概念，其大范围的兴起基本是在"二战"结束以后，诸如耐克、空客等企业的全球价值链分工布局，将不同的环节配置于不同的国家和企业，而我们需要思考的问题则是：这些企业为什么要进行价值链分工的全球布局？这些生产环节配置于全球无疑会使这些企业更加有利可图，而它们为什么又可以实现这样的全球布局？究其原因，"二战"后全球价值链分工盛行的原因不外如下：

1. 第三次科技革命的出现及其影响

"二战"结束以及随后第三次科技革命的出现，技术进步的速度前所未有，在科技创新的推动下，大量新兴产业发展起来。与第一次和第二次科技革命不同，第三次科技革命几乎从经济的各个方面都推出了新的技术，也带来了大量的新兴产业。部分国家和企业，尤其是发达国家的企业，急需抢占最新技术并发展最新产业，而其所拥有的在传统产业或生产环节的优势，也不可能完全放弃，因此，在发展新兴产业的同时，发达国家的企业开始大量向海外转移传统产业及生产环节，由此出现了国际范围内的产业转移及生产要素的重组配置，在形式上典型体现为价值链分工的全球布局。

2. 跨国公司的大发展

国际价值链分工的主体，正如我们看到的耐克、福特、空客等企业，均是以微观企业也即跨国公司为主。如果没有跨国公司的大量存在，仅依靠政府或者国际组织的推动力量，无法构建国际生产体系。跨国公司在"二战"之前已有萌芽，但跨国公司的数量、规模、对经济的影响程度等都有较大的局限性，尚不足以将其触角延伸至全球并构建其全球帝国。"二战"之后跨国公司呈现快速发展的态势，企业最本质的逐利性，决定了它们会将不同的生产环节置于最有利的位置进行，这就直接推动了国际价值链分工的大发展。

3. “二战”后国际分工的新特点

“二战”之前已经存在国际分工，但国际分工的形式较为单一，联系较为松散，涉及的国家数量也有限。“二战”后，国际分工产生的基础发生了变化，与发达国家需要转移大量传统产业及生产环节相对应，大量发展中国家，尤其以拉美国家和东亚国家为代表，积极吸纳传统产业及生产环节的进入。“二战”后国际分工的特点，在广度上，所涉及的地域和范围不断扩大，在深度上也进一步发展，主要类型为混合型国际分工，在此基础上，价值链分工的全球布局，具备了坚实的国际分工基础。

4. 经济生活国际化和国家间的相互依赖

当今世界是一个开放的世界，经济一体化趋势加强，各国之间的依赖程度高，经济联系极为密切，成为价值链分工得以深化和发展的国际背景。国际金融领域布雷顿森林体系的构建，国际贸易领域关贸总协定及世贸组织的发展，一系列区域性或全球性跨国组织，包括国际货币基金组织、世界银行集团等，是各国之间的经济联系的制度保障和组织基础。经济的自由化，货币体系的规范化，关税及非关税成本的下降，有效降低了价值链分工全球布局的经济成本。而交通技术及通信技术的迅速发展，又使运输成本及通信成本急剧下降，这使得跨国公司价值链分工的全球布局的物质成本大幅度下降。

5. 世界政治经济格局的变化

价值链分工是一个经济问题，但也必然受国际政治格局的影响。“二战”前，发达资本主义国家主宰世界的政治经济，其他国家的影响力量微不足道。“二战”后，国际格局发生了较大变化，资本主义国家已经不能再主宰整个世界经济，许多新兴力量出现在世界政治经济舞台上，尤其是发展中国家的经济发展，成为影响世界政治经济不可忽视的力量。在经济发展的过程中，发展中国家以本国的劳动力或自然资源优势为基础，开始启动发展民族经济，急需获得发达国家更高级的生产要素，如资金、技术、管理等。而发达国家这些要素一般处于更为饱和的状态，要素收益率低，而通过输出资本、技术等要素进入发展中国家市场，也能够带动有关设备及半成品的出口。国际政治格局的变化，迅速发展的发展中国家进入国际价值链分工体系，发达国家与发展中国家间的分工形式也有了进一步的发展。上述条件的变化为国际价值链分工的产生与发展创造了良好的条件。

二、国际价值链分工的意义与作用

国际价值链分工深化之前，国际合作以商品贸易为主；国际价值链分工的深化，打破了国际经济交往的原始格局，国际经济联系的方式和内容都出现了全新的变化。无论是对直接参与价值链分工的国家，还是间接参与价值链分工的国家，以及对整个世界经济，价值链分工都起到了积极的作用。

1. 加深生产国际化

国际价值链分工是在生产领域上的合作，通过对中间产品的进口及再加工，形成了生产的直接国际化。因此，传统的世界经济联系，之前是以世界市场为主要特征；目前的世界经济联系，主要特征则体现在世界工厂上。以市场为主要联系方式，各国的经济更多在流通领域实现合作，联系较为松散；而以生产为主要联系方式，各国经济则在生产领域上实现了更为直接和深入的联系。

2. 提高要素的使用效率和要素收益

通过全球价值链分工，不同的生产环节在全球不同国家进行配置，而配置的基本原则是将不同环节置于全球成本最低的位置进行，实际上，这一过程能够实现生产要素的全球移动。某种生产要素如技术，在发达国家可能是闲置或过剩的，技术的价格和报酬低，使用效率也较低；但在发展中国家，技术则恰恰是短缺要素，技术的价格和报酬高，使用效率较高。这种要素流动，实际上可以提高要素的报酬和使用效率。

3. 实现各国生产要素的数量、质量和种类的互补

封闭经济背景下，一国的经济发展、科技创新及产业结构升级无一不受制于本国的要素禀赋。而通过国际价值链分工，中间产品的进口实际意味着更先进的技术的进口，这种生产要素的全球流动，使生产要素在全球范围内可以互通有无，促进要素的优化配置，尤其在生产过程中的短缺要素，可以通过引进国外的要素补足。也就是说，一国的经济发展，尤其是科技创新和产业升级，已经可以突破本国的要素禀赋边界进行了。

4. 促使生产要素价格在世界范围内均等化

根据国际贸易经典理论的论述，商品生产和贸易的基础，是各国不同的要素禀赋比率及由此决定的要素价格比率差距。以此为基础进行的国际贸易，无疑会带来要素价格的国际均等化。也即某国相对充裕的要素，要素价格本来较低，但国际贸易导致密集使用该要素生产的商品大量出口，也即该要素的间接出口，将使其价格上升；而该国相对稀缺的要素，要素价格本来较高，但密集使用该要素生产的商品的大量进口，也即该要素的间接进口，将使该要素价格下跌。价值链分工不是在贸易领域，而是在生产领域，直接进行生产要素的移动，更容易导致生产要素的价格均等化。当然，生产要素价格的均等化，仅仅是一个趋势。由于各国政府会对要素的移动使用不同的干预政策，要素的价格均等化趋势速度缓慢，在现实经济中极难出现。

5. 扩大国际贸易的数量和范围

价值链分工发生在生产领域，但从动态和实践的角度来看，生产要素的国际移动，影响不仅仅发生在生产领域，也必将出现在商品流动和国际贸易领域。资本和技术等要素的进出口，往往以机器设备和原材料等商品的进出口作为形式实现；生产环节的全球布局，将会带动大量中间产品和零部件的进出口；进口中间产品后，由于大量支出外汇，必然希望对这些中间产品的使用能够带来外汇收入，因此大多会投入到出口产品的生产，用以创汇，这又会推动出口贸易的扩大；同时，生产要素国际移动，还会带动相关国家间服务贸易规模的扩大。

6. 改变一国的国际分工地位

价值链分工的全球布局，会导致大量的生产要素国际移动和国际产业转移，以及中间产品的进出口。参与价值链分工的国家，会更为迅速地建立起某些出口产业，从而改变参加国际分工的形式和地位。国际价值链分工形式的变化，以流通领域为主的国际贸易形式演变为以生产领域为主的国际经济合作形式，对参与合作的国家会出现更为深远的影响，从而一国的国际分工地位得以更为有效地提高。

案例解析：中国国际分工模式的演变

“二战”后的国际分工发展经历了不同的阶段，最初以不同产业间的国际分工为主要形式，大致可以总结为如图 2-2 所示的国际产业结构的“金字塔”

结构。改革开放后相当长的时间，中国在其中的地位如图 2-2 所示，只能发展劳动密集型产业，大量出口劳动密集型产品。不同产业间的国际分工体系较为稳定，一国不是没有可能实现科技创新及产业结构升级，但由于所处“金字塔”的位置不同，产业差距也较大，既包括劳动密集型的服装、玩具等产业，也包括资本密集型的汽车等产业，还包括技术密集型的电子产业等，如要实现跨度如此之大的科技创新和产业结构升级，难度之大可想而知。

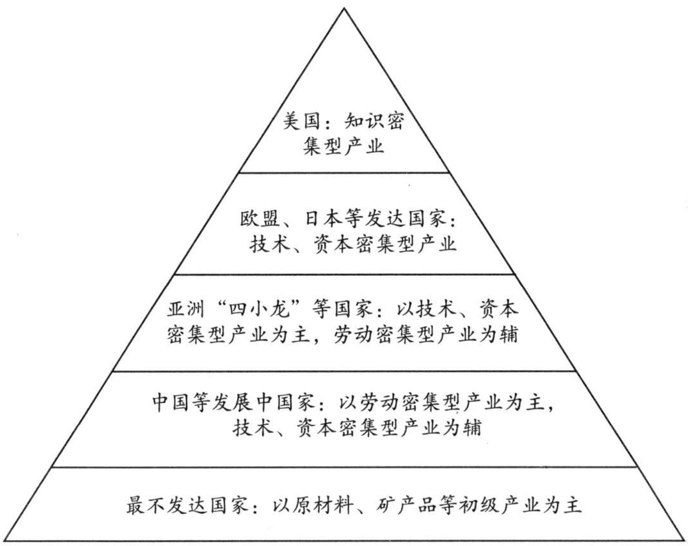

图 2-2　国际产业结构的“金字塔”

而价值链分工体系的盛行，使国际分工发展出现了全新的形态，之前更多是不同产业间的国际分工，当前，正如我们所说过的棒球手套、汽车、飞机等各种产品的生产，已经成为同产业内甚至是同产品内的国际分工。各国参与国际分工的基准未变，仍旧按照比较优势原则做自己最擅长的事情，但已经由不同产业间国际分工时期，专业化分工的要求是做自己最擅长的产业，转变为在产业内国际分工形态下，专业化分工的要求是做自己最擅长的产品；在产品内国际分工形态下，专业化分工的要求是做自己最擅长的生产环节。在价值链分工背景下，外包作为一种新的国际分工形式出现，成为促进国际制造业产业转移的主要方式。跨国公司将本公司产品的各个生产环节肢解开，通过生产要素的跨国界流动，如资本、技术、人员及管理等，按产业链条和产品工序，将价值链的各个环节分解到全球完成，从而提高全球竞争力。

这种分工可以以微笑曲线描述，微笑曲线按照产品的生产过程将产品从设计研发到生产加工再到销售及售后服务分解为不同环节，不同环节的特点不同，对不同生产要素的需求不同，其附加值和利润也就不同，如图 2–3 所示。不同国家或企业因其要素禀赋或比较优势不同，所从事的环节也不同，从价值链分工全球布局中获得的附加价值或利润也不相同。简而言之，一国从国际分工中获得的利益，取决于该国处于何种环节、从事何种产业。

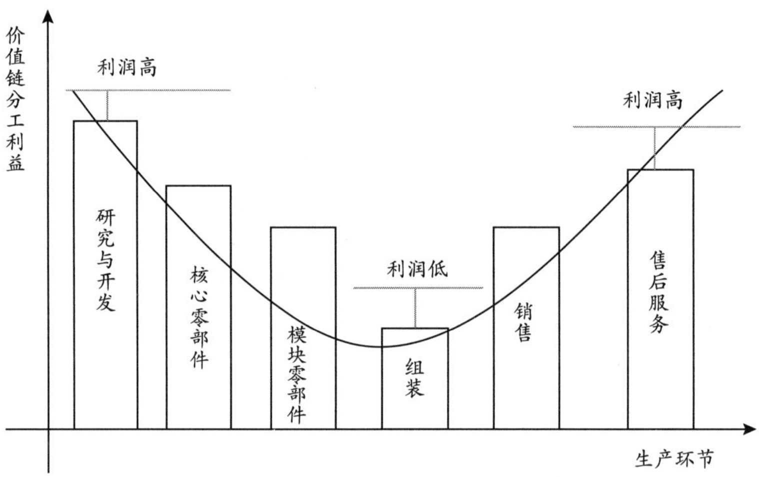

图 2–3　特定产品生产阶段不同环节的“微笑曲线”

由此出现的全球布局，使低附加值的生产制造环节不再是跨国公司的重心，于是将其转移到发展中国家，而跨国公司则将重心放在高附加值环节，如研发、管理、营销、财务运作等，这正是发达国家的企业所具备的优势，同时也是由发达国家的要素特点所决定；而发展中国家的要素特点决定了发展中国家的企业在制造环节上具有比较优势。由此形成了如图 2–4 所示的全球价值链分工转移模式。从国家范围内看，在国民经济中的比重中，发达国家制造业尤其是其中的加工生产环节的比重下降，服务产业比重上升，制造业中的研发设计及销售环节比重更是大幅度提高；发展中国家通过承接加工制造环节，积极参与价值链分工，实现了制造业比重的迅速提升。因此，在全球范围内，发达国家与发展中国家共同实现了产业结构升级。

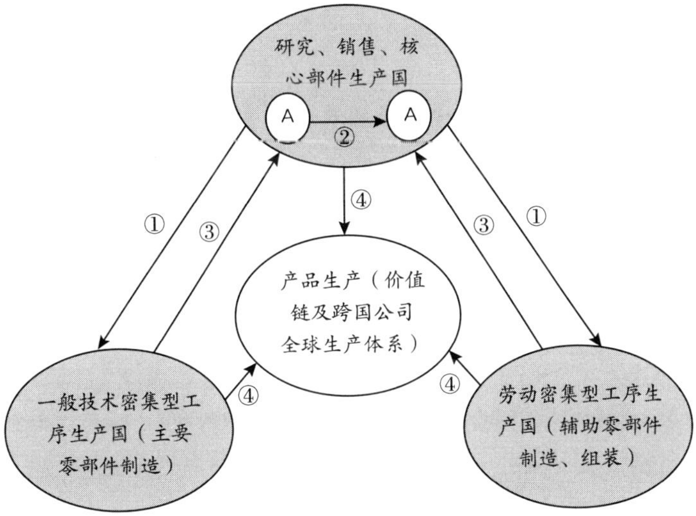

图 2-4 全球价值链分工转移模式

注：①为垂直顺梯度全球价值链分工模式，由经济和技术水平更高的国家向次发达国家供应技术和机械设备；②为水平梯度全球价值链分工模式，指经济和技术水平相似的国家之间在技术研发上的分工；③为垂直逆梯度全球价值链分工模式，由经济和技术水平更低的国家向更发达国家供应产成品；④为网络型全球价值链分工模式的纽带，具有综合型分工的特点。

以中国、美国、东亚等国的国际分工为例，可以典型描述为如图 2-5 所示的三角型国际分工。在中国进入价值链国际分工体系之前，美国和东亚国家的国际贸易格局在相当长的时期维持了东亚国家对美国的大量顺差，原因在于当时的东亚国家还是作为美国的生产基地存在，美国利用东亚国家相对更低的劳动力生产制成品，再由美国从东亚国家进口。尽管这样的贸易格局制造了美国对东亚国家的贸易逆差，但可以使美国国内将有限的资源和要素用于发展技术含量及利润水平更高的产业。改革开放之后，中国积极切入价值链国际分工体系。美国及其国内的大型跨国公司，具备技术、研发及人力资源的优势，在价值链配置上，一般占据附加值最高、技术含量最高的研发环节及销售环节，属于典型的技术和知识密集型环节；东亚国家在 20 世纪 60 年代就开始承接国际产业转移，国内制造业发展迅速，尤其是技术水平和资本设备得到了较高水平的积累；而大多数东亚国家国内劳动力资源有限，劳动力成本和生产成本较高，所以从事的主要是零部件及中间产品的生产，劳动密集型特征低，而资本或部分技术密集型的特征高；中国丰富的劳动力资源，决定了中国在从事劳动密集型的加工组装环节上具备无可比拟的竞争优势。由此，形成了中国—美国—东亚的三角型国际分工及由其决定的国际贸易模式，中国从东亚国家大量进口资本及技术密集型的中间产品，加工组装成各种制成品，其中不乏资本和技术密集型的产品，之后再出口至美国跨国公司总部，并由其负责销售和售后服务。从进出口模式上看，中国对东亚国家形成了大量贸易逆差，而对美国形成了大量贸易顺差。

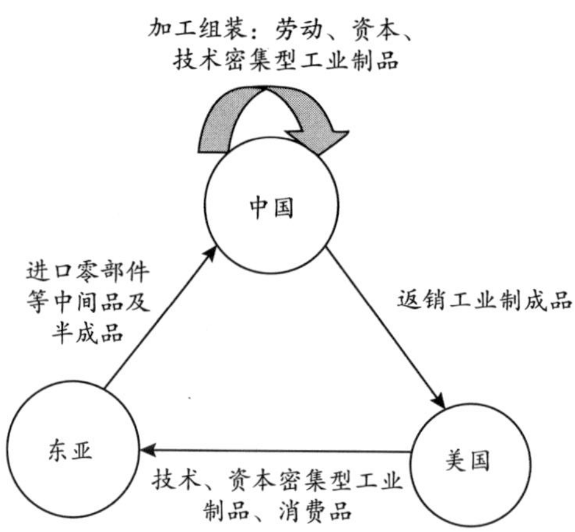

图 2-5　中国—美国—东亚的三角型国际分工

三、生产要素的国际移动与国际价值链分工

1. 生产要素的概念和种类

国际价值链分工的实质内容，是生产要素的国际直接移动。因此，我们应首先界定生产要素的含义，简而言之，生产要素指生产过程中必须具备的一般条件，是从事产品生产或服务提供过程中所必须具备的一切投入。生产要素是

社会生产力的细胞，也是研究经济学的逻辑起点。

生产要素是分析一国经济发展，尤其是科技创新和产业升级的基础。但不同时期、不同主体，也对如何理解这一概念，生产要素又包括什么内容，有着截然不同的观点。概括而言，包括如下几种：第一，生产要素特指进行生产的资源，主要包括资本、劳动和土地；第二，生产要素特指进行商品与劳务生产的社会资源，主要包括资本、劳动、土地和企业家才能；第三，生产要素特指进行物质资料生产的条件，主要包括劳动者和生产资料。在分析生产要素的具体构成时，也有不同的观点，包括六要素论、七要素论及九要素论。本书对生产要素范畴的界定，采用六要素论，这也是最为广泛接受的观点，生产要素包括劳动力、土地、资本、技术、管理和信息。七要素论认为，生产要素包括劳动资料、劳动者、劳动对象、生产管理、科学技术、经济信息和现代教育。九要素论则认为，生产要素包括生产工具、劳动者、基础设施、能源设施、材料、生产信息、科学技术、现代教育和生产管理。

2. 生产要素的国际移动

生产要素禀赋指生产要素在各国的配置情况，由于历史因素和经济发展状况的不同，各国对不同生产要素的持有状况有较大的差异。生产要素禀赋的差异，使得某种要素，比如资本，在一国供过于求，在另一国则供不应求，资本要素的国际移动得以产生。生产要素的国际移动，从狭义角度分析，特指价值链分工的全球布局，即生产要素能够在全球范围内直接流动，如国际直接投资和国际间接投资中的资本移动，国际技术合作中的技术移动等；从广义角度分析，生产要素会物化在商品中，比如对中间产品的进口，也同时进口了其包含的技术、资本等要素，商品在国际范围的流动，就代表着生产要素在国际间的间接移动。

案例解析：耐克公司的虚拟生产

耐克公司是我们非常熟悉的跨国公司，是世界顶级的运动鞋生产企业，于1964年由菲利普·奈特创建，总部设在美国的俄勒冈的比弗顿市。耐克公司的产品以篮球鞋、田径鞋和跑鞋等为主，每年产销价值在数十亿美元以上，世界上100多个国家和地区都是它的市场。而耐克公司从公司规模上看，总部只有一些低矮的楼房，与我们心中大名鼎鼎的跨国公司形象似乎不太符合。而跨国公司，无疑指跨越国界进行生产、销售的企业，耐克公司似乎也不符合我们心目中跨国公司的生产。因为耐克公司并不“生产”运动鞋。在美国俄勒冈州的耐克总部，没有一台生产设备，也看不见一双鞋，耐克的员工只忙着做两件生产范围之外的事情——建立全球营销网络，管理它遍布全球的公司。尽管没有生产设备和生产功能，耐克也缔造了一个全球帝国。

实际上，耐克采取的是一种虚拟化策略，也即我们前面所说的外包形式，耐克的所有产品全部外包给其他企业，放弃生产制造环节，进行价值链分工，将加工制造环节分散到全球，而只保留部分环节的控制权，即产品的研发设计和营销环节。因此，公司所有的优势资源，包括物力、财力、人力等，都可以集中投入到研发设计和市场营销环节，从而具备更有优势的设计能力和市场营销能力。

虚拟企业的优点是能克服自身资源的限制，可以用最大的组织来实现最大利益。每个企业的组织结构功能都是有限的，组成虚拟企业后，就可以发挥本企业最有优势的功能，也可以利用其他企业的优势功能，并通过信息网络，支持依空间分布的生产体系，虚拟企业的组织结构，与传统企业的组织结构相比，有更大的成本优势，企业的竞争力将会有较大提高。

耐克公司实施虚拟化生产后，在本公司内部完成研发设计，选择其他国家尤其是发展中国家的企业，使用合同承包或加工返销的形式，将设计图纸交给生产企业，耐克公司严格监控生产质量和生产环节，成品由耐克公司全部收购贴牌，再使用耐克的销售网络将产品在全球销售并提供服务，而售后服务及市场调查又成为耐克下一步研发设计的基础。

虚拟企业的模式充分实现了优势互补。耐克公司的研发优势和营销优势，与发展中国家企业的成本优势和生产优势相结合。但需要注意的是，虚拟模式的使用有诸多要件，首先虚拟企业把生产经营活动从企业内部放到市场上，于是传统的权力直线制的生产经营方式，将变成平等协调制的生产经营方式，管理关系模式也不再是传统的上下级关系，而是互相合作的协调关系。耐克公司的产品经理不再是命令发布者，而是与生产企业彼此合作的协调者。因此，虚拟企业的顺畅运行，必须采用合理的经营管理战略，创造文化协同效应，尤其是面对不断变化的合作伙伴，如何进行跨文化、跨地域的沟通，避免沟通中信息的缺失，才能保证虚拟企业的成功，最大限度地整合资源。

耐克公司的虚拟战略，正代表了当今跨国公司价值链分工体系的盛行。通过虚拟外部的形式，耐克公司无须购置大量的生产设备，节约了大量的购置费用，又能利用发展中国家企业的廉价劳动力，大大节约人工费用和生产成本，这也是耐克的产品能以较低的价格与其他名牌产品竞争的重要保障。20 世纪 90 年代之前，大量耐克产品是在韩国、中国台湾和印度尼西亚生产的，90 年代之后，韩国和中国台湾地区人力成本上升，在当地的近 20 家工厂被耐克关闭，耐克公司又选择人力成本低廉的国家，如中国和泰国，新设 35 家工厂，有效地降低了生产成本。而更为重要的是，加工生产环节附加值和利润较低，放弃这一环节后，耐克公司的全部资源可以集中在附加值和利润更高的战略环节，享受价值链分工体系中研发设计和销售的高利润。一双耐克鞋，合作生产企业的收益可能只有几十美分，而耐克总公司利润却可能高达几十甚至上百美元。如印度尼西亚制造的耐克鞋，一双的生产成本不到 10 美元，在国际市场的平均售价则将近 100 美元，耐克公司的丰厚收益可见一斑。

从价值链分工各环节的利益来看，像耐克这种虚拟化模式无疑是企业未来发展的重要模式。企业将优势资源集中在战略性环节，获取高额利润，而把利润率低的环节转包到外部企业，降低成本。反观目前我国的企业，大多数的要素投入是在生产环节，生产工人占绝大部分，可想而知利润率的情况。有一部分中国企业，以华为等高新技术行业的优秀企业为代表，已经开始显现出类似于耐克的模式。以华为为例，不到 20%的企业员工是配置于生产环节，而超过 70%的员工从事技术研发和设备的销售、推广、调试服务等，符合微笑曲线的特征，也是企业规模不算太大的华为成为我国通信产业翘楚、享有丰厚市场利润的原因。反之，如果一个通信公司，员工数量和资本规模即便比华为大 10 倍，但 20%的员工和资本投入在研发和销售环节，80%的员工和资本投入在生产环节的话，其利润情况则也有可能远远低于华为，甚至会被市场淘汰。因此，我国企业，尤其是高新技术企业，未来应以耐克、华为等的模式为发展方向，掌控战略环节，虚化非战略环节，以技术支撑高额的利润。

四、跨国公司全球生产体系的产生与发展

跨国公司全球的生产体系，是价值链分工体系全球配置的组织基础，正是随着跨国公司国际分工体系的完善，当前遍布全球的价值链分工体系才得以盛行。

1. 全球生产体系的起源（16 世纪末至 17 世纪初）

资本主义国家的特许公司，是跨国公司的最早起源。17～18 世纪，是资本主义国家的重商主义时期，以荷兰、英国等皇室为代表，政府向某些特许公司赐予特权，给予它们垄断海外殖民地贸易的权利。英国东印度公司，是其中最著名的代表，成立于 1600 年，当时英国与中国、印度的几乎全部贸易，都由其垄断。此外还有其他有名的特许公司，如皇家非洲公司、哈德逊湾公司、汇丰银行等。这一时期是跨国公司全球生产体系的起源，但由于特权贸易公司从事掠夺性经营，不是以平等互利的原则而是通过武力和强迫的手段构建全球生产体系，其经营具有短期性和破坏性的特点。有鉴于此，英国东印度公司等特许公司，自 19 世纪后半叶开始，相继被取消。

2. 全球生产体系的形成（19 世纪 60 年代中至 19 世纪末）

这一时期，涌现了以商业经营为目的并遵循平等互利原则的跨国公司，最著名的有三家公司，分别是瑞典的诺贝尔公司（Nobel）、德国的拜耳化学公司（Bayer）和美国的胜家缝纫机公司（Singer），这三家公司被看作是跨国公司的雏形，也是跨国公司从事现代意义的全球生产的先驱。在此之后，大量的企业开始从事跨越国界的投资、生产和经营活动，跨国公司的全球生产体系开始发展起来，但当时的国际分工仍处于初级阶段。

3. 全球生产体系的发展（19 世纪末到 20 世纪初）

第二次科技革命的影响，使这一时期发达国家的大企业不断涌现，而现代企业组织的发展，促使这些企业开始向海外投资。尤其以美国为代表，到 1914 年，美国已有 40 多家公司在海外开设工厂，行业以机械制造和食品加工为多。很多当时的企业，今天依然活跃在跨国公司的舞台上，如美国的美孚石油、杜邦、通用电气、福特汽车等，德国的巴斯夫和西门子，荷兰的皇家壳牌和飞利浦等。在这些跨国公司的带动下，世界上越来越多的国家和企业参与到

全球生产体系中。

4. 全球生产体系的停滞（两次世界大战期间）

这一时期的关键词是战争、危机和萧条，受此影响，跨国公司的全球生产体系发展迟缓，实际上基本处于停滞状态。从 1913 年到 1938 年，全球对外投资在 25 年间仅增加了 70 亿美元，年均增长 0.6%，基本是一个可以忽略不计的速度。这一阶段，美国经济实力的增强，使美国跨国公司的表现最为突出，西欧国家的跨国公司日渐没落。从投资特点看，制造业成为对外投资的主要产业。如 1914 年对外投资的产业以矿业为首，到 1940 年制造业则成为对外投资的第一产业，其他投资的重要产业，包括化学、铝制品、电器设备。发展中国家在全球生产体系中的作用日渐提高，代表着跨国公司生产体系向发展中国家的延伸。

5. 全球生产体系的迅速发展（“二战”后）

“二战”后，随着世界经济的复苏，跨国公司的全球生产体系也进入到蓬勃发展阶段。从不同国家跨国公司的表现看，“二战”后初期至 20 世纪 60 年代，是美国公司居于领先地位的时期，在美国跨国公司的带动下，全球跨国公司处于经营恢复发展期；之后的 20 年美国跨国公司地位有所下降，而西欧和日本的跨国公司迅速崛起；20 世纪 90 年代以来，进入跨国公司加速扩张期，全球范围内跨国公司数量空前增加，也由此导致了价值链分工的全球布局。

这一时期是跨国公司也是价值链分工最重要的发展时期，我们具体分析一下跨国公司的新特点：

第一，跨国公司数量增多，规模不断扩大。

从数量上看，联合国跨国公司中心数据显示，1969 年，主要国家的跨国公司有 7276 家，这一数字在 1978 年突破 10000，达到 10727 家；从年销售额看，年销售 10 亿美元以上的跨国公司，在 1972 年有 211 家，5 年之后的 1976 年，达 422 家。但 2016 年，世界范围内大约有 10 万家跨国公司，旗下的子公司估计是 86 万家左右，而部分跨国公司称得上富可敌国，一个公司的营业收入，甚至高于许多中小型国家的国内生产总值，其影响作用不容忽视。

第二，针对跨国公司发展的政策制定活跃。

由于跨国公司的影响巨大，针对跨国公司发展的政策制定活跃。各国新推出的与跨国公司投资相关的政策，数量上每年达 100 项左右；国际投资协定体系更为庞杂，继续扩大。具体而言，在国家层面上，政策呈现二元化趋势：一方面呈现投资自由化和便利化的趋势，尤其是在国别投资政策的总体走向上；另一方面出现了更多对外资进行限制和加强监管的政策。如 2016 年，全球约有 124 项涉外投资政策措施出台，涉及 58 个国家和经济体，除了 1/5 的措施实行新的投资限制，剩余绝大部分的政策措施，都以自由化和投资促进为目标。这表明各国政府对跨国公司投资监管和限制力量的加强，但全球投资政策总体设计上，是走向自由化。

在国际层面上，对国际投资协定的调整力度加大。截至 2016 年底，国际投资协定总数达 3324 个，新增 37 个新的国际投资协定，2017 年新增 4 个；同时，19 个国际投资协定被终止。但需要指出的是，国际投资争端案有增无减，2016 年国际投资争端案总数达到 767 起，2016 年新增 62 起。

第三，跨国公司的发展集中于少数几个发达国家。

20 世纪 60 年代以来，世界经济增长缓慢，国际贸易基本停滞，跨国公司对外直接投资则一枝独秀，增长速度远远超过了同期世界生产总值和国际贸易的增长速度。如在 1960~1973 年，世界生产总值年均增长率为 5.5%，世界贸易年均增长率为 8%，而世界对外直接投资年均增长率为 15.1%。跨国公司的迅速发展，又主要集中在少数几个发达国家，以老牌强国美国、英国和经济新秀德国、日本为主。

从最近的形势看，全球经济在 2008 年金融危机后增长乏力，而与跨国公司发展有关的经济政策不确定性加大，地缘政治也存在重大风险，于是跨国公司发展动力不足，对外直接投资在 2016 年下降 2%。其中，受挫最严重的是发展中经济体，所有发展中区域的投资流入量都出现下滑，国际直接投资流入量整体下降了 14%；而发达经济体的跨国公司仍是全球的主角，国际直接投资流入量反而增加了 5%。发达经济体的跨国公司，在国际直接投资中占据了 2/3左右的份额。

第四，跨国投资的行业分布转向服务业。

从跨国公司投资的行业看，随着服务经济时代的到来，跨国公司投资的重心产业不再是制造业，而转向服务领域。在服务业中，吸引外资的重要行业又集中在房地产、贸易和商业服务业。目前，各国对开放服务产业市场的力度加大，无疑跨国公司将继续向服务业拓展。

另外一个跨国公司发展的主要领域是数字经济，这当然是由于数字经济已经成为经济增长与发展的重要驱动力，无疑也成为跨国公司发展的重点领域。数字经济能够为商业活动提供新的机遇，提升各经济部门的竞争力，为进入海外市场提供新的渠道，并有助于对全球价值链的参与。数字化跨国公司的特点为“轻资产”型，因此在有形投资和创造就业上作用不大，它们对东道国的影响，主要在提升东道国企业生产率方面，通过信息和通信技术的应用，可以帮助东道国进入全球价值链，导致东道国供应链关系的重组。

第五，发展中国家和地区跨国公司快速发展。

发展中国家和地区跨国公司的迅速发展，可以从《财富》500强排行榜单的变化上明显体现出来。《财富》500强排行榜，由《财富》杂志每年发布一次，被誉为“终极榜单”，是衡量跨国公司的最权威的榜单。根据这一榜单统计，1994年上榜企业中，发达国家有479家，发展中国家只有21家，差距巨大；2013年上榜企业中，发展中国家有129家，发达国家有371家；20年间，发展中国家上榜企业增加108家，发达国家上榜企业则减少了108家，差距明显减小。从具体企业看，沃尔玛2016年营业收入达4858亿美元，连续四年排名第一；前三强中，第二名和第三名都是中国的跨国公司，分别是国家电网和中石化，而第四名也花落中国的中石油；丰田汽车位列第五。而从利润榜看，苹果公司位列第一，五强中的其余四位均为中国的商业银行，工商银行位列第二，建设银行位列第三，农业银行位列第四，中国银行位列第五。在净资产收益率榜单上，中国的跨国公司中，位列最高的分别是华为、美的、腾讯、吉利和万科。2017年，《财富》500强排行榜单中，中国上榜的跨国公司数量达到了115家，这已经是连续第14年增长。

值得一提的是，虽然中国在上榜公司数量上增长迅速，但中国跨国公司的创新能力还需要提高。上榜数量排在第二位的日本，上榜跨国公司数量远远落后于中国，但除了金融业，其跨国公司的上榜主体产业分别是汽车制造业、电子和通信行业，也就是说日本的跨国公司，大多来自具备创新能力的行业；而中国上榜跨国公司除了金融业，主体产业是房地产、能源、工程与建筑、炼油和采矿。在科技创新能力上，中国的跨国公司还有很长的路要走。

国际价值链分工是当代世界经济活动的重要内容。对于国际价值链分工的含义，按照本书第一章的介绍，人们的认识并不是完全一致的。许多专家、学者从不同角度做出不同的解释，但是从本部分对国际价值链分工背景的介绍，我们可以看出国际价值链分工有以下几个方面的特点：其一，国际价值链分工的主体广泛，以企业为主，但也受到国际经济组织、国家政府等的影响；其二，开展国际价值链分工的基本原则是平等互利；其三，国际价值链分工是各国在生产领域的相互协作；其四，国际价值链分工是不同国家生产要素的优化组合；其五，国际价值链分工具有长期性的特征，是较长时期的经济协作活动。

第二节　山东省参与国际价值链分工的发展历程和作用

全球价值链分工及其导致的国际产业转移，目前已经出现过三次浪潮。国际产业转移的第一次浪潮是在20世纪50~60年代，以纺织、钢铁等传统产业从美国向日本和联邦德国的转移为标志。国际产业转移的第二次浪潮是在20世纪70~80年代，亚洲“四小龙”的崛起，使发达国家尤其是日本将大量制造产业转移，催生了东亚奇迹。这两次产业转移浪潮中，中国由于受限于当时的政治经济条件，没有享受到经济全球化的好处。国际产业转移的第三次浪潮是在20世纪90年代，以美国、日本及其他经济发达国家等为主体，向发展中国家或地区进行产业转移。在第三轮国际产业转移中，中国成为最大的受益者，并因此成为“世界制造中心”。

此后，通过引进国际直接投资，中国积极参与国际价值链分工，主要形式是三资企业，即中外合作、中外合资和外商独资企业。山东省处于中国改革开放的最前沿，参与国际价值链分工的发展历程基本与国家同步。新中国成立初期，曾与前苏联及东欧国家进行过直接投资合作的尝试并建立了少量合营企业。随着20世纪60年代中苏关系恶化后，中国参与国际分工的步伐和利用外资基本中断。1979年，《中华人民共和国中外合资经营企业法》的颁布，标志着利用外商直接投资在中国的真正起步，以及对国际价值链分工体系的融入。

一、山东省参与全球价值链分工的形式

全球价值链分工体系从主体上包括大量企业，既有供应商也有生产者，从功能上包括研发、生产、销售和服务等活动，不同的主体以自身的比较优势或竞争优势参与价值链分工体系，并依据在其中不同的环节和地位进行价值及利润分配。

1. 山东省参与全球价值链分工的理论形式

根据价值链分工的含义和形式特点，从理论形式上分析，山东省参与全球价值链分工主要包括如下三种形式：

第一，垂直型价值链分工。

垂直型价值链分工，指分工的主体国家在经济上处于垂直关系，也即经济发展和研发水平等存在较大差距，如发达国家与发展中国家。从具体形式上看，是发展中国家供给初级生产要素，发达国家供给技术及资本等高级生产要素，在合适的场所加工生产成最终产品。原料的供给，中间产品的生产，最终产品的组装，以及对产品的销售和售后服务，要经过很多工序和环节，这属于产业价值链上的垂直联系和不同环节上的分工。从这个意义上而言，发达国家与发展中国家间的价值链分工将以垂直型价值链分工形式为主。因此，山东省参与全球价值链分工的起点也是这种形式。垂直型价值链分工可以形象地表示为微笑曲线：最底端的是低附加值低技术含量的环节，如生产加工环节；微笑曲线的两端是高附加值高技术含量的环节，如研究开发、销售及售后服务环节。

第二，水平型价值链分工。

水平型价值链分工，指分工的主体国家在经济上处于水平关系，也即经济发展和研发水平等不存在较大差距，如发达国家之间或发展中国家之间。随着科学技术的细化发展，专业化程度越来越高，分工不仅存在于产业之间，更存在于产业部门内部，甚至是产品的加工工艺环节之间。对于价值链相同或类似环节的分工称为水平型价值链分工。水平型价值链分工是发达国家之间或发展中国家之间的一种重要的价值链分工形式。山东省部分企业因积累了一定的资本实力和技术水平，可以参与价值链上的不同环节，如切入研发设计或关键零部件的生产，则形成与其他国家企业的水平分工。

第三，混合型价值链分工。

混合型价值链分工是一种综合的分工形式，既包括垂直型价值链分工形式，也包括水平型价值链分工形式。如山东省企业参与的价值链分工，既有与发达国家在价值链不同环节上的垂直分工（山东省企业从事初加工或深加工环节，发达国家企业从事研究开发和售后服务环节），也有与其他发展中国家在相同或类似环节上的水平分工（山东省企业与其他发展中国家企业分别从事不同的初加工或深加工环节）。

在全球价值链中，不同环节的附加值不同，两端的附加值高，中间的附加值低。因此，为了获得更多的附加值，应该从微笑曲线的底端向高端延伸，微笑曲线的左端是产品的研发，之后是核心零部件的生产等环节，右端是最终产品的销售、品牌、售后服务等环节，两端的附加值和利润都远远高于微笑曲线底端的加工组装环节。企业从底端的加工组装环节，向左延伸至研发及核心零部件生产环节，向右延伸至销售环节，都意味着附加值和利润的增加，当然也是产业升级的一部分。价值链分工体系中产业的转型升级，向高附加值方向的跃升，从垂直分工转向水平分工或混合分工，这一过程往往是在科技创新的推动下，与产业结构的升级同时实现的。

2. 山东省参与全球价值链分工的实践形式

中国在 1978 年之前呈现封闭型经济体的特点，自 1978 年改革开放进程启动后，中国与世界的经济联系迅速深化，并切入全球生产网络，向开放性经济体转型，成为国际分工的关键节点。作为中国经济最活跃单元之一的山东省，由于地处改革开放前沿的东部沿海地区，获得了嵌入全球价值链分工的政治保障与历史机遇。通过承接跨国公司采购订单等形式，山东省大量企业深度嵌入了价值链分工体系。加工贸易是山东省在改革开放初期参与全球价值链分工的重要形式，在改革开放后相当长的时间内，其比重超过一般贸易所占比重。加工贸易指一国企业与国外委托方合作，接受其原材料、零部件或元器件，作为加工方存在，利用本企业的设备和生产能力，进行加工、制造或装配成最终产品，再将最终产品销售给国外委托方，由其负责在国际市场的销售。其具体形式又可分为如下几种：

第一，来料加工。

来料加工指全部或部分原材料由国外委托方提供，部分中间产品甚至生产设备也由国外委托方提供，国外委托方提出设计要求，由本国加工方提供部分生产材料完成加工生产，并向委托方收取加工费。

在实践中，来料加工有如下具体形式：可以由委托方提供全部原材料和中间产品，加工企业只负责收取工缴费，完成加工；由委托方提供部分原材料和中间产品，另外一部分原材料和中间产品由加工方提供，加工方收取工缴费和自己提供的材料费，完成加工；由委托方提供原材料和中间产品，加工所需的设备仪器甚至都由委托方提供，设备价款分期从加工方的工缴费中扣除。

第二，来件装配。

来件装配指全部或部分零部件由国外委托方提供，本国加工方提供部分材料和中间产品，根据国外委托方设计要求，完成加工，收取完成组装花费的加工费及本企业的材料费。

在实践中来件装配的具体形式有如下几种：可以由委托方提供全部元器件和零配件，加工企业只负责收取工缴费，完成加工；由委托方提供部分重要的元器件、零部件，加工企业采用部分自产零部件，除了收取工缴费，并收取零部件费，完成加工；由委托方提供元器件和零部件，加工所需的设备仪器甚至都由委托方提供，设备价款分期从加工方的工缴费中扣除。

第三，来样生产。

来样生产指产品设计图纸或样品由国外委托方提供，加工方根据图纸或样品的要求进行生产，而所使用的原材料全部或大部分由加工企业提供，完成加工后收取加工费。从这个角度分析，来样生产更具备一般贸易的特征。也即在来料加工中，原料和中间产品的所有权属于委托方，加工权或者使用权属于加工方，因此在生产加工的过程中，加工方的自由度有限，其生产加工过程对于原料和中间产品的采购和处置会受到委托方的严格干预和限制。而来样生产中，涉及的原料和中间产品无论使用权还是所有权都归加工方所有，生产的灵活度较大。

从加工贸易的性质来看，其基本属于“两头在外”，按照价值链分工的各个环节的配置，研发设计、中间产品等来自国外，加工成成品后销往国外，即产品销售和售后服务也在国外。在这个过程中，加工企业实际上从事的是劳务贸易，完成了以商品为载体的劳务出口。山东省企业参与国际价值链分工的实践形式以加工贸易为主，大量企业成为国外跨国公司的加工方。对于从事加工贸易的企业而言，能够利用当时山东省最大的优势——劳动力要素优势，通过进口蕴含有先进技术的中间产品，实际是引进国外先进技术的一种方式，解决自身资本和技术实力不足的缺陷，同时，由于由委托方负责销售产品，企业在生产时无须考虑销售渠道，而能够利用跨国公司现成的营销体系；而对于委托企业，也能够获得在中国生产的低要素成本的优势，降低产品的生产成本，并且能够在短期内扩大生产规模，同时，转移低附加值的加工生产环节，使企业能够集中资源从事战略性的研发、设计、销售、售后服务等环节，有利于企业的技术进步和产业结构升级。

二、山东省参与全球价值链分工的基础

如前所述，价值链各环节的附加值不同，随着价值链的垂直分离，不同环节在全球空间再配置，不同国家获得的环节不同，地位和利益也大有不同。每个国家每个企业都试图获得更高地位的环节，从而获取更高利益，但这不是由主观意志决定的，而是取决于本地区和本企业参与价值链分工的基础。概而言之，决定各个国家和企业参与价值链分工的基础包括比较优势、要素禀赋和竞争优势。

1. 比较优势

比较优势的含义我们并不陌生，1776 年亚当·斯密指出，人们的分工不同，倾向于具有绝对优势的职业，裁缝可以制作自己的鞋子，但并不专业，因此在家里生产时所费的代价大，从鞋匠那儿购买时，所费的代价小。因此，精明的裁缝永远不会想要在家内生产鞋子，而是向鞋匠购买。鞋匠对衣服的缝制和购买也会是同样的选择。这对于国家也是一样，私人家庭都能做出的明智选择，国家也一样会去做。也就是说，某产品的生产，如果在国外生产，比由本国生产更便宜，本国将进口该产品，同时把本国的资源用于生产比国外有优势的产品，出口至外国，即“以己之长，换己所需”。这种分工，正是效率提高和国家财富增加的来源。本国具有绝对利益的商品，也即本国生产成本绝对低廉的商品，一国应该分工生产并出口；本国没有绝对利益的商品，也即本国生产成本绝对高的商品，一国应该放弃生产并进口。这种分工使资源得到最有效利用，提高了劳动生产率，总产量可以增加，通过交换，两国都比自给自足的

分工前增加了消费，通过交换都可以获利，达到更高的消费水平。

大卫·李嘉图在 1817 年发展了亚当·斯密的思想，以相对生产率为出发点，提出了比较优势原理，指出两优取其最优，两种产品生产上，一国可能都有绝对优势，但不能同时生产两种商品，应根据自身条件，生产有比较优势的商品并出口；而对另一个国家，两种产品生产上，可能都是绝对劣势，但不能什么都不生产，应根据自身条件，放弃有比较劣势的商品，生产并出口有相对优势的商品。从而一国的进出口结构相对固定，都是出口有比较优势的产品，进口没有比较优势的产品，从而使出口产品的相对价格上升，进口产品的相对价格下降。由此，促进各国实行专业分工，从而在资源和要素不变的前提下，仍然能够提高分工效率和收益，两国的贸易收益提高，社会福利也随之提高。

价值链分工的基本原则不外如是，一国的自然禀赋和后天条件不同，比较优势不同，对不同环节的生产成本和劳动生产率也就不同。每个国家参与价值链分工时，都应该结合本国的优劣势，根据先天条件或后天优势，进行比较分析，才能做到两优取其重，选择更合理的生产力布局，形成最有利的生产要素配置，结合现有经济、技术、自然条件，对分配劳动和利用资源能够最为有效节约，才是有效参与价值链分工的基础。

20 世纪 70 年代末期，比较优势理论在理论上是非常成功的，有着无可比拟的权威地位，但在现实上却难以应用，使用比较优势理论指导本国贸易的国家，鲜有获得成功的案例。有鉴于此，学者开始反思比较优势理论的局限性，在比较优势的理论框架中增加了规模收益和外部效应等因素，发展为动态比较优势理论。与最初的比较优势不同，动态比较优势认为通过后天的学习和努力，是可以创造并改变比较优势的。通过产业技术创新，无论是本土企业自主研发，还是从外国企业引进先进技术，都可以增强产业优势，带来动态比较优势；通过大规模的投资和生产，劳动生产率能够随着学习曲线上升，即便最初没有比较优势的产业，也可以后天人为创造比较优势。比如“二战”结束之后的日本，按照当时的经济发展水平，资本及技术密集型的汽车产业，不应成为日本的比较优势产业。但日本从动态比较优势理论的观点出发，将汽车产业选定为具有潜在增长力的动态比较优势产业，并采取相应政策措施鼓励发展，短短 20 年后，日本的汽车产业成为本国最早具备国际竞争优势的产业之一。

2. 要素禀赋

比较优势的来源，是由两国生产要素总供给决定的，也即要素禀赋的差异。由赫克歇尔和俄林提出的要素禀赋论，以地域作为基本单位，解释了比较成本的差异，从而出现靠山吃山、靠水吃水的现象，不同的资源优势，形成不同的国际分工格局。

产生比较成本差异，一是由于两国要素禀赋不同，也就是生产要素的拥有量和分布量，在各国是截然不同的。要素分为丰裕要素和稀缺要素。若某种要素供给比例较高，高于外国该要素的供给比例，以及该要素相对价格较低，低于外国该要素的相对价格，则该要素是本国的丰裕要素和外国的稀缺要素。如A、B 两国中，可用总资本数量为 TK，可用总劳动力为 TL，如果存在关系 $(TK/TL)_A>(TK/TL)_B$，则我们可以说 A 国丰裕要素是资本，B 国丰裕要素是劳动力。二是要素密集度也有差异，即要素比例在产品的生产过程是不同的，这也是相对的概念，而不是绝对的概念，通过实物单位法表述。如 X、Y 两种商品，生产过程中，资本和劳动力两种要素可以替代，资本与劳动投入比例对 X 商品是$k_x=K_x/L_x$，对 Y 商品是$k_y=K_y/L_y$，如果存在$k_x>k_y$，X 商品称为资本密集型产品，反之，Y 称为劳动密集型产品。A 国丰裕要素是资本，在生产 X 商品上更有优势，应该专业化生产并出口；B 国丰裕要素是劳动力，在生产 Y 商品上更有优势，应该专业化生产并出口。于是我们看到如下的国际分工和贸易格局：劳动力充裕的国家，必然生产并出口劳动密集型产品；技术充裕的国家，必然生产并出口技术密集型产品。

如果我们把两种商品换成两种生产环节，也就构成了价值链分工的基础，不仅是产品可以划分为不同的要素密集型特征，价值链上的各个环节也可以做此划分，如研发设计和销售、售后服务环节具有技术密集型特征，核心零部件的生产具有资本和技术密集型特征，加工组装具有劳动密集型特征等。于是我们看到如下的价值链分工格局：劳动力充裕的国家，必然专业从事劳动密集型环节；技术充裕的国家，必然专业从事技术密集型环节。比较优势的要素禀赋不同，一国只能专业化从事某一特定环节，这是价值链参与方的分工基础，也决定了不同参与方的分工地位和分工利益。

3. 竞争优势

迈克尔·波特从国家层面分析竞争优势，一国如何参与国际分工，其基础是该国企业的竞争优势。具体来说，体现在五力模型上，包括替代产品的竞争、新进入企业的竞争、企业与客户的谈判博弈、企业与供应商的谈判博弈及与现有竞争对手的竞争。后来对五力模型又使用价值链理论进行了丰富和补充。在实践中，企业的竞争优势又分为两种：第一种是低成本竞争优势，即企业在设计、生产及营销产品上是否更有效率；第二种是差异型竞争优势，即企业的产品是否具有独特性，能够有效区别于同行业的其他竞争对手。竞争优势的核心基础，是本企业比竞争者拥有更高的生产率。而外界因素也会造成竞争优势改变，如新需求的出现、新技术的应用、新的产业环节出现、政府法令或规章改变、相关产业的成本变化，都会引发产业结构突变。

波特认为，一个国家的产业能否切入国际价值链分工，以及如何切入国际价值链分工，取决于该产业的竞争优势。同时，他以钻石体系解释竞争优势，及如下四种关键要素交错运用，共同决定国家的竞争优势。

第一，生产要素。

生产要素的含义前文已详细分析过，但不同的生产要素，对竞争优势的作用也就不同。先天形成的生产要素，如资源、地理位置等，称为初级生产要素，这种要素很容易被竞争对手模仿，竞争优势就很容易被竞争对手所超越；后天形成的生产要素，如高等教育人力资源、技术能力、管理经验等，称为高级生产要素，这种要素很难被竞争对手模仿，竞争优势就更持久稳固。

第二，需求条件。

某种意义上，一国的生产格局和特点受本国需求的影响。一国的需求特点，如消费者的成熟程度和挑剔程度，一定意义上会引导生产。因此，国内市场的规模和性质，国内需求的成长速度，又会影响企业满足国际需求和进入国际市场的能力，也是竞争优势重要的影响因素之一。

第三，相关和支持性产业。

产业优势不是单打独斗来的，有竞争力的供应商产业、有效率的相关产业，是一个国家的产业持久竞争优势的基础。上游产业的成本降低和技术创新，无疑可以对下游产业的发展产生较大的影响，如降低成本、技术水平提高、效率改善等，这种相关产业的提升效应，又会对本产业的技术创新和商业模式创新产生有利的影响，由此提升本产业的竞争优势。

第四，企业战略、企业结构和同业竞争。

产业的优势最终要通过企业主体体现出来，不同国家的相同产业，也会体现出不同的企业结构。如汽车产业，在美国和日本都属于优势产业，但美国的汽车企业无论是在目标战略还是在组织方式上，与日本的汽车企业都截然不同，优势也就不同。企业的建立、组织和管理，如何应对竞争对手等，都会影响一国的产业竞争优势。

除了以上四种关键性因素，机会和政府是另外两种偶然性因素。机会是偶然出现的，有时候是国际需求方面出现的重大变动，有时候是技术进步带来的生产冲击，都会对一国的产业形成影响。如 20 世纪 70 年代的石油危机，国际油价大幅度上涨，恰恰构成了以低油耗为特点的日本汽车产业崛起的最佳机会。以此为契机，低油耗的日本汽车成功切入国际市场，攫取了大量的属于欧美高排量、高能耗的汽车产业的传统市场。与此相类似，政府通过政策也会影响到一国的产业优势。如改革开放初期的中国汽车产业，依靠最早开放的有利政策迅速成长，短期内培养了产业竞争优势。但随着后期政策调整的缓慢和不到位，中国政府的汽车产业发展政策又对中国汽车产业优势的培育构成负面影响。

综上所述，山东省的本土企业如何参与国际价值链分工，并不是主观意志决定的，而是取决于企业的比较优势、山东省的要素禀赋及相关产业的竞争优势。分工基础决定在价值链分工体系中的地位，不同地位所能获取的技术进步及产业结构升级效应不同。对价值链分工体系下山东省科技创新和产业结构升级的研究，不能脱离其参与分工的基础，而应该在分工基础框架下进行分析。

三、山东省参与全球价值链分工的发展历程

1. 起步阶段：1978~1986 年

1978 年，中国参与全球价值链分工起步，也是山东省参与全球价值链分工的起点。当时中国新一代领导人，尝试积极参与国际分工，引进巨额外国资本促进本国经济发展，试图以密集投入的方式，用发达国家的资本，来迅速拯救中国经济，建设中国经济大厦。当时计划 10 年引进 600 亿美元 120 个大型项目，但鉴于当时的经济发展水平和偿付能力不佳，1978 年当年外汇储备仅

为 1.67 亿美元，计划引进外资 78 亿美元的目标不切实际。事实也证明，引资效果并不佳，签订的合同被迫推迟或取消，在此之后的外资引进逐渐变得务实有效。

1979 年 7 月，我国公布《中华人民共和国中外合资经营企业法》，意味着开始为国外企业如何进入中国市场，国内企业如何参与全球价值链分工，尤其在合资企业这一具体形式上，提供法律依据。之后一个时期，与《合资经营企业法》相关的法律、法规相继颁布实施，使国内企业参与全球价值链分工更加有法可依。但从实践来看，在这一时期我国企业参与国际价值链分工的地域范围狭窄，基本局限于最早开放的地区，包括最早设立的四个经济特区，之后拓展到 14 个最早开放的沿海港口城市，山东省青岛市就是其中之一。与此背景相对应，山东省当时参与国际价值链分工的产业范围不大，技术含量较低。

2. 稳步发展阶段：1987~1991 年

20 世纪 80 年代中期以后，随着经济水平和对外开放程度的提高，中国有关参与价值链分工的法律法规体系进一步完善，与外资有关的一系列立法，如《中华人民共和国外资企业法》等相继颁布，代表着中国参与全球价值链分工进入稳步发展阶段。进入中国内地进行价值链布局的公司虽然仍以港澳台资与日资为主，但来源上已经有较大扩展。

山东省企业参与全球价值链分工也随之发展，尤其体现在结构的逐步改善上，劳动密集型工业项目不再是产业重点，而是向生产型项目、出口型项目及服务业转向。20 世纪 80 年代中后期，有部分欧共体、美国、日本和新加坡等国的跨国公司进入山东省。这些跨国公司主要是利用山东省廉价劳动力与廉价土地的“绿地投资”，从事劳动密集型的产品生产或环节。

3. 高速发展阶段：1992~1993 年

1992 年，是中国加快对外开放的标志性年份。首次明确中国经济体制改革的目标，是建立社会主义市场经济体制，不再把市场经济简单地与社会主义对立，这是改革的一大突破。全国范围全面开放的格局形成，已经由最初的东南沿线拓展至内陆边境城市和内陆省会城市。跨国公司在中国的价值链分工布局处于高速发展阶段。与此相对应，山东省企业参与国际价值链分工的数量、产业、资本及技术含量都有所提高。

4. 调整发展阶段：1994~2000 年

从 1995 年中期开始，全球价值链分工在中国的发展略有变化，体现在中国的政策进行了适当调整。在实践中，调整了进入中国的外资的减免税政策，对外商投资的产业领域也进行了规范调整，试点并推广加工贸易台账制度等。部分举措有利于跨国公司在中国的价值链布局，山东省的要素优势和市场优势开始加速乏力，企业开始大量融入全球价值链分工体系。从投资规模上看，单个项目的平均投资规模有较大增加，从 50 多万美元上升到 200 多万美元；从投资主体上看，不仅仅是来自港澳台的企业，大量的西方发达国家跨国公司也开始对中国市场感兴趣并有了投资信心，大举进入山东省市场；这些投资主体资金来源充沛，技术结构更为合理，山东省对于引进外资的治理，也随着规模的扩大和主体的扩展而有所改善；从投资领域上看，第三产业引资增多，技术型项目大幅度增加。

5. 稳定发展阶段（2001 年之后）

2001 年，中国加入世界贸易组织，自此山东省参与全球价值链分工进入稳定发展阶段。山东省绝大多数制造业都与国际市场息息相关，大量的中间产品进口，大量的企业使用来自国外的中间产品进行加工生产，又将大量的最终产品出口至国际市场。从政策上看，进一步鼓励跨国公司对山东省的价值链分工布局，鼓励类项目不断增加，限制类项目有所减少，对跨国公司的各种限制也有所放宽。山东省已成为大量跨国公司重要的竞争力分工基地，价值链分工在山东省国民经济中也发挥着不可替代的重要作用。

四、国际价值链分工对山东省经济的作用

1. 弥补建设资金不足

资金短缺是发展中国家面临的共同问题，山东省经济增长也长期受该问题的制约。国际价值链分工进入山东省，山东省企业成为跨国公司的代工企业，必然带来跨国公司资本的大规模进入，山东省建设资金紧张的矛盾从而得到有效的缓解。因此，国际价值链分工为山东省经济起飞弥补了建设资金的不足，从而为生产能力提高和经济增长做出了贡献。

2. 引进先进技术，促进产业开放

改革开放以来，通过参与国际价值链分工，在生产过程中进口大量的国外中间产品。而这些中间产品蕴含着先进的技术，由此带来了一批先进实用的技术，使许多行业的技术空白得以填补。由此，带来了大批产品的更新换代，促进了一大批重要产业如汽车、电子、通信等的设备改造和技术发展，并使这些产业能够以开放的基础发展，突破山东省本省资源瓶颈的制约。

3. 引进先进的管理经验

国际价值链分工进入山东省后，跨国公司积极创办代工工厂和外资企业，为了保障产品质量和生产效率，不仅要投入资本和设备，更要将国际先进的管理经验引入。由此，山东省企业的质量管理、生产管理、人才管理、销售管理等经验都有大幅度提高，管理能力和管理水平大幅度改善，增强了企业竞争能力。

4. 增加财政收入，创造就业机会

国际价值链分工，使大量跨国公司在山东省投产开业，财政收入来源增加，也带来了大量的就业岗位。从山东省目前的税收来源和就业结构看，涉外税收和就业大幅度增长，尤其是在经济发达的沿海城市，参与价值链分工的主体，已成为地方财政和就业的重要来源。

5. 促进开放型经济的发展

通过参与国际价值链分工，以及大量外商投资企业的进入，山东省经济迅速改变了封闭发展的特点，以高度开放的姿态进入国际市场，和国际经济联系更为紧密。一方面，外商投资企业把资本和技术带入山东省；另一方面，在山东省企业和产品走向国际市场的时候，又能够利用外资企业的国际营销渠道，更为迅速地使山东省生产的产品，通过出口进入国际市场。参与国际价值链分工，有效地促进了国际贸易的迅速发展，这是山东省出口增长的重要源泉。

6. 促进社会主义市场经济体制的建立和完善

参与国际价值链分工，在山东省还有推动改革的作用。改革开放初期，山东省所有制格局以国有、集体所有为主，而跨国公司在山东省价值链分工的布局，使外商投资企业在山东省大量建立，它们大多采用国际通行的组织形式，对传统所有制结构的改变形成有益补充。外资的流入，促使企业产权的流动和重组，形成了新的所有制结构，混合所有制的企业逐步增加。

从理论上分析，参与国际价值链分工会给一国一地区带来诸多经济效益，但结合中国整体及其他地区参与国际价值链分工的现实，在此过程中也出现了一些负面效应，我们仅以苏州为例，分析参与国际价值链分工可能出现的问题，希望能对山东省参与国际价值链分工有所借鉴。

案例解析：苏州模式——参与国际价值链分工的困局

苏州模式，是我国改革开放进程中较有特点的一种区域经济发展的模式，是由地方结合自身经济发展特点而成。苏州模式是改革开放后地方经济积极参与国际价值链分工，在高度开放的背景下实现从计划经济向市场经济发展转轨的典范。

苏州经济自改革开放以来，迅猛发展，目前已成为中国经济最发达的地区之一。与中国经济发展的特征相似，苏州在改革开放后大多数时间，参与国际价值链分工，发展出口加工业，形成开放度高的外向型经济，是苏州经济发展的基石之一。在苏州，外商直接投资超过全国的1/10，引进的台湾地区资本占全国的1/4；高度参与价值链分工的产业，如计算机、精细化工、精密机械、生物制药、新材料等产业，在国内名列前茅，产量和出口量占全国比重远远高于其资源比重；苏州市占全国面积和人口的比重分别为0.09%和0.46%，但经济比重则远远高于这一数字，生产总值占全国的2.4%，财政收入占全国的2.5%，外贸进出口占全国的10%。

1. 主要内容

苏州模式，典型的是由参与国际价值链分工体系获得，是高度开放的经济发展模式，即具备自己的特色，又与日本和韩国政府主导型模式类似。政府功能强大，提供制度和政策环境，是成熟市场经济下政府的功能；除此之外，还以强势和有效政府为基础，制定明确的发展战略和发展规划，以招商引资为手段，引导投资者进入，积极参与国际价值链分工，以本地资源换资金和技术，以参与国际价值链分工求发展。苏州采取诸如“借脑引智”“筑巢引凤”的办法，通过各级的开发区积极引入跨国公司的价值链布局，如省级开发区、国家级开发区、留学人员创业园和国际企业孵化器等。

2. 发展特点

苏州模式的发展特点还在于错位发展导向，形象地称为“大树底下好种碧螺春”。错位发展的主要原因在于苏州的地理位置，由于接近中国的经济中心城市上海，很难与上海的产业和企业相竞争，于是采取与上海不同的错位发展思路。如在信息产业的发展上，上海的重心是软件，苏州的重心就变成硬件。目前，苏州已成为世界最大的计算机硬件生产基地，计算机硬件的所有配件，都可以在苏州生产，同时也成为国内最大的电子基础材料生产基地。如在钢铁产业的发展上，上海的重心是宝钢的产品系列，苏州的重心就远离宝钢的产品系列。宝钢的产品以传统产品为主，而像冷轧不锈钢薄板、螺纹钢、电炉钢、硬质高速线等这些新产品并不是其强项，于是苏州利用这些新产品打开新市场，并成为这些新产品最大的生产基地。上海以金融业等第三产业为发展重心，苏州人没有亦步亦趋，上海不情愿做的加工业，成为苏州的主攻方向。上海崇尚欧美资本和跨国公司，苏州不争不抢，引资目标以新加坡、中国台湾为主，目前，苏州大量企业成为新加坡和台湾地区企业的生产基地。于是上海越做越大，苏州越做越小：你搞大飞机，我研究纳米；你建高楼大厦，我搞小桥流水。苏州模式在价值链分工的体现上，大概可以总结为投资外来、市场外指，核心研发、上游工序、销售、售后服务在国外，而车间、加工生产在内，产业分工的垂直型梯次较高。

3. 外界对苏州模式的质疑

通过参与国际价值链分工，苏州经济在飞速发展的同时，也暴露了许多弊端。

第一，经济增长 VS 生活水平。

苏州人均收入增长速度远远滞后于经济增长速度，与经济增长大不相称。经济增长了，但经济增长使老百姓的得益似乎并不多。苏州的人均 GDP 位居榜首，与上海及长三角的一些城市相比，远高于这些城市；但人均可支配收入、人均消费性支出却排在后面，不仅落后于上海、台州、宁波、杭州这些发达城市，更是被挤到了嘉兴、绍兴、舟山、常州这些不太发达的城市之后。除此之外，在储蓄余额、人均住房面积、私车拥有量等这些能反映居民生活水平的经济指标上，苏州不仅落后于长三角城市群，甚至滞后于中西部地区经济发展相对迟缓的城市。按照前文对价值链分工的分析，苏州高度介入跨国公司的价值链分工，但占据的只是附加值低的环节，经济体量大，增长速度快，但获利甚微。这一点与我国整体的特点也类似。改革开放以后的三十多年，中国经济高速增长，从经济总量来看，中国已经跻身于世界一流大国的行列。但从国民福利的角度看，老百姓的日常生活有所改善，却远远滞后于经济发展的速度，这与经济增长不成正比。也说明经济增长速度虽然快，但利益大量外流，真正留在中国国民手中的，只是其中极小的一部分。

第二，制造业基地 VS 加工车间。

苏州高度参与国际价值链分工，名义上是世界制造业基地，但大多数产品都是低端产品，出口的产品技术含量不高，技术来自国外，产成品贴的外国商标进行销售，赚的是极其低廉的加工费，实际上只是世界加工车间。比如苏州昆山的计算机生产企业，计算机产业无疑是高科技产业，但苏州的计算机产业实际上与研发、设计无缘，企业从事的是劳动密集型产业环节部分，做的是简单重复装配工作，处于计算机产业链条末端。例如贴着“中国制造”标签的罗技鼠标，在苏州生产制造，每年有 2000 万个运往美国；罗技鼠标在美国平均售价约 40 美元，从价值链分工体系看，罗技从中获益 8 美元，销售商从中获益 15 美元，零部件供应商从中获益 14 美元，而苏州加工企业只能从中获益 3 美元，除了加工费，还要包括各种开支。苏州这样的分工地位，分工获益太少，导致经济增长迅速，但国民获利极少。

第三，产业“空心化”。

苏州经济主体结构中，本土企业尤其是民营经济比重较低，而外资经济占据了主导地位，苏州规模工业总产值中，比重最高的是外资企业，本土企业的发展速度慢、比重低。苏州经济增长的 70% 来自于外资，出口的 80% 以上来自外资，本土企业遭到挤压发展缓慢，而一旦生产成本上升，外资会转移到更低成本的地方从苏州撤出，会使苏州经济遭遇产业“空心化”的危险。产业空心化是非常危险的一个经济问题。如果一个地区的经济高度倚重于外资企业，外向度高，那么，该地区的经济增长、国民就业、财政收入就大量来源于外资企业。外资企业的竞争优势又会压制当地的民族企业，使民族企业没有发展空间。一旦外资受到外部因素的影响撤出，又容易出现羊群效应，那么当地会在短期内大量失去就业岗位和财政收入，经济增长的整个体系就有可能崩溃。

第四，环境代价。

参与国际价值链分工过程中，苏州大量引入外资，而部分外资使用的高污染、高能耗技术，造成了严重的环境污染，甚至已经对企业员工的生命和当地居民的健康构成危害。在互联网上出现过两篇文章，一篇是《园区十年的罪恶》，另一篇是《没有蚊子的苏州工业园》，文章内容描述了苏州工业园区的严重污染局面。这也是中国引进外资的一个普遍现象，屡见不鲜。比如鄂尔多斯，曾经是绿草如茵的万峰驼乡，自然环境优美，牧民安居乐业，但随着当地引进日本的羊绒产业，日本羊绒企业以超高价格收购羊绒，引导牧民增加山羊的放牧数量。山羊是羊绒的来源，但山羊对环境的破坏程度高，尤其是当放牧数量超过环境承载力，或者说牧草不足以供养山羊时，羊群甚至会将牧场的草根当作饲料，这对环境的破坏能力可想而知。山羊放牧过多，连草根也留不下来，也就不会再出现"春风吹又生"的景象了。所以发达国家对山羊的放牧数量有严格限制，放牧成本也较高。发展中国家，却为了发展经济和高收入，缺乏相应的环境意识和法规。鄂尔多斯的牧民为了销售高价的羊绒，大幅度增加山羊的放牧数量，迅速超过了当地的环境承载力。随着山羊数量的增加，羊绒市价下跌，而牧民们只好再增加放养数量，以维持收入，由此形成恶性循环。短短几年下来，茵茵草原消失无踪，没有了能够阻挡风沙推进的草场，草原变为沙漠。当年的万峰驼乡不见踪影。被称为沙漠之舟的骆驼，因其眼睑的特殊构造，能够很好地保护眼睛不被沙漠中的风沙伤害，然而，现如今也不能阻挡当地环境恶化带来的风沙，许多骆驼的眼睛甚至被当地的风沙打瞎，成为哭泣的骆驼！外资进入带来的环境恶化，令人心痛。穹顶之下的污染和环境破坏，是在中国的国土上，但追根溯源，却是外资。只是由于生产场所的变化，将污染和环境破坏从外国带到中国。使用中国的廉价资源，攫取了高额利润，留给了中国微薄的利润与严重的污染和环境破坏！

4. 2008 年全球金融危机后所暴露出来的问题

2008 年全球金融危机后，开放度高的外向型企业和地区受到较大的负面影响。苏州的外贸出口、外商投资都出现负增长，2009 年第一季度的出口额，只相当于 2008 年同期的 3/4；部分外资开始撤离，苏州成为跨国公司全球价值链分工布局的一个弃子，在全球价值链分工体系中的地位岌岌可危。总部位于美国的缤特力通讯科技苏州有限公司，是全球最大的蓝牙耳机制造企业，一向专注研发，产品的生产基本外包到其他国家，于2006年投资于苏州工业园，鼎盛时占地面积高达2万平方米，拥有近千名员工，苏州工业园管委会甚至以缤特力命名了一条当地的街道。缤特力投资初期，曾计划将苏州工厂的总投资，在2010年前扩大到1亿美元。但2008年全球金融危机使坏消息先出现了，缤特力不但没有实现苏州的扩张念头，还决定转向成本更低的地区。成立还不到三年的缤特力苏州公司，于2009年3月关闭，相关制造部门转向歌尔声学，由这家位于山东潍坊的民营企业，承接了由于关闭苏州工厂转移的全部订单，歌尔声学也由此成为世界最大的蓝牙耳机工厂。这座被人抛弃的苏州工厂，像弃城一样，寂静无声，不复当年的繁荣忙碌。

世界半导体巨头之一的美国国家半导体，在苏州工业园设有测试工厂和芯片封装工厂。在2008年全球金融危机之后的2009年3月，也宣布从苏州撤资。美国国家半导体来苏州建厂的原因，在于苏州的土地便宜和税收减免，但当苏州生产成本上升，而其他国家如马来西亚，能够获得同样甚至是更便宜的土地和更优惠的税收减免后，苏州工厂马上就被抛弃。关闭苏州工厂后，原来由其承担的订单及设备，全盘转移到该公司在马来西亚投资设立的子公司。

更多的外资企业，以相对温和的裁员和降薪作为过渡手段，在最终决定是否撤资之前，暂时持观望态度。如艾佩斯、和硕、库力—索法半导体、欧瑞康、奇梦达、飞思卡尔等均传出裁员消息。甚至有些企业，在一天之内裁掉了一半的员工。大量在这些企业就业的人员，成为当地失业大军的主力。

作为全球最末端的“制造中心”，苏州的分工地位最低最脆弱，是最容易被放弃的一环。资本逐利的本性决定，一旦发现成本更低的地方，跨国公司在成本最低处配置价值链，因此会毫不犹豫地向别处转移；经济危机时期更是如此。苏州过去的发展模式，初期对外资的引进和参与价值链分工，都是过度依赖廉价资源，但随着资源成本的上升，苏州最吸引外资的优势不复存在，当然外资会从苏州撤离，在中国或中国以外的市场，寻找成本更低的代工企业。

5. 路在何方

苏州模式在某种程度上可以看作是中国引进外资及经济发展模式的缩影，苏州模式的弊端已暴露无遗，需要反思的是：中国经济以及山东省的大量企业，一如苏州企业，高度参与国际价值链分工，但分工地位低、分工收益低，参与分工的基础又极易被竞争对手模仿和超越，难道还要步步深入如此危机吗？如果要解决目前的危机，又应从何入手？本书仅从三个方面做出简要分析。

第一，市场主导。

苏州模式更多依靠市场政府干预，以兴建各种科技园区或引资园区的形式，大量引进跨国公司，以此助推本地企业参与国际价值链分工。在这一过程中，难免会出现因为政府信息不足与决断失误导致的问题，经济理论及经济发展实践都已证明，市场手段才是解决经济问题最有效的方法。因此，无论苏州经济还是山东经济，都应坚持市场主导。而在我国经济改革开放的发展过程中，除了以政府主导和高度开放为特征的苏州模式外，更有以市场主导和依靠民营经济的温州模式。从某种意义上说，苏州模式暴露出的弊端，可以通过向温州模式靠拢而予以解决。

温州模式与苏州模式都是我国经济改革开放过程中出现的极具地域特色的发展模式。温州模式的概念，最早出现在 1985 年。1985 年 5 月，中国的各大报纸出现了多篇对温州经济发展模式及特点的介绍，温州模式从此被众人熟知。

改革开放前，温州的土地贫瘠，资源匮乏，具体表现在：土地质量差，农业产出量极低，可利用自然资源少，经济发展所需的自然资源大多得由外部供应；土地面积狭小，人均耕地面积居于浙江省最低地位，大概只有 0.3 亩左右；交通运输不便，没有铁路和机场，与外界相接的只有一条路况很差的 104 国道和一条通往海上的水路；国家投入少，由于不具备重要的经济及战略性地位，国家对温州累计投资，从新中国成立到 1978 年，只有 5.95 亿元。当时温州的情况，可以概括为“三少一差”，其实完全不具备经济起飞的条件和基础。但恰恰是因为起始条件差，没有政府和政策可以利用，反而使温州能以市场主导为基础，迅速形成市场主导型经济发展模式。1983 年，温州已有十大商品产销基地和专业市场，以专业化市场的方式发展；1984 年，借国家政府提倡发展商品经济的时机，大幅度地搞活流通，以家庭工业为基础发展非农产业；1985 年，“温州模式”初见成效，形成小商品、大市场的格局。顾名思义，小商品指一些生活用品，如打火机、灯泡、玩具等，技术含量低，产品体积小，运输成本也较低；大市场指这些小商品并不是以温州或浙江本土市场为基石，而是要将全国甚至全球作为其发展的市场基础。与依靠强势政府发展的苏州模式不同，温州模式下政府对经济的干预力度低，政府相对无为而治，主要依靠市场力量尤其是本土企业，成了更为持久和不依赖政府及外资的经济增长力量。

第二，以我为主。

苏州模式中，高度参与全球价值链分工，实际是牺牲了苏州本土企业的大量利益，向跨国公司进行利益输送。外资企业的比重过高，一方面使当地经济对外资的依赖性过高，经济稳定程度低，经济波动的风险大；另一方面，又客观压制了当地企业的发展，尤其是民营经济发展严重不足，一旦外资撤出，将形成当地产业空心化的困局。

而再以温州为例，以家庭经营为基础的个体私营企业占有绝对多数份额。温州民营经济起源于改革开放初期，当时的情形可以由家家办工厂、人人摆地摊的局面形容，在市场主导的背景下，由于没有政策和资源优势，温州人别无生路，只能千辛万苦地自己创业，而当地市场太小，要经营成功，必须从温州外部，也即全国范围内寻找市场。1982 年，全国个体工商企业总数的 1/10 都出现在温州，在其他地区仍在疑惑是否从计划经济体制进入到商品经济体系时，温州人已大量投入工商行业，自己当起了老板。为了获得全国市场，温州企业与当时居于垄断地位的大型国有企业正面交锋，以更为灵活的销售方式和渠道，有效地打开了全国范围内的市场，成为温州大市场的基础。目前，温州的民营经济对当地的经济发展起到的作用最大，经济比重最高。民营企业数量占温州市企业数量的 99.5%，工业产值占 95.5%，上缴税收占 80%，外贸出口占 95%，从业人员占 93%。以我为主的企业构成和经济发展模式，使温州能够避免遭受产业空心化的问题。

第三，科技创新及产业升级。

盘点苏州多年来参与国际价值链分工的利益，体现在产业链完整，本土企业成为国际代工企业，某一企业仅专业化生产某一个零部件，这样的价值链分工，使专业化效率极大提高。再加上资本优势和灵活的商业机制，以及在国际市场良好的网络渠道，这是苏州未来经济发展的基础。但苏州的劣势也不容忽视，多年代工，发展了劳动密集型产业和环节，但技术密集型环节的企业数量少、规模小，发展布局无序。这些产业的技术能力低，科技创新动力不足，产品附加值低。究其本质原因，在于依赖外部资源，科技创新严重不足，产业升级或产品升级无从谈起。苏州经济发展的关键，只能是在科技创新的基础上，利用参与价值链分工已经形成的产业基础，实现科技创新与产业结构升级的耦合，使本土企业从加工组装环节升级到微笑曲线的两端，即研发设计环节和销售及售后服务环节，才能提高分工地位和分工利益，以更为有效地引进外资，并通过高度参与价值链分工实现经济发展，从而在未来的发展中趋利避害。

第三节　山东省参与价值链分工的效应及现状

一、山东省参与价值链分工的效应体现

结合价值链分工的理论和山东省参与价值链分工的实践，山东省企业通过参与价值链分工，主要获得了附加值效应、技术进步效应和产业拓展效应。

1. 附加值效应

参与价值链分工的国家和企业，以自身的要素特点融入国际生产体系，从而能够获得相应的附加值效应。以山东省企业为例，在参与价值链分工体系前，由于要素条件的制约，如资本、技术要素在改革开放初期有较大缺口，尽管本省的土地和劳动力等要素丰富，但无法与资本、技术等要素形成结合，可能处于闲置状态，也就不能带来效应。而改革开放之后，山东省企业积极融入价值链分工，引入资本和技术要素，与本省的土地和劳动力要素形成有效结合，从事零部件的生产或者最终产品的加工组装。无论是哪一环节，都会有相应的附加值效应。这种附加值效应，放到国际价值链分工的角度，可以把价值增值分解到不同国家。如跨国公司的价值链分工，某一环节是由山东省企业承担的，则该环节的附加值效应就会由国外转移到山东省。

附加值效应可以分为静态和动态两种。静态附加值效应是从要素的现状出发，比如山东省在改革开放初期，以当时的要素条件参与到价值链分工，更多属于劳动密集型环节，这是一种静态衡量附加值效应的方法。动态附加值效应

则是考察长期内要素的动态变化，衡量附加值效应。如山东省在参与价值链分工30年之后，大量的资本和技术要素进入，使得稀缺的资本和技术要素供给增加，再与原来极为丰裕的土地和劳动力要素结合，已经使得山东省的要素情况发生了较大变化。因此，山东省可以从劳动密集型环节向资本和技术密集型环节跃升，从而享受更大的附加值效应。

2. 技术进步效应

价值链分工的另一主要效应体现在技术和产业结构层面。对于技术进步效应，大多数人的观点是技术进步来自于技术创新，并从这个角度分析，参与价值链分工对技术进步的带动作用极为有限。由于跨国公司出于维持竞争优势的需要，必然对核心的关键技术进行保密，即便成为跨国公司的价值链分工体系上的一环，代工企业也无法获得更新的技术，这被形象地描述为俘获型代工。

但无论从技术进步的理论还是技术进步的实践来看，这一论断都有失偏颇。从技术模仿和扩散的理论分析，一项创新技术在创新主体的使用，常常会向行业内的其他企业扩散。其他企业对该项创新技术的模仿，尤其是在使用过程中的消化吸收，又会对该项技术进行改造和突破，也即技术的二次创新。而这种创新，往往是以模仿者的现实情况为出发点，所以会与技术创新成果有所差异，在国际市场上也能找到立足之地。典型的如日本汽车产业的发展，在初期都是从欧美国家引进技术，但欧美国家的大排量高能耗汽车，并不适合国土面积狭小、能源匮乏的日本，在此基础上，包括丰田、本田等在内的日本汽车企业，结合本土企业和市场的特点，对欧美的汽车技术进行了二次创新，并以此奠定了日本汽车帝国的优势。这正是技术二次创新的魅力所在。再比如近代的亚洲“四小龙”国家和地区，都是在经济起飞阶段作为跨国公司的代工企业存在，对技术的引进和突破，成为其经济崛起的基石。

山东省参与价值链分工的企业，在代工的过程中，虽然接触的可能并非核心技术，但并不代表没有技术进步的空间。如果能像日本汽车企业一样，在生产过程中有效地使用这些技术并提高劳动生产率；使用之余结合山东省本土特色，对其进行改进，则可能实现技术的二次突破，带来技术进步效应。而技术进步在产业上的应用，会使山东省企业在价值链分工的环节、产品生产、产业配置上都有所升级和改善，也即产业升级效应。

3. 产业拓展效应

价值链分工体系在山东省的布局展开，使山东省企业有机会获得大量的技术含量较高的中间产品，而这些中间产品，可能是山东省内企业暂时没有能力生产的。如果没有增加产品的进口，山东省企业就丧失了从事该产品的生产可能性，因此，价值链分工从供给的角度能够带来产业拓展效应。

部分产业，尤其是资本和技术密集型的产业，都是规模经济效应极为明显的产业，只有企业从事大规模生产，才能降低固定成本，并进入规模报酬递增的阶段。因此，企业需要庞大的市场维持大规模的生产。倘若没有参与价值链分工，山东省本土企业更多是以省内市场，至多也仅是以国内市场作为企业生产的支撑。无疑，山东省市场或者中国市场容量都是极为有限的，以此作为支撑，山东省的部分产业可能无缘进入规模报酬递增的阶段。而参与价值链分工，则使山东省的企业和产品直接面向国际市场，所生产的产品，除了能在本地和本国市场销售，更可以大量进入国际市场。尤其是跨国公司有现成的国际市场销售渠道，丰富的国际市场营销经验，更会使山东省的企业和产品迅速走向国际市场。因此，无论是从要素及中间产品的供给角度，还是从最终产品的销售角度，价值链分工都使山东省增加了拓展产业的可能性，也就是价值链分工的产业拓展效应。

二、山东省参与价值链分工的现状及特点

1. 制造业跨越式发展

制造业是山东省极为重要的产业之一，而山东省制造业的发展正是在价值链分工的基础上实现的。制造业发展初期，需要大量的启动资金，而改革开放之初，山东省的资本拥有量极低，如果只靠自身积累，山东省制造业的启动可能需要更长的准备时间。而参与价值链分工，企业不需要对全部生产环节进行投资和购置设备，对资本的要求本就降低。大量跨国公司的进入，也带来了当时山东省极为宝贵的资本要素，使山东省制造业的发展资本进一步充实。当制造业具备初步基础，需要实现跨越式发展时，急需的要素就变为技术要素，在这个过程中，价值链分工又起到了重要作用。含有发达国家先进技术的中间产品进入，使山东省企业能够迅速切入技术密集型产品的生产，实现了制造业的

跨越式发展。

山东省制造业出口规模的扩大和出口结构的提升，正是山东省制造业实现跨越式发展的最好例证。如图 2-6 所示，2000 年山东省机电产品占全省出口比重仅为 20%，高新技术产品出口占比仅为 4%，到 2015 年，二者分别上升为 40%和 12%。山东省的出口结构说明，山东省目前的制造业并不以劳动密集型为主，而是以技术密集型的机电产品和高新技术产品为主。某种程度上，山东省仍属于劳动力优势明显而技术优势略显不足的地区，制造业的这种结构，不是由省内要素基础支撑的，而是来自于价值链分工体系的带动。

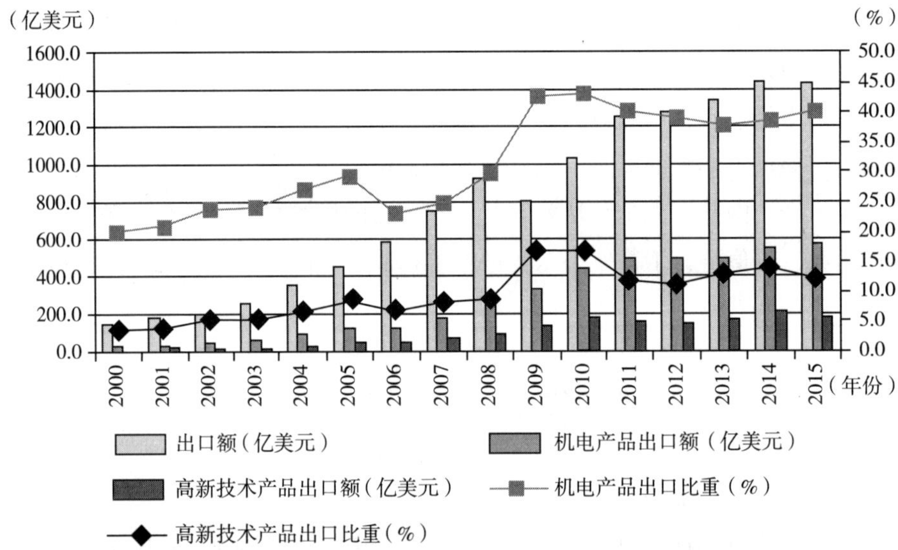

图 2-6　2000~2015 年山东省机电产品及高新技术产品出口情况

资料来源：山东省历年统计年鉴。

2. 促进对外贸易的繁荣

作为开放型的经济地区，对外贸易无疑对山东省的经济增长至关重要。而山东省自改革开放以来，就是我国的对外贸易大省。改革开放之初，山东省的贸易也是举步维艰，1984 年的出口总额只有 20 亿美元，进口总额为 14 亿美元。产品质量和技术含量低，是一方面的原因；企业缺乏进入国际市场的经验和渠道，是另外一方面的原因。但随着大量企业参与价值链分工，产品质量得以迅速提升，国外企业提供的是符合国际市场偏好的技术和工艺，又可以直接利用跨国公司的国际营销经验和渠道，山东省的对外贸易迅速繁荣起来。2015年出口总额高达1440亿美元，进口总额高达977亿美元，如图2-7所示。对外贸易的繁荣昌盛，对山东省经济发展起到了极大的推动作用。

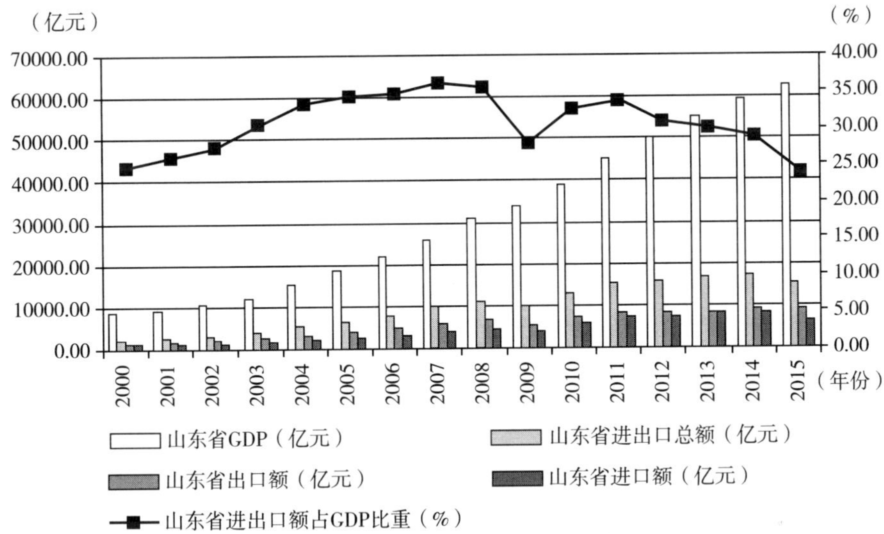

图2-7　2000~2015年山东省经济贸易发展情况

资料来源：山东省历年统计年鉴。

从贸易形式上看，对外贸易包括两种形式，一般贸易是最为基础和传统的一种。从事一般贸易的企业，以自有资本生产或采购中间产品，加工组装为最终产品后再向国内或国际市场销售，最基本的特点在于进口和出口截然分离，进口不是必然推动出口。而加工贸易是与价值链分工相适应的一种形式，从事加工贸易的企业，从国外企业进口中间产品，与本企业的劳动力、土地、设备等要素结合，加工组装成最终产品后，主要以销往国际市场为主，其基本特点在于进口与出口密切相关，进口是为出口服务，而出口以进口为基础。如图2-8所示，与价值链分工相对应的加工贸易，在山东省出口中保持了极为重要的地位。

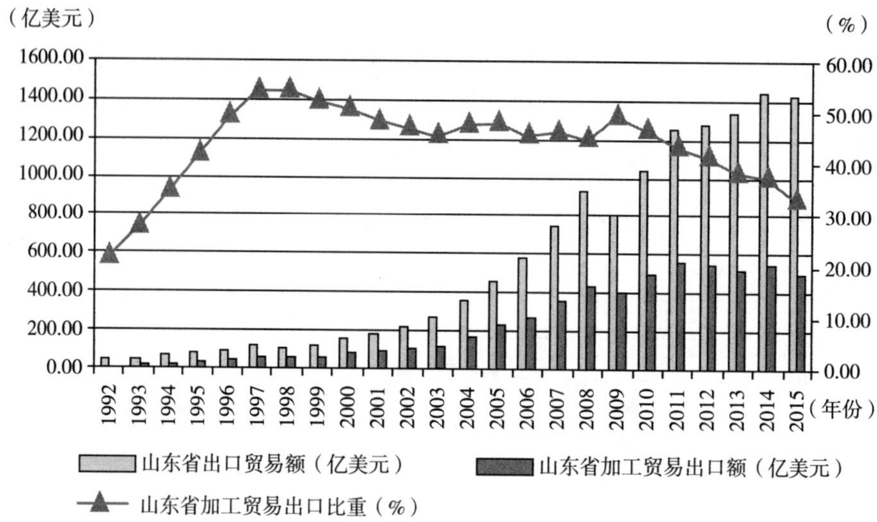

图 2-8　1992~2015 年山东省加工贸易额及其比重

资料来源：山东省历年统计年鉴。

3. 资本要素的双向流动活跃

价值链分工带来了山东省资本要素的双向流动。改革开放初期，山东省企业的资本、技术、管理等竞争优势薄弱，没有向国际市场拓展、进行国际直接投资的基础和能力，更多是被动地参与价值链分工。试图使用山东省劳动力等要素的跨国公司，资本大举进入山东省，不仅弥补了山东省建设资金的不足，更带来了先进的技术和管理经验，并增强了抵御外部风险的能力。从直接利用外商投资的金额来看，1980 年山东省利用外资仅为 1.0470 亿美元，2015 年升至 200.45 亿美元。随着山东省企业在价值链分工体系中积累的资本和技术实力增强，尤其是 2003 年之后，部分企业已经主动地走出国门，对外直接投资，建立以我为主的价值链分工体系。2003 年山东省对外直接投资金额只有微不足道的 3.14 亿美元，2015 年这一数字激增为 155.95 亿美元，如图 2-9 所示。资本流入和资本流出的双向活跃，使山东省的外资进入和流出日趋平衡，说明价值链分工的走出去效应，使山东省的资本效应呈现双向流动。

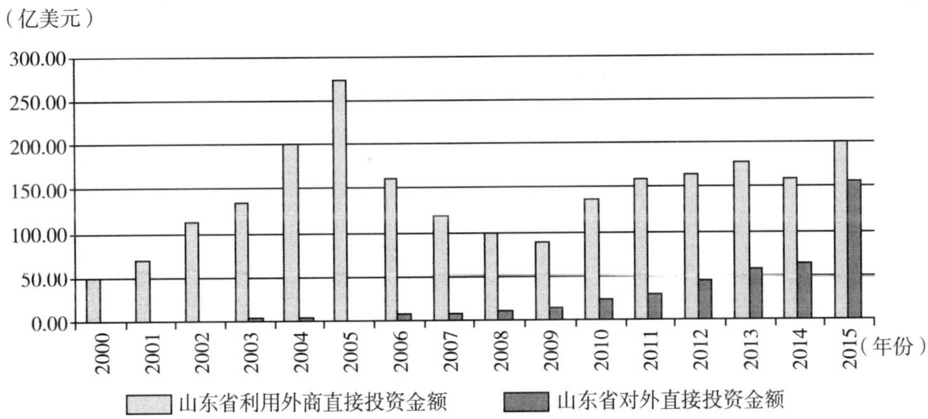

图 2-9 2000~2015 年山东省利用外资及对外投资金额

资料来源：山东省历年统计年鉴。

三、山东省对外直接投资构建国际价值链分工体系的发展

山东省在改革开放后的大多数年份，是以省内的要素吸引跨国公司进入，更多体现为被动融入国际价值链分工体系的特点，而近年来，随着山东省企业的发展，已经有部分优秀企业通过对外投资，积极主动地构建国际价值链分工体系，其发展过程大致可以分为如下几个阶段：

1. 第一阶段（1984 年之前）：初始启动期

1984 年之前，山东省尚处于构建开放型经济的启动期，有部分跨国公司进入山东省并将山东省企业作为其生产加工基地，但山东省本土企业的规模、资本、技术等实力均极为有限，因此，主动对外投资构建价值链分工体系刚刚起步，规模偏小。从 1982~1984 年的情况看，尽管对外直接投资流量在持续增长，但占 GDP 比重不超过 2%。

2. 第二阶段（1985~1991 年）：低速增长期

该阶段，由于山东省改革开放战略继续向前推进，在阶段性成果的基础上，如积累的技术、资金等优势，主动对外投资构建价值链分工体系开始增长，对外直接投资的规模和总量，都较上一阶段有了较大发展。当然，受限于当时的经济条件和客观因素，仍处于低速增长阶段，尽管对外直接投资相对稳定，但占 GDP 的比重不高，大致在 3%上下波动，年均增长率为 5%左右。

3. 第三阶段（1992~2003 年）：受限波动期

在这一时期，山东省的经济增长、引进外资、国际贸易等均进入高速增长阶段，但在主动对外投资构建价值链分工体系领域，由于确立了新的审批制度（《关于颁布、审批境外投资项目的项目建议书和可行性研究报告的规定》的实施，目的在于加强国家统一管理，减少投资失误），不利于企业对外投资的自主性，而 1998 年亚洲金融危机的冲击，也使得山东省企业丧失了主要对外投资市场，从 1992 年开始，对外投资规模几经反复，增长幅度不大，一直到 2003 年几乎没有增加。

4. 第四阶段（2004 年至今）：转型上升期

随着“走出去”战略的深化，山东省企业主动对外投资构建价值链分工体系发展到了一个新的阶段，而配套法规和鼓励措施的出台，更是有助于企业价值链分工体系的全球布局。在这一时期，在山东省对外直接投资中起主导作用的不再是政府及国有企业，而是让位给了市场主体企业，对外直接投资的主体中，国有企业所占比重下降，各种组织形式的市场主体趋于多元化。山东省经济实力提高，GDP 规模和外汇储备不断扩大，开展对外投资活动的企业数量每年大幅度增加，涵盖的国家和地区越来越广泛。尤其是进入 21 世纪以来，山东省政府响应中央政府提出的“走出去”战略，鼓励山东省企业主动对外投资构建价值链分工体系，充分利用国际、国内两个市场、两种资源。中国加入世界贸易组织更为山东省企业构建以我为主的国际价值链分工体系创造了条件，为中国企业迈向国际市场、参与国际竞争、与国际经济秩序接轨创造了高效、透明的国际环境。2016 年，山东省对外投资比上年增长 1.4 倍，总量为 862.3 亿元。对外承包工程新签合同额和完成营业额分别增长 12.7% 和 14.6%，总量分别高达 841.2 亿元和 726.0 亿元。越来越多的企业主动走出国门，正如将价值链的各个环节配置于不同国家的跨国公司一样，山东省企业也开始将价值链的不同环节配置于更为有利的国家和地区，以获取更大的利益。

案例解析：海尔的跨国投资

山东省青岛市的海尔，作为国内企业海外投资的先驱，其发展历程靠的是一条渐进式道路，大致可以分为四个阶段：内向型发展阶段，为 1984～1990 年，在国内发展积累优势，逐步取得国内市场领先地位；出口阶段，为 1990～1996 年，以在国内市场积累的优势向国际市场拓展，开始出口德国和美国等国际主要市场；海外投资阶段，为 1996～1998 年，在商品输出的九年努力之后，海尔的营销国际化取得了成功，产品远销美国、日本、欧洲及东南亚、拉美等市场，开始尝试资本输出的形式，在印度尼西亚等发展中国家投资；本土化阶段，为 1999 年以后，在发达国家投资、生产、设计，以在美国南卡罗来纳州的投资为典型体现。

海尔的海外投资经验包括：

1. 创立世界名牌

在中国成为著名品牌后，海尔认为只有在开放的市场上，在国际竞争中，才能成为世界著名品牌，海尔的全球价值链布局才有品牌基础。为此，海尔遵循严格的标准，争取国际权威质量认证，产品的生产严格按照国际标准，获得了美国、日本、欧盟等多种权威产品认证，成为海尔走向全球的基石。此外，海尔提出了诸如用户零烦恼、产品零缺陷、物流零距离等观念，在强化产品质量的基础上，完善产品的销售和售后服务，成为中国品牌价值最高的企业之一。

2. 建立国际化的营销网络

价值链分工体系中，产品销售和研发设计同样重要，海尔也非常重视构建国际化的影响网络，在其出口战略中，最典型的是先难后易的出口战略。与大多数国家先进入门槛较低的发展中国家市场，再进入门槛高的发达国家市场不同，海尔首先选择最挑剔、门槛最高的发达国家市场，如德国、美国，在这样的国家市场获得良好声誉后，就可以以居高临下之势，向其他国家如西欧、日本、拉美、中东等更多市场拓展。另外，海尔在国际营销中，通过建立国际物流中心，选择有信誉的外国专营经销商设立营销网络，保证了对海外销售体系的产品供应，也能使海尔对国际营销网络更好地掌控，成为其价值链全球布局的营销基础。

3. 构建国际化技术研发网络

价值链分工体系中，技术研发和产品设计也是极为重要的一环，海尔从一开始就使用从德国引进的当时属于业内先进的冰箱生产技术，之后逐步开发本企业的技术研发能力，同时坚持技术研发的国际化目标，积极推进技术研发课题的市场化，推动技术研发成果的商品化。并以资本为纽带，形成自己的研发体系，在国内与许多科研院所建立合作关系，在国外与大型跨国公司及技术研发中心建立技术交流及协作网络。分别在洛杉矶、东京、蒙特利尔、阿姆斯特丹、悉尼、香港等地，建立信息中心；在蒙特利尔、东京、里昂等地，建立设计分部，从而能够紧跟国际技术潮流，及时获取国际市场信息，根据不同的市场特点，开发本土化的产品。

4. 建立海外生产体系

海尔的“走出去”战略，坚持循序渐进的原则，最开始以产品出口作为“走出去”的敲门砖，当产品打开国际市场后，海尔认为产品输出只是企业国际化的初级阶段，产品输出必须要向技术输出和资本输出转型，因此，从20世纪90年代就开始在海外投资设厂。海尔于1993年，在美国南卡罗来纳州设立冰箱厂，形成海外生产体系，该生产厂与洛杉矶的设计中心、纽约的营销中心互为呼应，构建了美国本土经营体系，使海尔的海外生产体系得以在其他国家拓展，获得了较好的效益。

第三章 价值链视角下山东省科技创新与产业升级的环境变化及问题分析

第一节 价值链视角下的科技创新和产业升级

一、价值链分工促进技术分工细化和专业化

从经济发展史的角度考察，产品的生产技术及其分工经历了不同时期。工业经济发展初期，产品的生产技术是不可分的，往往由一个国家甚至一个企业完成产品全部的生产技术。产品生产技术由一个国家或企业完成，能够保证更完整的产业链和更顺畅的配合，但由于一个国家或企业的优势有限，在某些技术上可能具备明显的优势，技术效率高，但在另外一些技术上则难以保证明显的技术优势和效率。而价值链分工，不再把产品的生产技术视为不可分，其最本质的特点，是推动生产技术的可分性，不同的国家或企业，依据不同的优势，专业化于不同的技术环节，极大地推动了技术的专业化水平和效率的提高。

生产技术不可分时，产品的生产集中在某一空间完成，这是典型的全能工厂的生产特征，一个产品集中在具体的空间完成，受到的资源和效率限制较大。生产技术可分时，最初是将生产技术分布于国内的不同空间，而不是国外的生产场所。基本原因当然在于国内成本较低，销售顺畅，不涉及关税、非关

税壁垒等贸易成本，运输成本、通信成本、制度成本、管理成本也较低，但仍难以突破一国的资源和效率限制。价值链分工的兴起，推进了生产技术在全球的可分性，将全球的国家和企业有效地吸纳入生产技术的分工，一国的资源和效率限制得以完全突破。

对于大部分参与价值链分工的国家和企业而言，比如山东省的企业，在从事相应的技术环节时，最初由于本地区本企业的技术起点低，往往只能形成对初级技术分工环节的承担能力。但在生产过程中，随着对先进技术的使用频率提高，能够通过诸如“干中学”等效应，逐渐提升自己的技术专业化水平和技术水平，得以从事技术含量更高的专业化分工环节。

二、价值链分工促进产品内分工及其升级

价值链分工能够促进产品内分工的发展。从国际分工的发展阶段看，分别经历了产业间分工、产业内分工和产品内分工的形式。产业间分工是对不同产业的国际分工，各国的要素禀赋和竞争优势不同，有的会专业化于诸如服装、玩具这样的劳动密集型产业，有的会专业化于如钢铁、汽车等这样的资本密集型产业，有的则专业化于如飞机、电子等这样的技术密集型产业。其基本的逻辑是认为只有产业的差异，而没有产品的差异。形成的国际分工如金字塔配置，最底端的是缺乏资本、技术等现代化经济要素的最贫穷国家，只能靠出口原材料和初级产品参与国际分工体系；处于中间的是积累了部分资本、技术要素的发展中国家，从事劳动和部分资本密集型产业参与国际分工；最顶端的是大量持有技术要素的发达国家，占据了技术和知识密集型产业。国际分工的利益，源源不断地从金字塔底端向顶端输送，导致穷国越穷，富国越富，国际分工体系难以维系。

产业内分工则以同一产业的不同产品或不同部门，来满足国际市场不同的消费偏好。比如同是服装行业，既包括像中国、印度生产的价格低廉，质量、技术和品牌能力都不强的产品；也包括像法国、意大利等国生产的价格昂贵，质量、技术和品牌能力都极佳的产品。汽车行业也是如此，欧美国家的汽车以体积大、乘坐舒适著称，但油耗高停车难，不适合能源缺乏、道路及停车基础设施缺乏、人口密度大的国家，这些国家的消费者会更青睐于诸如日本制造的

体积小、排量低、油耗小的汽车。以此为出发点，金字塔产业间分工的界限模糊，不同国家都可以从事适合本国的产品。如果说产业间分工时代，国家和企业应致力于从事自己擅长的产业；产品内分工时代，国家和企业则应致力于从事自己擅长的产品。这对于经济发展水平低下的国家，提供了更多参与国际分工和获取国际分工利益的机遇。

价值链分工，使国际分工进入了产品内分工时代，同一个产品的生产，可以由不同国家和企业共同完成。如美国销售的棒球手套，大量从日本进口，而日本企业生产手套所需的熟牛皮，大量从巴西采购；而巴西加工熟牛皮所用的生牛皮，又大量由美国采购。我们更熟悉的耐克鞋，其实不是由耐克生产的。耐克的所有员工，仅仅从事耐克鞋的设计研发和销售，什么样的鞋型更符合消费者的审美，什么样的品质更能保护消费者的脚踝，什么样的品牌推广才能吸引更多的消费者，什么样的售后服务才能留住消费者，这一切都成为下一步设计研发的源泉。而所有耐克鞋的生产，全部是由耐克分布在全球的代工企业完成的。这些代工企业，按照耐克的设计生产严格符合耐克质量要求的产品，成品由耐克完全收购并贴牌销售。小到如棒球手套、鞋子这样小小的产品，都已经成为多国产品。而像汽车、飞机这样的大型产品，更是已经成为万国产品，汽车、飞机制造所需的大量零配件，可能既来自于美国、德国、日本这样的一流国家，也会来自像中国、巴西、印度这样的发展中国家，而零部件的生产和对零部件的加工组装，实际就是对产品不同价值链环节的分工。各国形成了投入产出关系，价值链分工，使国际分工进入产品内分工时代。

价值链分工的过程，也是产品的价值增值过程在全球的分配和转移，而价值链分工的地位也体现为不同的技术进步及产业升级效应，这是由参与价值链分工地位的不同决定的。从实践上分析，附加值的不同，是由于价值链分工地位的不同。附加值即由企业采购原材料或中间产品进行再加工和组装，在这过程中，会创造出更多价值，这一部分新创造的、附加在原材料或中间产品上的新价值，是企业通过生产过程新增的部分，被称为附加值。其基本原则是以销售额减去生产成本，包括在企业内部和外部实现的两部分附加值——在企业内部，是通过生产过程创造的附加值；在企业外部，是通过营销手段在流通领域实现的。不同的企业，尽管优势和要素禀赋不同，都会获取不同的附加值。

三、价值链分工促进生产过程延伸和生产分工深化

通常理解产品的生产过程，特指与生产制造密切相关的环节。一个制造企业或一国整个制造行业的优势打造，当然要提高生产制造的效率。但按照价值链分工的含义，这仅仅是对狭义生产过程的认识。生产制造过程的效率，生产制造结束后的最终产品能否成功走向市场，变为企业的市场份额和经营利润，绝对不是单纯由生产制造就能决定的。成功的生产过程必然是广义生产过程的含义，即按照价值链分工的原则，将产品的生产制造向两端延伸，从原料供应、产品设计到最终的销售和服务的整个过程，即价值链概念所涵盖的内容。需要注意的是，设计研发和流通营销环节，划归于生产性服务行业，并不隶属于传统制造业的范畴。对价值链各环节的重视和发展，不仅能带来传统制造业的迅猛发展，更能推动诸如技术研发、品牌推广、商业销售等功能和产业的进步。

此外，价值链分工还能推动生产分工深化。垂直分工和水平分工，是传统国际分工体系的两种形式。垂直分工大多指经济发展水平差距较大的国家，如中国与美国、德国等发达国家之间，要素差异和技术差距大，会形成垂直分工；水平分工大多指经济发展水平差距较小的国家，如中国与其他发展中国家之间，要素差异和技术差距小，会形成水平分工。

价值链分工体系下，一国的垂直分工和水平分工会同时发展。如山东省的企业进口美国企业生产的核心零部件，再进行加工组装，是典型的垂直分工。但与此同时，该企业可能也在生产非核心零部件，并从印度等其他发展中国家进口其他非核心零部件，这又属于水平分工。由此，拓宽了一国一企业的分工领域，深化生产分工，得以获得更大的分工空间和利益。

山东省制造业的科技进步及产业结构升级，都是在价值链分工的背景下取得的，经济新常态及创新重要性凸显的今天，获取尽可能大的科技创新及产业升级效应并形成二者的相互耦合推动机制，是关系山东省制造业在新时代背景下实现良性发展至关重要的问题。

第二节 山东省科技创新及产业升级的环境变化及问题分析

一、山东省参与价值链分工的环境变化

1. 内部经济环境的变化

山东省已进入经济发展新常态时期，经济增速放缓，结构优化，但经济发展动力转换，经济发展面临的资源约束加强。从产业结构看，已经跨越工业主导型的工业化中期，进入工业化后期，成为服务业主导型。2015 年三次产业比例分别为 7.9%、46.8% 和 45.3%，到 2016 年则发展为 7.3%、45.4% 和 47.3%，第三产业首次超过第二产业比重，实现了历史性转变。人均生产总值 67706 元，属于世界银行划分的中等偏上收入水平。这一阶段是经济发展的关键时期，产业结构和经济结构都会产生重大调整。根据类似国际发展的经验教训，这是最为关键的一个阶段，如能顺利调整，将能跨越这一阶段，并进入经济发展的黄金时期；而如果调整不利，可能面临人均收入难以提高、产业更新缓慢、社会两极分化严重等问题，成为矛盾突显期，甚至受困于“中等收入陷阱”。尤其是全球经济处于深度调整期，国际金融危机的负面影响仍然存在，使得矛盾更加突出。而近年来，随着国内外经济形势的变化，山东省经济也已经结束了两位数的高速增长速度，面临下行压力。

在整体经济增速减缓的大趋势下，不同产业的表现仍有差异，表现较好的是符合经济未来发展趋势、市场处于上升期的高新技术产业，而部分处于淘汰边缘、市场也不断缩减的传统产业，则更显增长疲软态势。钢铁、纺织、化工等传统产业增速持续回落，而高新技术产业快速增长。山东省高新技术产业产值 2016 年的增长速度为 7.5%，占规模以上工业总产值的比重比 2015 年提高 1.2%，增加为 33.8%。新产品产量增长迅速，新能源汽车增长 100.0%，微波终端机增长 71.1%，智能电视增长 58.8%，工业机器人增长 49.1%。但这些

产业受参与价值链分工的影响，仍然高度依赖国外的技术供应，高能耗高污染产业比重大，除了大量地消耗山东省资源，也带来了日益严重的环境污染问题。

从服务业来看，尽管受服务经济时代的影响，山东省的服务产业得以迅速发展，在各种新技术新战略的推动下，利用如云计算、互联网金融等带来的契机，服务业的新业态形式日益繁荣，但对经济整体的推动力量仍嫌不足。从当前可见的未来，山东省经济发展和产业结构的重心，仍非制造业莫属。

2. 外部经济环境的变化

从国际环境看，全球经济持续低迷和动荡，国际市场需求疲软，经济增速放缓。尽管金融危机已结束多年，但对国际贸易和世界经济的影响仍未走远，对进出口贸易造成了极大的负面冲击。

第一，国际制度体系重建。

当前世界经济的发展已经置于规范的国际制度体系中。中国参与价值链分工初期，国际制度体系以 GATT 及 1994 年之后的 WTO 体系为基础。为了积极融入规范的国际制度体系，与主要的贸易和分工合作伙伴居于同一个制度平台，中国自 1986 年启动恢复 GATT 首创会员国地位。1994 年开始由 WTO 取代 GATT，中国的复关努力未能成功，又踏上了漫长的入世之路，并最终于 2001 年加入世贸组织。之后，中国及山东省参与国际分工，已经能在统一的制度平台与欧美等国家展开合作和谈判。但目前来看，以美国为代表的国家正在试图重建国际制度体系，重塑国际贸易和投资规则，如美国近年来倡导的《跨太平洋伙伴关系协定》（TPP）（2017 年美国退出，TPP 搁置）和《跨大西洋贸易投资伙伴关系协定》（TTIP），这样的制度平台，都将中国排斥在外，无疑是不利于山东省参与价值链分工的，会大大提高山东省参与国际分工的制度成本。

第二，高端产业回流。

参与价值链分工的产业无疑是以制造业为主，但金融危机之后，发达国家发现制造业大量向发展中国家转移，会使国内研发不振、内需萎缩、就业缩减，于是开始积极实施引导政策，推进海外的制造业，尤其是技术含量高的高端制造业向国内回流。如美国 2009 年开始提出重振制造业，积极推进再工业化战略，引导已经大量在华投资的美国企业将制造功能回迁，以重振本土制造。这种高端制造业的回流不是个案，已经有大量的高技术含量的外企从山东省撤出。

第三，低端制造业转向。

山东省参与价值链分工的基础仍更多地属于初级要素层面，庞大的人口规模，低廉的劳动力成本，土地、资金使用上的优惠政策等，都是山东省为外资青睐的原因。但需要注意的是，这样的要素优势和吸引力，是非常容易被竞争对手模仿并超越的。目前，大量的东南亚、拉美甚至非洲的国家，已经进入依靠优惠政策和廉价劳动力启动经济发展的阶段，如老挝、菲律宾、印度、柬埔寨等国，已经成为跨国公司价值链分工的重要基地。这些国家对山东省的价值链分工将形成直接的影响和冲击。近年来的经济现象，不仅仅包括高端制造业向发达国家的回流，更有低端制造业向这些国家的转向，对山东省形成了双面挤压。

案例解析：国际价值链分工体系中的投资新热土：金砖国家

“金砖四国”或 BRICs，最初由高盛公司在 2001 年提出，BRICs 是由巴西、俄罗斯、印度和中国的英文首字母组合而成。高盛公司于 2003 年 10 月发表了《与 BRICs 一起梦想》的全球经济报告，估计 2041 年中国将超过美国，成为世界最大经济体；2032 年印度将超过日本，由此变成第三大经济体；2025 年巴西将超越意大利，2031 年将超越法国；2027 年俄罗斯将超过英国，2028 年将超越德国。高盛公司预计，2041 年 BRICs 合计的 GDP，将超过西方六大工业国，也即除去加拿大的 G7 中的六国。按照这一预计，2050 年全球新的六大经济体中会只有两个发达国家的席位——美国和日本，而其他四席，将会花落发展中国家，分别是中国、印度、巴西和俄罗斯。自此，金砖国家日益成为世界关注的焦点。

2010 年 12 月，“金砖四国”吸收南非作为正式成员，变成“金砖五国”，并更名为“金砖国家”（BRICS）。此举的目的是使金砖四国加强同南部非洲各国的经贸关系。南非，在南部非洲国家相对不发达国家中，交易成本低，很多金砖四国公司在非洲设有分公司，通过南非中转进行投资和贸易，将显著提高金砖四国的回报率。

目前，金砖国家国土面积占比27%，人口占比43%。2008年GDP总量占比15%，2015年上升到22%,，从规模上看已经超过美国；国际贸易占比13%，在国际货币基金组织的份额达到14.8%，在世界银行的投票权为13.1%，对国际经济组织和制度也有较大的影响力。由于南非与其他四国经济尚有一定差距，因此我们对金砖国家的分析，仍限于传统的金砖四国。而这四个国家，尽管经济发展水平类似，但在生产要素上却存在巨大差异，这种差异导致金砖四国在参与国际价值链分工上体现不同的特征。

1. 巴西——世界原料基地

巴西自然资源丰富多样，在铁、铜、镍、锰、铝土矿上拥有世界上最高的储量，传统农业经济、原材料产业发达。除此之外，巴西经济高居拉丁美洲之首，经济发展具有多引擎特质。但从价值链分工体系的参与上看，巴西的开放程度不如其他国家高。为改变这一现状，巴西正在大力促进生产行业和服务行业发展，推动工业技术的进步，并促进金融、通信等新兴产业的培育，以作为其进一步参与价值链分工的基础。

2. 俄罗斯——世界加油站

俄罗斯地大物博，能源丰富，石油、天然气、钯、铂、钛等储量居全球首位。在相当长的一段时间，经济发展依靠出口这些自然资源支撑，尤其是在石油价格上涨期间，获取了大量的石油出口收入。但俄罗斯经济的问题也是来自于自然资源出口，尤其是石油、天然气产业过于庞大，国民生产的20%、出口贸易的50%和国家收入的40%，均来自于这两大资源的开采和生产。在金砖四国中，俄罗斯对能源产业的依赖度最高，反而使其他制造业和服务业发展速度缓慢，在石油市场价格剧烈波动时，国内经济也会受到激烈的冲击。金融危机后，俄罗斯遭遇了严重的经济衰退，在金砖四国中居于首位。有鉴于此，俄罗斯已经不满足于只做加油站，而是从长远战略入手，致力于现代化改革进程，推动生产效率的提高，以更为积极的态度和更为合理的基础，参与国际价值链分工。

3. 印度——世界办公室

印度是除中国外的世界人口第二大国，经济改革以来，经济增速稳定，20年间的平均增速为5.6%。除了人口优势明显，印度的居民消费率也较高，而经济改革以来资本市场的发展，使其股市规模空前壮大，正在大力兴建基础设施项目，这些是其参与价值链分工的要素和资本基础。印度软件产业竞争力强，与中国制造业在国际上的地位相似，印度是软件产业的外包基地，被称为世界办公室。据统计，美国最大的1000家公司，25%的企业都在使用在印度开发的软件。但印度经济的缺陷也较明显，如对能源及原材料的依赖性过高、基础设施发展不完善、财政赤字过高等。由于这些问题的存在，使印度参与价值链分工的程度也略逊于中国。

4. 中国——世界工厂

中国作为世界上的第一人口大国，改革开放以来，经济发展最具活力，参与价值链分工的程度最高，引进外资额最多，堪称世界工厂。以充裕、廉价的劳动力为基础，就业人员的素质也在不断提升，加上完善的基础设施、完整的产业体系、优惠的开放政策，中国成为全球的生产基地。但需要注意的是，中国近年来尽管高度参与价值链分工，但分工地位过低，分工利益较低，参与价值链分工的基础仍是主要依靠廉价的初级要素或政策红利，而这样的竞争优势极易被竞争对手所模仿或超越。

二、山东省参与价值链分工的问题

价值链分工对山东省改革开放以来的经济作用毋庸置疑，制造业的发展、技术的进步、产业的升级，都与价值链分工是分不开的，这是参与价值链分工的开放红利或全球化红利。但当前，如前文所述，国内外经济格局大幅度的调整变化，使山东省如何参与价值链分工面临全新的局面，价值链分工效应表现不佳，突出体现在如下几点：

1. 分工利益低

参与价值链分工的目的是利用本地区或本企业的要素，突破本国技术和市场的制约，在国际范围内进行生产或销售，获取要素回报，也即分工利益。但按照微笑曲线的描述，不同环节的分工利益有较大差异，两端的研发环节和销售环节，分工利益最高；底部的加工组装环节，分工利益最低。有竞争优势或要素垄断力的国家和企业，无疑会抢占两端环节。山东省的某些企业，也已经切入这两端环节，享有丰厚的分工利益。但绝大多数企业，仍然没有能力进入这两个环节，受制于自身要素，从事的是加工组装业务，只能获得最低的分工利益。

在价值链分工体系中，山东省仍然以劳动密集型产业为主，产业仍以传统产业为主，新兴产业相对较少，如纺织业、鞋帽制造业、金属制品业等，出口这些传统产品，以出口收入进口高新技术产品，贸易收益可想而知。比如有一种说法，山东省企业一年出口 8 亿件衬衫，获取的收益只够进口一架波音飞机，可以很形象地描述贸易收益的局面。尽管可能高度参与技术含量较高的产品生产，但从事的仍是劳动密集型环节，附加值低。我们以存储量为 30GB 的苹果 iPod 为例，最终售价 299 美元的 iPod video，我们将其全球价值链中各个环节分解，分析每一环节的价值增值，零部件总成本 143. 5 美元。中国有一部分企业参与其中，成为苹果 iPod 价值链分工上的一环，对苹果 iPod 的零部件进行组装，富士康就是其中的代表。富士康组装一台苹果 iPod 的收益 8 美元，分工利益不足 5%。这正是大量参与价值链分工的山东省企业的写照，融入国际生产体系，付出了大量的资源成本和劳动力成本，但长期被锁定在低端，分工收益极低，甚至陷入贫困化增长的困局。

再以美国苹果公司平板终端“iPad”为例，对其 16GB 的一款产品进行价值链分工体系的分解。如表 3-1 所示，该款产品零售价为 499 美元，生产制造成本占 52%，其中部件成本占 50%左右，为 250. 6 美元，组装成本不到 2%，仅为 9 美元，这就是代工企业的分工收益。有三部分的中国企业与 iPad 的全球链条相关：第一是加工工厂的工人，大多是出生于 1990 年以后的年轻人，员工数量在 40 万左右，收入为最低工资标准的薪酬，在严格保密的生产线上打工赚钱；第二是组装厂，以富士康为代表，赚取了 2%~4%的毛利；第三是生产部分非核心零部件的企业，如苏州联建科技，利润率稍高于上两种中国企业，但毛利率也只在 8%左右。

表 3-1 苹果 iPad 价值链体系

	零部件	生产企业	产品编号	成本（美元）
显示器	Diagonal, 262 Color TFT	LG Display, South Korea	NA	65
触摸屏	Diagonal	Wintek, Taiwan	NA	30
	Plastics, PCB, Substrates	Wintek, Taiwan	NA	32. 5

续表

	零部件	生产企业	产品编号	成本（美元）
电池	Polymer	Amperex Technology Dynapack，Hongkong	NA	21
A4 处理器	Microprocessor Core	Samsung，South Korea	K4X2G643GE-JGC8	19.5
	Prackage	Samsung，South Korea	NA	7.3
WLAN 和 FM 模块	Module	Broadcom，USA	BCM4329XKUBG	8.05
触摸屏微控制器	Microcontroller	Broadcom，USA	BCM5973KFBGH	2.3
触摸屏驱动芯片	Touch Screen Driver	Texas Instruments，USA	CD3240AI	1.8
	Capacitive	Broadcom，USA	BCM5974CKFBGH	1.4
	Low Power	Cirrus Logic，USA	CS42L61	1.2
电源管理芯片		Dialog Semiconductor，Germany	D1815A	2.1
集成电路		Samsung，South Korea	S6T2MLCX01	1.25
其他电子元器件	Various	Various	NA	20.2
闪存	NAND Flash	Samsung，South Korea	NA	29.5
	BoxContent	NA	NA	7.5
中间产品成本				250.6
组装生产		Foxconn，China		9
生产成本				259.6
零售价格				499

2. 产业升级及技术进步困难

山东省企业的产业升级，既包括向技术含量高的产业的推进，也包括在价值链分工体系上向研发和销售两端的推进。产业层面的升级，由于所需的要素范畴广，如对飞机产业的发展，需要资本、技术、人才、原材料、零部件配套体系、售后服务、金融等各种要素和产业的配套支撑，非一日之功，升级的难度可想而知。而价值链环节上的跃迁，看起来似乎难度更低，比如生产企业在生产或代工过程中已经接触到了较为先进的行业技术，以此为基础进行消化吸收并改进，就有可能向研发环节跃迁；向销售环节的跃迁，也是同样的道理。但价值链分工体系上的跃迁，难度在于高度的专业化上。居于两端的跨国公司，为了维持其竞争优势，放弃了部分生产和加工组装功能，就可以集中优势资源进行设计研发和品牌推广，这会对居于底端的生产企业构成有效的封锁，代工企业甚至无法跨越这两个环节的门槛。

价值链分工提高了山东省制造业的技术水平，尤其是出口产品中的技术含量和产品复杂度，在 2008 年之前迅速提升。但近年来，这种技术进步效应却越来越不明显，尤其是 2008 年之后，机电产品及高新技术产品出口比重持续下滑（见图 3-1），而这一下滑趋势与加工贸易比重和外商投资企业出口比重的下滑态势吻合。从山东省高新技术产品出口的企业组织形式来看，大量属于跨国公司或其在山东省的代工企业，它们能生产高新技术产品，但只具备生产能力，不具备技术能力。山东省参与价值链分工能够获得技术进步，但还只是处于外部驱动力的阶段，不确定性高，未能转化为内生驱动力。

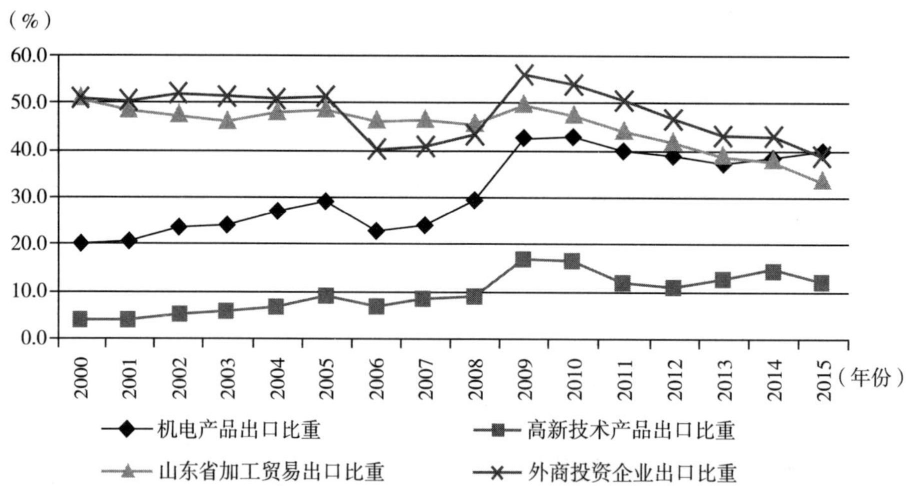

图 3-1　2000~2015 年山东省相关产品出口比重及外资企业出口比重

资料来源：山东省历年统计年鉴。

尽管从结构上看，山东省出口商品的技术含量和复杂度甚至与美国、德国等技术高度发达的国家相当，但支撑出口的来源是在国外，依赖于国外大量外资及中间产品的进入，而不是国内产业的支撑。国产成分低，表明山东省企业参与价值链分工的技术进步效应缓慢。山东省存在大量像中兴这样重要的企业，所生产和出口的产品技术含量高，但究其原因，是从发达国家大量进口核心零部件，并未获得核心技术。实际上这些企业只有生产能力，没有技术能力，一旦技术供应源出现变动，企业的生产能力和出口能力有可能就此丧失。

全球价值链，是全球性跨企业网络组织，连接生产、销售等过程，最终实现商品或服务价值。它包括所有参与者，从事不同的活动，有的从事原料的采购和运输，有的从事产品的设计和研发，有的从事核心或非核心零部件的生产，有的从事加工组装，有的从事产品的品牌推广和销售及售后服务，不同环节均实现对产品的增值。全球价值链分工，则是围绕某种商品，把分布在世界各地的企业组织起来，形成一种跨国生产组织体系，以经济全球化为背景，以资源优化配置为目的，生产组织范围突破了国家界限，从而在全球化范围内，将不同生产环节放到成本最低的国家和企业完成。这种生产上的跨国合作，能够有效提高产品增加值，并推动技术进步、生产效率提高、产业结构升级。但需要注意的是，经济现实表明，在技术进步和产业升级上，全球价值链分工可能存在对后发地区或企业的效应，但这种效应具有双面特征，即同时存在促进效应与阻碍效应，前者助推技术进步和产业升级，后者阻碍技术进步及产业升级。

案例解析：国际价值链分工体系下的中兴

2018 年，中兴事件成为最受关注的案例之一。中兴通讯是中国最大的通信类企业之一，直接雇用员工 10 万人，年销售额千亿元人民币，产品大量销往国际市场。

中兴的第一次危机发生在 2017 年。事情的起源在于美国 2010 年曾公布，单方面实施对伊朗的出口禁令，美国生产的可军民两用的零件，严禁出口到伊朗。2012 年，中兴将一批混有美国公司的产品，通过转手贸易等违法方式，出售给伊朗，违反了美国对伊朗的出口禁令。美国政府对中兴出口启动出口调查，包括美国司法部、美国商务部工业与安全局、美国海外资产管理办公室等在内的美国机构涉入其中。2016 年 3 月 7 日，美国商务部对中兴采取限制出口措施，公布中兴违反美国出口管制法规，将其列入“实体清单”。一年之后，双方就出口管制调查案件达成和解：中兴支付 8.92 亿美元罚款，按照美国司法部的要求，给予 4 名高管离开公司的处分，并通过减少奖金等方式处罚

35 名员工。根据该和解协议，美国对中兴的出口限制令暂缓执行。2016 年，中兴的全年利润 7.67 亿元人民币，支付巨额罚款，并一次性将其计入 2016 年账单，致使中兴上市 20 年出现第二次亏损。

但在 2018 年美国商务部重启对中兴的调查，指出整改措施不到位，存在不诚信现象，如对 35 名员工的处理上，没有按和解协议进行处罚；和解时的承诺，中兴也没有遵照执行。2018 年 4 月 15 日，美国商务部工业与安全局，单方面激活了出口限制令，该限制令禁止中兴购买任何美国公司生产的零部件和软件，并宣布该限制令直至 2025 年 3 月 13 日，期限为七年。5 天之后，英特尔公司等中兴重要的合作商，宣布接受美国商务部的命令，终止与中兴的所有业务。

2017 年是中兴迅速发展的一年，全年营业收入增长 7.5%，高达 1088.2 亿元人民币，上市公司的净利润同比增长 293.8%，高达 45.7 亿元人民币。如此好的业绩，得益于在 5G 核心产品领域的全球扩展，受益于 5G 商用部署的时机，全球运营商在电信网络的投入持续增加，中兴的海外手机及消费者业务、运营商网络业务、政企市场业务，都有高速增长。2018 年是中兴通讯前景更为乐观的一年，一纸“限制令”令，几乎将中兴推进破产的深渊。大多数观点悲观预测，中兴将会在几周内申请破产。

一纸限制令，使中兴业务瞬间熄火的原因何在？正是由于中兴在价值链分工体系中的地位导致的。中兴的三大块业务——运营商、政企和消费者业务，硬件产品制造中大量使用芯片，如 CPU、GPU、FPGA 等，CPU 每年的采购量超过 1 亿片，FPGA 的采购量也大概为 1 亿片，而这些芯片均由价值链分工体系获得，来自英特尔、德州仪器、高通等美国的公司。除了芯片，大量的元器件也是采购自美国，中兴使用这些中间产品，加工成最终产品后再行出口。美国供货商为中兴提供原厂直供服务，目前我国国产厂商对这些中间产品没有生产能力或技术水平不达标，如果中兴被禁止从美国采购，没有企业能够提供替代品，中兴的生产体系也就完全中断。

2018 年 4 月 15 日，限制令立即生效。生效当天，高通、英特尔、IBM 等向中兴发出终止合作的通知，而一些芯片代理商也终止与中兴的合作，中兴即进入停产状态。尽管有部分存货，可能会维持一个月，但不足以支撑中兴庞大的生产线。此外，中兴大量的软件工具和测量仪表也来自美国，也在第一时间终止与中兴的合作。无法获得核心中间产品，生产完全中断，而签订的大量合同将无法交货，潜在的产品延迟交付违约金高达 30%，中兴的破产绝非危言耸听。

中兴案例并非个案，美国商务部重新制裁中兴，正逢中美贸易摩擦的敏感期，当然中兴违规在先，但也不能排除美方利用中兴通讯而向中方施压。限制令之后，中兴的命运走向，已经卷入复杂的中美博弈中，完全超出企业的能力范围，美国政府是否变更处罚决定，决定着中兴的命运。为了化解美国制裁，避免对中兴灾难性的影响，我国政府机构和中兴采取了如下行之有效的措施：相关政府机构促进和帮助中兴制定应对方案，对来自美国的调查，进行书面和口头的承诺；与美国监管方面进行沟通并欲获得信任，撤换相关管理层人员，以获得回旋的空间；中兴公司进一步加强了自身的合规管理，争取获得宽松对待；通过非正式渠道，如联系中国美国商会与部分美国跨国公司如英特尔、高通、IBM 等，他们的企业利益也与此次制裁关系密切，请他们协助中兴，与相关方沟通，以获得支持及宽松对待。

在这些对策措施的推动下，中兴的限制令有了缓解。美国商务部发布公告，宣布从 2018 年 7 月 3 日至 8 月 1 日，部分解除对中兴的出口禁令，已经与中兴开展业务的美国公司，被授权允许与中兴继续进行业务，中兴得以购买美国公司的零件，恢复正常生产。但美国公司销售给中兴的产品只能用于支持现有的手机，支持现有网络和设备，用于网络安全研究和漏洞披露。而交易所涉及的资金，必须在美国商务部授权的机构间转移。2018 年 7 月 13 日，美国商务部正式解除限制令，代价是中兴缴纳 14 亿美元罚款及保证金，在 30 天内更换管理层和董事会，允许美方指定人员进入公司检查。

我们需要反思的是，来自国外政府的一纸禁令，使庞大的中兴帝国立即遭遇灭顶之灾，正是我国大多数企业在价值链分工体系中地位的写照。参与价值链分工，使类似于中兴的大量中国企业能够以较低成本和通畅的渠道获得跨国公司的中间产品，而这些中间产品无疑含有外国公司最先进的技术，基于此，中国企业也能够切入高科技产品的生产和出口，但拥有的仅是高科技产品的生产能力，而不是技术能力。一旦国际经济环境或政治环境发生变化，当外部的中间产品无法获得时，企业的生产能力也会随之丧失。山东省的大量企业，也处于如中兴一般的局面，依靠价值链分工和进口核心零部件，能够生产和出口高科技产品，但不具备自身的技术能力，技术进步效应不容乐观。

3. 分工的经济效应分布不均衡

山东省参与价值链分工获得了可观的技术进步及产业结构升级效应，但不同地区的出发点不同，参与分工的程度和形式不同，所获取的分工利益也不同。从山东省目前的分工效应空间分配来看，经济发达区域和产业，由于起点高，参与价值链分工的利益也较大；而经济落后区域和产业，由于受制于本身的要素，参与分工的起点低，所获得的经济效应较小。尽管山东省是中国最为重要的出口基地，并高度参与价值链分工，但这一特点突出体现在沿海发达城市，如青岛、烟台、威海，以及与青岛有着地缘优势并具备劳动力优势的潍坊；其他 13 个城市，无论从对外贸易的发达程度，还是从参与价值链分工的程度，都极为滞后。

为了使价值链分工的效应更加均衡化并带动落后地区和产业的发展，山东省政府也采取了诸多倾斜措施，试图使落后地区和产业更为积极有效地参与价值链分工，尤其是随着经济发达城市要素成本急剧上升，已经不利于其参与价值链分工，也是大量跨国公司从山东省撤出，将代工企业和订单交到越南、老挝等国的原因。如果能使经济不太发达的城市和产业，以更高程度参与国际分工，则会使这部分流向国际市场的价值链分工保留在山东省。沿海发达城市，则可以专业化于价值链更高的研发和销售环节，并逐渐建立本企业的价值链分工体系，则能够成为顺畅的省内分工体系，以实现整体分工效应的最大化。但目前来看，这些政策的效果仍然不大，山东省内城市在参与价值链分工上仍然两极分化，经济不发达城市的作用远远没有发挥。

4. 自主创新能力不足

山东省部分高新技术产业发展迅速，但这些产业的发展，大多数是价值链分工的结果。如山东省的电子信息产业，属于高新技术行列，生产的产品技术含量高。但从生产体系来分析，仍然是从美国等发达国家进口核心零部件，以此为基础，添加各种国产的非核心零部件，甚至由发达国家进口包含有标准化生产技术的机器设备，再利用山东省本土廉价的劳动力资源，大规模加工生产电子信息设备和产品。在这一过程中，我们从山东省的电子信息产业中，看不到山东省企业的自主研发和自主创新能力。从山东省大部分制造业包括高新技术产业的产业链看，自主创新能力不足，自有品牌少。如果山东省不能突破目前产业价值链所处位置，将导致后续发展动力不足，处于非常被动局面。山东省的工业增加率近年来呈现持续下降趋势，说明其依然处于全球价值链低端位置，其地位不但未得到改善，甚至在进一步恶化。

在过去的发展中，山东省制造业基本体现平推式发展的特点，只是在一个开阔地带平行推进，产业规模庞大，但大而不强。尤其是缺乏重点领域的核心技术，不具备占据产业战略制高点的能力。价值链分工体系中，产业边界弱化，不同的环节可能同时具备不同特点的生产，比如生产制造环节，整体而言是劳动密集型的，但也可能存在技术密集型的生产；而研发设计和品牌营销环节，整体而言是技术密集型的，但也可能同时存在劳动密集型的生产特点。在价值链分工体系中，接近上游研发环节的是核心零部件的生产，这属于一个产品或产业的大脑，如电子产品的核心，生产的技术含量高，对研发的要求高，附加值大；其次是非核心零部件的生产，对技术和研发的要求降低，可以由含有标准化技术的机器设备完成，附加值也随之下降；最后是微笑曲线底端的加工组装环节，对技术和研发的要求最低，强调劳动力成本的低廉性，附加值也就最低。无疑，各国产业发展的方向，是争夺价值链顶端的地位。不可否认，山东省技术能力有所提升，产业结构有所优化，国际竞争力有所增强。但是在主导产业的发展中，仍旧依靠价值链分工所获得的技术供应，大量进口高端装备、关键元器件，自主创新能力不强。

山东省制造业缺乏自主创新体系和自有知识产权，仍然严重依赖生产要素驱动。依靠价值链分工所获得的技术供应，不稳定性大，先进程度低。山东省制造业的发展，必须强调原始创新，以自主创新成果引领企业参与国际竞争并占领高地。为满足自主创新，应加大研发投入力度，尤其应推进基础研究的前沿研究。无疑，这一过程是投资大、周期长、风险大、收益不确定性大的一个阶段。而如果以企业目前的价值链分工为基础，进行局部的应用型研究，对现有技术进行修补性的突破，企业能够获得投资小、周期短、风险小、收益确定的好处。作为市场主体的企业，如果更重视中短期收益，无疑会选择后者。这也是山东省制造业长期处于价值链分工体系的底端，自主创新能力难以提高的原因之一。有鉴于此，政府应适当出台相应政策，鼓励企业的基础型研究，提高自主创新能力。

5. 产业空心化危险隐显

山东省高度参与全球价值链分工模式也带来了产业空心化危险。首先，本土企业之间的关联性并不强，与外资企业的关联性更弱，为外资企业和出口企业提供的中间产品的配套能力不足。其次，高度参与价值链分工，代工产业过度发展，可能超越山东省本土的资源和市场空间，存在过度工业化的问题，而当超越资源和市场空间的极限后，会有大量的外资撤出，加剧产业空心化的潜在危机。正如波特指出的，竞争优势不能仅建立在初级生产要素基础上，比如山东省的廉价劳动力和优惠的土地政策，是山东省参与价值链分工的基础，这种基础极为浮动不稳。原因在于这样的基础，非常容易被竞争对手模仿并超越，比如越南、印度尼西亚等后发国家，当他们以廉价劳动力和优惠的土地政策进入全球价值链分工体系、踏上相同的发展之路时，就是山东省的竞争优势结束之时。山东省的部分产业，以服装生产、电子设备组装等为代表，依赖初级生产要素切入价值链分工，获得了极快的增长，但近年来随着跨国公司代工企业的大量外迁，产业空心化危机显现，面临危险的局面。典型的证据是在2008 年以后，一向高度开放的山东省在吸引外资、进出口贸易等方面均呈下滑趋势，对经济发展形成极为不利的影响。

外资企业的过度强势地位，使山东省民企没有得到很好的发展壮大机会。民营经济往往聚集在外资企业的上下游，严重依赖外资企业，缺乏独立性，无法支撑整个经济巨大的再投入。民营企业数量上不少，但规模小，可替代性强，在产业链中地位较低。山东省民营企业力量薄弱，有影响力的大型企业数量极少。大部分民营企业扮演外资企业的配套角色，订单几乎被下游厂家控制。同时由于话语权不强，采购上游材料时缺乏议价能力，成本可控性差。一旦现有外资企业决定转移到别的城市，本地民营企业将面临非常尴尬的处境。跟随核心大企业迁移到中西部地区，实力可能不足，且到新城市后其身份并非外资企业，在现有招商惯例下不仅难以享受较多优惠政策，更要面临当地配套企业的强势竞争。如果留在山东省，如何维系现有业务经营将是一大难题。而从山东省整体来说，一旦外资企业外迁趋势形成并加速，未来经济发展的支撑及增长点都存在较大隐患，产业空心化的危险性高。

6. 生态环境成本高昂

山东省优势主要体现在生产要素与地理位置。相对跨国公司所在国，山东省的劳动力成本、资源成本、能源成本都较低，是吸引跨国公司将价值链分工的加工制造环节配置于山东省的重要优势。但随着经济发展，劳动力成本、生产材料价格逐步提高，富士康等事件成为冲击劳动密集型企业的标志事件。一些跨国公司的生产基地在改革开放初期落户山东，原因在于当时山东省的劳动力及其他要素成本便宜；但随着成本更便宜的国家和地区出现，如我国中西部地区和越南这样的发展中国家，生产基地会向这些地区和国家转移。山东省的地理优势也随着沿海城市、一线城市周边区域的发展而逐渐黯淡。中西部地区在奋力追赶，投资环境不断提高，留给跨国公司投资者更多选择。而山东省因为近年来发展环境受到一定程度破坏，很多人质疑它适宜居住的程度。包括像青岛、烟台这样环境优美、空气质量极佳的海滨城市，曾经是中外闻名的旅游度假胜地，但近年来的环境恶化程度已经使其失去了部分旅游吸引力，而像淄博、东营、莱芜等这样的资源型内陆城市，环境的污染程度已经到了不适宜居住的程度。

7. 产业自生能力弱

受益于国际需求刺激，山东省崛起速度非常快。山东省可以出口产品远销国外，不必担心国内市场是否已经形成。但目前，跨国企业正加快在中国扩张，抢占市场，分享全球第二大经济体的蛋糕。中国市场成为跨国企业最重要的市场之一，在金融危机时甚至担当企业扭亏为盈的最后武器。山东省经济仍然停留在依赖国外市场的阶段，从国内市场中直接获益甚少。1997 年亚洲金融危机、2008 年全球金融危机的冲击使山东省外资流入和外贸增速均大幅放缓。受国外经济风险影响过大和对国内市场需求的偏离将制约山东省经济持续发展。

价值链分工的深化，会使一地区经济高度依赖国际市场，导致本地产业的自生能力减弱。以国际代工模式为例，大概可以总结为两头在外、大进大出的特点，中间产品和零部件大量由国外市场供应，最终产品又大量销往国外，无论进口还是出口渠道由于国际政治经济形势的变化而出现波动时，就会对山东省产业产生大的负面影响。山东省目前的增长模式，一直眼光向外，当地经济增长对国际市场严重依赖，对国内市场开拓不足，主要依赖产品出口来拉动，极容易受国际环境的影响。如图 3-2 所示，1997 年的亚洲金融危机后，国际市场大幅萎缩，山东省出口大幅下降，经济增长疲软，2008 年的全球金融危机后，山东省的经济发展也显现了同样的趋势。

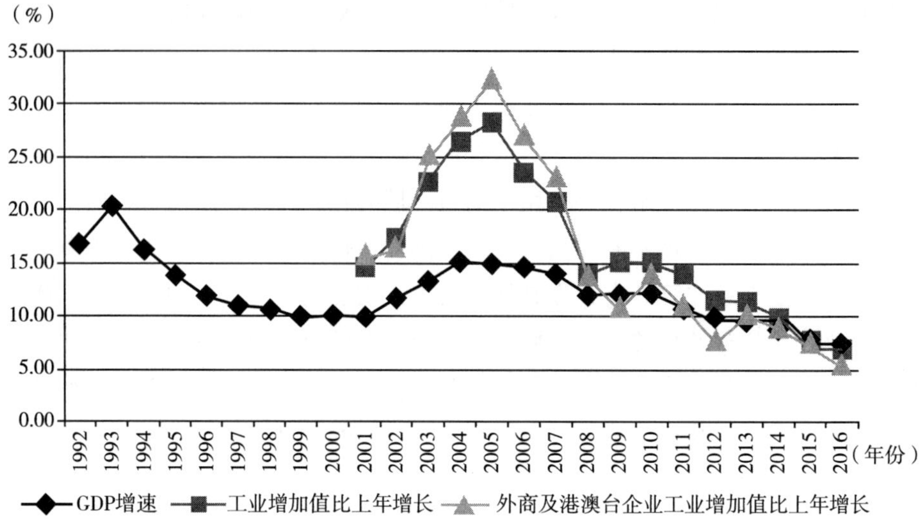

图 3-2　1992~2016 年山东省经济、工业及外资工业增长率

资料来源：山东省历年统计年鉴。

案例解析：国际价值链分工与经济增长

从经济增长的含义分析，国家或地区的经济增长意味着一国或一地区生产可能性边界（PPF）向外移动，而生产可能性边界的外移，一个原因来自于发展经济所需资源的增加，资源数量的增加带来经济增长；另一个原因则在于技术进步，即资源数量不变，但利用资源的效率提高，这是典型的通过科技创新带动技术进步、效率提高、产业结构升级及经济增长。参与国际价值链分工，进口国内生产能力所不能供给的中间投入品，拓展了所需的技术、资本等生产要素边界，从理论上而言，能够同时获得这两种经济增长。生产能力的扩大，又会减少社会闲置的劳动力，实际又间接增加了劳动力生产要素。而在这一过程中，随着本国参与价值链分工，大量先进技术能够进入本国，从而会提高本国的技术水平、企业效率，带动产业结构升级和经济增长。从理论上，似乎参与价值链分工能够自动实现科技创新和产业结构升级的耦合。

但经济增长类型及生产可能性边界的外移往往并不是均衡增长的。以一个劳动力资源为其丰裕要素而技术为其稀缺要素的国家或地区为例（正如中国及山东省的特点)，在产业间国际分工中，该国或该地区将选择劳动密集型产品，从事该类产品的生产和出口，而放弃技术密集型产品，放弃对该类产品的生产并进口；在价值链分工中，该国或该地区将从事劳动密集型环节（如加工组装)，而放弃技术密集型环节（如研发、设计及销售等)。

要素同比例增长的经济增长模式，指增长率在所有的行业或生产环节都相同，因此不同商品的生产均衡增长，供给均衡增加，于是商品价格比不变；这样的经济增长模式，由于相对价格不变，对国际贸易格局和贸易条件没有影响，由于生产规模的扩大，一国的国民福利增加。一国经济要素短期内可能出现大的变化，如改革开放的中国，大量的劳动力从农业领域释放出来，商品相对价格不变，但密集使用劳动力要素的产业会更快增长，而不密集使用劳动力的产业，就会体现为相对更慢的增长速度。从生产可能性边界衡量，会偏向于劳动密集型产业，或者价值链分工体系下，偏向于劳动密集型环节的增长，即为经济的不平衡增长，也称为偏向性增长。

偏向性增长分为出口偏向型增长和进口偏向型增长。出口偏向型增长，以劳动力为丰裕要素的山东省为例，改革开放后的大多数年份，相对于资本和技术，山东省的劳动力增长更快，因此生产可能性边界的外移，体现在劳动密集型产品或环节上，这些产业生产增加，而技术密集型产品或环节生产减少。如果发展主体为小国的情况下，即该国供给和需求的变化并不会影响国际市场供求和产品价格，该国的贸易三角形比增长前扩大。

但如果考虑该国为大国的情况，即该国供给和需求的变化会影响国际市场供求和产品价格（正如中国的实践)，比如劳动密集型产品或环节生产扩张，将会引发国际市场价格下跌，无疑使贸易条件恶化，从而对生产造成负面影响；从技术密集型产品或环节看，由于国际市场相对价格的上升，生产有可能会增加。国际市场上两类产品新的价格，以及新的价格比率的变化幅度，决定了整个社会生产的选择。总之，对大国的生产量和贸易量而言，出口偏向型增长带来的影响是不确定的，但有一点可以确定的是，给大国带来的经济福利的增加，将小于给小国带来的经济福利的增加。

反过来，进口偏向型增长，比如技术供给的相对增加使一国的生产可能性边界外移，且向技术密集型的产品或环节方向移动得更大。结果在商品价格比不变的情况下（即该国为小国)，该国劳动密集型产品或环节的生产减少，而技术密集型的产品或环节生产增加。如果该国为大国，技术密集型的产品或环节，作为一国的进口替代部门，其生产扩张和进口减少，无疑会促进该国贸易条件的改善；而对于劳动密集型产品或环节，由于国际市场相对价格上升，生产可能会增加。同样的，国际市场上两种产品新的价格，以及新的价格比率的变化幅度，决定了整个社会生产的选择。即对大国的商品生产影响不会像小国那样确定，同时也造成对贸易的影响不确定；但进口偏向型增长给大国带来的经济福利变化大于给小国带来的经济福利变化。

毋庸置疑的一点是，一个国家的福利会因贸易条件的改善而上升，因贸易条件的恶化而下降。根据前文分析，出口偏向型增长，对世界其他国家有利，但会恶化本国的贸易条件；进口偏向型增长，不利于世界其他国家，但有利于改善本国的贸易条件。PPF（即生产可能性边界）外移分析中，PPF 的外移即为经济的增长，从而增加生产能力，从生产的角度提高国民福利；但从商品流通的角度分析，生产规模的变化会影响进出口价格，从而改变贸易条件。贸易条件对国民福利的影响，也是我们必须要考虑的一环。贸易条件随出口偏向型的增长而恶化，经济增长带来的收益从而减少；贸易条件随进口偏向型的增长而改善，国民福利从而获得额外的收益。

贫困化增长，是在经济发展的实践中，由于出口偏向型增长，反而使经济出现不利变化的情况。经济增长由生产可能性边界扩张带来时，需要考虑是什么样的扩张，均衡性的边界扩张和非均衡性的边界扩张，对经济增长和国民福利的影响不同。偏向性增长，将增加偏向扩张的产品供给，从而使该产品的价格下降，影响一国的贸易条件。但贸易条件是改善还是恶化，则取决于经济增长的性质。简而言之，如果经济增长是出口偏向型，则会恶化贸易条件，本国经济增长所带来的收益，由于贸易条件的恶化而减少；而进口偏向型经济增长，则会改善贸易条件，除了本国经济增长所带来的收益之外，还会由于贸易条件的改善而增加。因此，不是所有的经济增长都会提高社会福利水平，但贸易大国的出口扩张型增长，则会使该国贸易条件恶化，经济增长伴随着福利水平下降，出现所谓的贫困化增长，也称为悲惨增长。

山东省及中国大部分开放地区都高度参与国际价值链分工，成为众多跨国公司的全球生产和出口基地，必然存在着出口偏向型增长。无论是改革开放初期以劳动力要素参与国际分工还是近年来以资本要素参与国际分工，经济都呈现出口偏向型增长，参与国际价值链分工的企业从事劳动密集型或资本密集型环节，可以利用跨国公司获得现成的中间产品和技术供应，短期来看企业经营利润高无风险，外部有现成的技术和销售渠道，企业只要雇用工人开动机器就有钱赚，又何乐而不为？但长此以往，企业缺乏科技创新能力，将永远依赖于外部供应的技术，在价值链分工体系中，加工组装环节是利润最低的一环，所以参与价值链分工的程度高，出口规模大，经济增长速度快，但获得的分工利益却极为微薄，正如贫困化增长所描述的特点。山东省参与国际价值链分工，应尽量避免长期过度的出口偏向型增长和贫困化增长，而摆脱这些困境，唯一的出路只能是实现科技创新及产业升级，向价值链分工体系的高端环节演进，从而实现进口偏向型增长和国民福利的增加。

第四章　山东省价值链分工及科技创新与产业升级系统的测评

价值链分工体系下，参与价值链分工的地区和企业获得的技术进步和产业结构升级效应有较大差异，而这种差异从根本上又取决于价值链分工地位。价值链分工地位高的地区和企业，能够实现良好的技术进步效应并带动当地产业结构升级，反之，则无法实现技术进步和产业升级，更遑论科技创新与产业升级的良性耦合。因此，本章将测评山东省参与价值链分工地位的变化，并在此基础上提出科技创新与产业升级系统的测评原则和内容。

第一节　山东省价值链分工地位的测评

一、价值链分工的测度

对价值链分工的研究，首先应以对其测度为基础。一国从价值链分工中获得的利益，往往决定于其参与价值链分工的程度。目前国际贸易的统计体系，以最终产品的国际流通为出发点，主要涉及流通领域的产品进出口。而价值链分工，不仅包括流通领域，更体现在生产领域上，分工形式复杂多样，大量涉及中间产品的进口，进口的中间产品进入国内的生产体系，加工生产为最终产品后，又出口到国际市场。如何对价值链分工进行准确测度，是该领域研究的重点之一。从目前展开的研究看，主要涉及如下两种方法，一种侧重于流通领域，一种侧重于生产领域。

1. 侧重于流通领域的测度

侧重于流通领域的测度方法，主要是从中间产品的进出口入手，在贸易形式上主要考察与中间产品进出口密切相关的加工贸易。较早的观点来自于Feenstra等在1996年的研究，从全球生产的非一体化现象出发，指出企业的生产要从全球大量进口原材料和中间产品，为了体现制造业的本质特点，扣除了能源原材料的进口，以非能源原材料和中间产品进口，占全部原材料和中间产品投入的比重为基础指标，衡量参与价值链分工的程度。之后，1998年，Yeats以当时高度参与价值链分工的东亚国家为研究主体，以机械及交通运输设备为研究对象，以进口零部件占产品出口的比重作为基础指标，衡量参与价值链分工的程度。之后的研究与此一脉相承，如2004年Geishecker等的研究，也从流通领域入手，以进口为侧重点，计算了样本国家中间品进口数量占进口总量的比重，以此测度价值链分工。

2. 侧重于生产领域的测度

该方法是从生产角度出发，利用投入产出表数据，考察在生产及出口中使用的进口中间产品的价值或成分。这种方法最早由Campa等在1997年提出。但最权威并被广泛接受和使用的方法是Hummels等人在2001年提出的，该研究指出，由于某国的生产和出口中，会大量使用进口的中间产品，这正是衡量价值链分工的基础指标。在具体测度上，Hummels等人分别使用了绝对量和相对量两种方法。绝对量指标从价值上衡量，进口中间产品在出口中的价值，以VS（Vertical Specialization）表示。由于每个产业的规模不同，使用进口中间产品的价值和出口的价值也就有较大差异，因此，绝对量指标不利于形成对不同产业参与价值链分工程度的比较，能形成横向对比的是相对量指标。

Hummels等人提出垂直专业化分工指数VSS（Vertical Specialization Share）的测度方法，不是从绝对价值的角度，而是从比重上，衡量一国出口中进口中间产品的重要程度，即为参与价值链分工的程度，如公式（4-1）所示：

$$\frac{VS_k}{X_k}=\frac{\sum_i VS_{ki}}{\sum_i X_{ki}} \tag{4-1}$$

其中i、k和X分别表示产业、国家和出口。

与投入产出分析法相对应，将 VSS 以矩阵形式表达，如公式（4-2）所示：

$$\frac{VS_{ki}}{X_k}=\mu A^m\frac{X}{X_k} \tag{4-2}$$

A^m 为进口系数矩阵，维度为该国的产业部门数目 n，进口系数矩阵的元素 α_{ij} 表示生产 j 产业一个单位产出时，会使用的来自产业 i 的进口中间产品。此外，μ 为元素均为 1 的 n 维向量，X 为 n 维出口向量，X_k 为该国各产业的出口之和。

为了计算的方便，VSS 的一般表达式如公式（4-3）所示：

$$\frac{VS_{ki}}{X_k}=\mu A^m\left[I-A^D\right]^{-1}\frac{X}{X_k} \tag{4-3}$$

其中，$[I-A^D]^{-1}$ 为里昂惕夫逆矩阵，反映一国的投入产出体系。该体系是一个开放背景下的体系，中间产品大量进口，进入各个产业，直至第 n 个产业。即进口中间产品在国内投入产出体系中的流转，包括直接和间接循环利用，生产结束后，又会体现在最终产品的出口上。A^D 为 n 维国内系数矩阵，衡量国内生产的中间产品在投入产出体系中的地位，即产业 j 使用的来自于产业 i 的国产中间产品。以此为测度方法，Hummels 等人对 OECD 十国及新兴市场国家的价值链分工程度进行了测度，得到了令人信服的结果。之后，该方法被广泛应用于实证研究，不同学者使用该方法或对其进行了局部修正，对不同的样本国家进行了价值链分工的测度。

3. 两种测度方法的评价

基于流通领域的测度方法，简便易行，各国各地区都对中间产品和最终产品的进出口进行较为全面的统计，统计数据的可获得性及可比性较高，尤其是像中国这样加工贸易盛行的国家，相关的统计数据更为全面，可以直接进行测度。但这种方法的弊端是从流通领域出发测度价值链分工的程度，但价值链分工属于生产领域环节，因此不能较为合理客观地反映生产全球化的特点，是其局限性。

而基于生产领域的测度方法，利弊与基于流通领域的方法基本相反。该方法以投入产出表为统计数据的主要来源，能够更为准确合理地考察生产的全球化。再加上各国各地区均对投入产出表的编纂极其细致，包括对各个细分产业准确的统计，如其投入、产出及进出口等，有利于对各产业进行价值链分工程度的测度，因此得到了非常广泛的使用。但这种方法的一个问题在于数据更新慢，投入产出表5年才更新一次，所测度的价值链分工程度，也只能是5年前的状况，不能反映最新的态势，时间滞后，针对性不强，是其应用的一个局限性。除此之外，该方法最大的问题在于投入产出表的性质。大多数国家的投入产出表是竞争型，即未区分中间产品的来源，未区分国产还是进口。而在该方法的计算中，又必须使用中间产品的进口比重这一指标，因此，经济学家们以预先设定这一比重来解决此问题。设定原则是考察某产业最终产品的国产和进口比重，这是一个传统的统计指标，能够获得。以此为基础，设定该产业的中间产品，国产和进口比重完全与最终产品相同。对于一般国家来说，这两个数据相差不大，可以将这两个指标等同起来。但对于像中国这样的外向型国家，高度参与价值链分工，推行加工贸易，大量进口中间产品，也即中间产品的进口比重，必然高于同产业最终产品的进口比重。因此，再假定这两个指标相同，并以此测度价值链分工程度，必然会低估中国企业参与价值链分工的程度。

价值链分工地位，用以衡量在当前国际分工体系中，一国及一地区的生产参与其中的程度。对一国或一地区参与价值链分工问题的研究，首先应了解其参与价值链分工的程度。本书对山东省参与价值链分工的程度测度，将结合使用两种测度方法，既利用中间产品贸易数据，也基于投入产出表数据，以求更加准确客观。一方面，鉴于数据的易得性和及时性，以中间产品的贸易指标，测度山东省价值链分工的程度；另一方面，为了弥补中间产品贸易指标过于重视流通领域而轻视生产领域的局限性，又结合投入产出表的数据，补充说明。

二、山东省价值链分工地位的测度

1. 基于流通领域的测度

从流通领域对价值链分工程度进行测度，本书采用山东省加工贸易出口额的比重来衡量。加工贸易的出口比重越高，说明山东省参与价值链分工的程度越高。选取加工贸易出口额占出口贸易额的比重作为测度国际垂直专业分工程度的指标，山东省1992~2015年加工贸易比重如表4-1所示。山东省出口贸易额从1992年的43.38亿美元上升至2015年的1440.61亿美元，年均增长率16.45%，同期山东省加工贸易出口额由9.81亿美元增至492.38亿美元，年均增长率18.56%，快于出口贸易额的增长速度，说明加工贸易出口对山东省出口贸易的增加起到了更大的推动作用。加工贸易出口额占出口贸易的比重，1992年仅为22.61%，之后持续上升，1998年达到最高值54.92%；之后，加工贸易出口比重较为平稳，至2009年为50.20%；2009年之后则表现为持续的下滑态势，2015年的比重仅为34.18%，与1994年大体持平，说明2009年之后山东省参与价值链分工的程度在不断下降。

表4-1　1992~2015年山东省加工贸易出口比重

年份	山东省出口贸易额（亿美元）	山东省加工贸易出口额（亿美元）	山东省加工贸易出口比重（%）
1992	43.38	9.81	22.61
1993	42.04	12.06	28.69
1994	58.70	20.91	35.62
1995	81.61	34.77	42.60
1996	91.83	46.16	50.27
1997	108.59	59.58	54.87
1998	103.47	56.83	54.92
1999	115.79	61.35	52.98
2000	155.29	80.01	51.52
2001	181.29	88.91	49.05
2002	211.15	101.15	47.90
2003	265.73	123.81	46.59
2004	358.73	173.55	48.38
2005	462.51	226.33	48.94
2006	586.47	273.90	46.70
2007	752.44	354.23	47.08
2008	931.75	429.55	46.10
2009	795.65	399.40	50.20
2010	1042.47	498.12	47.78
2011	1257.88	558.06	44.37

续表

年份	山东省出口贸易额（亿美元）	山东省加工贸易出口额（亿美元）	山东省加工贸易出口比重（%）
2012	1287.32	543.39	42.21
2013	1345.10	525.89	39.10
2014	1447.45	553.66	38.25
2015	1440.61	492.38	34.18

资料来源：历年山东省统计年鉴。

2. 基于生产领域的指标选择及测度

从生产领域测度价值链分工程度的方法，本书采用 Hummels 等学者的方法，为了便于比较，选择相对量指标 VSS，也即国际垂直专业化分工指数。该指数越高，说明在山东省的产品出口中，使用了更多的进口中间产品，也即参与价值链分工的程度越高。

这一计算方法的关键，是要解决投入产出表的竞争型性质所带来的问题，也就是未能统计中间产品的国产和进口比重。按照 Hummels 的设定原则及后续研究者的补充，我们设定某产业中间产品国产和进口的比重，等于该产业最终产品国产和进口的比重。于是，进口中间产品的比重，如公式（4-4）所示：

$$\eta = \frac{\text{进口}}{\text{总产品}} = \frac{\text{进口}}{\text{总产出} + \text{进口} - \text{出口}} \tag{4-4}$$

各行业的总产出及进出口贸易数据，来自相应年份的《山东省统计年鉴》。设定 η 的数值后，我们计算进口系数矩阵 A^M：

$$A^M = \eta \times A \tag{4-5}$$

山东省的投入产出表，5 年编制一次，本书使用了 1997 年、2002 年、2007 年和 2012 年的投入产出表。为了对比不同产业价值链分工程度的不同，本书依据投入产出表中的行业细分，将山东省制造业划分为 15 个细分行业，见表 4-2。进口系数矩阵 A^M 和直接消耗系数矩阵 A，是根据各年度的投入产出表计算得出的。

表 4-2　山东省制造业行业划分及代码

细分行业划分	细分行业代码
食品制造及烟草加工业	M-1
纺织业	M-2
服装皮革毛皮羽毛及其制品业	M-3
木材加工及家具制造业	M-4
造纸印刷及文教体育用品制造业	M-5
石油加工、炼焦和核燃料加工业	M-6
化学工业	M-7
非金属矿物制品业	M-8
金属冶炼及压延加工业	M-9
金属制品业	M-10
通用、专用设备制造业	M-11
交通运输设备制造业	M-12
电气机械及器材制造业	M-13
计算机、通信和其他电子设备制造业	M-14
仪器仪表及文化办公用机械制造业	M-15

第一，山东省制造业整体的测度。

使用竞争型投入产出表的测度方法，1997 年、2002 年、2007 年和 2012 年山东省制造业整体的国际垂直专业化分工指数分别为 0.1119、0.1649、0.1568 和 0.0981。20 世纪 90 年代以来，山东省制造业整体的 VSS 值持续上升，说明山东省企业在这一时期积极参与价值链分工；2002 年之后则呈现下滑态势，尤其是 2007 年之后，下滑态势更为明显，山东省制造业的 VSS 值在 2012 年下滑至低于 1997 年的指标，说明山东省参与价值链分工的程度不断下降。

第二，山东省制造业细分行业的测度。

我们测度了 1997 年、2002 年、2007 年和 2012 年山东省制造业细分行业的价值链分工程度，15 个细分行业的 VSS 值如图 4-1 所示。其中部分行业的 VSS 值较高，除资源性行业外，以计算机、通信和其他电子设备制造业，通用、专用设备制造业，交通运输设备制造业等为代表。这些行业的共同特点是，生产链长，技术含量高。价值链分工的本质，是把不同生产环节配置于不同的国家和企业，基本的要求当然是产品的生产链长，才值得去分解生产环节和进行全球配置；而技术含量低的行业，由于没有核心技术环节，即便进行价值链分工的全球配置，也没有能够带来高利润的环节，跨国公司也不会进行价值链分工体系的全球配置。因此，这些生产链长、技术含量高的行业，是非常符合价值链分工的原则的，跨国公司在保留高利润环节后，将低利润环节向山东省转移，因此这些行业恰恰也是外资投资盛行的行业。在这些行业中，外资企业大量进口技术含量较高的中间产品，加工组装并再行出口。从而导致山东省本土企业的参与程度较低，而其参与的环节恰恰是价值链分工体系中最不重要的一环，分工利益也最低，当然与之对应的技术进步和产业结构升级效应也较小。

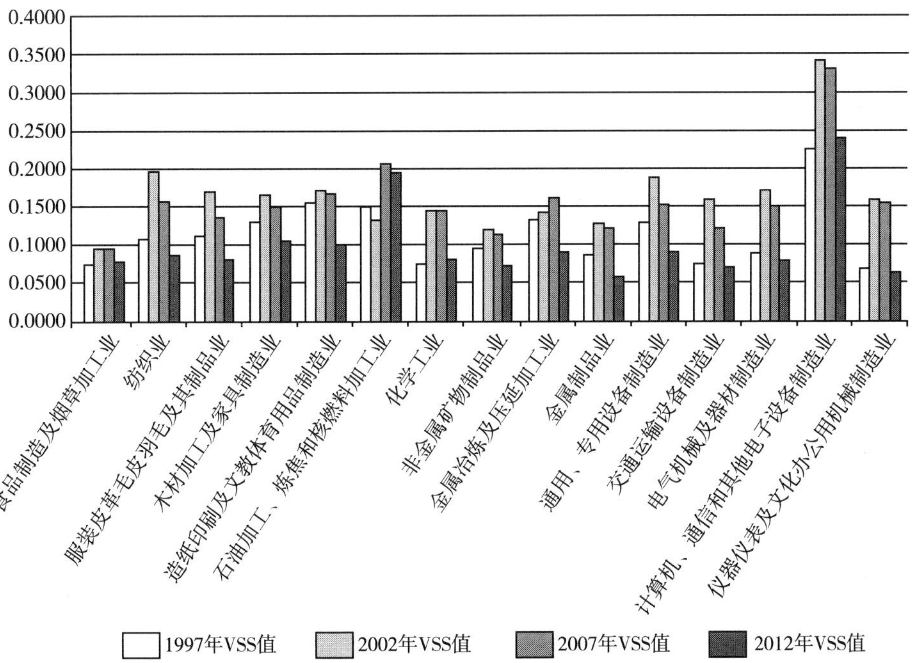

图 4-1　山东省制造业细分行业的国际垂直专业化分工指数

与此相反，生产链短、技术含量不高的行业，典型的如纺织业、服装皮革毛皮羽毛及其制品业、木材加工及家具制造业等，属于劳动密集型产业的范畴，由于生产环节较少，生产过程的可分程度较低，生产技术较简单，中间投入种类较少，由一国或地区内部就可满足技术要求，没有必要大量进口中间产品，因此出口产品中的进口中间产品占比较低，VSS 均值普遍较低，也即价值链分工的程度较低。

上述结果表明，山东省制造业的细分行业，受生产链和产业技术水平的影响，资本及技术密集型行业，普遍生产链长，技术含量高，价值链分工程度较高；劳动密集型行业，普遍而言技术含量较低，价值链较短，分工程度也较低。除此之外，价值链分工程度的高低，还与从事价值链分工的主体有关。某行业如果有大量跨国公司进入，由于跨国公司价值链的全球配置，会进口更多的中间产品，提高该行业的价值链分工程度；反之，如果某行业外资进入比重低，以国内企业为主，与国际市场的接轨度就低，出口产品中的进口中间产品比重也较低，价值链分工程度自然更低。山东省自改革开放以来，部分行业得以大量吸引跨国公司进入，而这些行业正是利润率更高的资本技术密集型行业，外资以直接投资的方式进入山东省，实现其价值链的全球配置。进口国外的中间产品，利用山东省的要素完成加工组装，并向国际市场出口，使这些行业的价值链分工程度提高。而像服装、玩具、箱包等这样的劳动密集型行业，行业利润低，吸引外资的比重低，价值链分工程度也较低。

山东省参与价值链分工的程度会直接影响从国际分工体系获取的效应。20 世纪 90 年代以后，山东省制造业参与价值链分工的程度迅速提高，也带来了较大的技术进步、产业升级等效应；但之后，价值链分工程度上升趋缓，近年来更是出现下降态势，甚至与 1996 年的指标持平，说明山东省制造业在全球价值链分工体系中的地位淡化，技术进步及产业结构升级效应也随之弱化。

第二节　价值链背景下山东省科技创新体系的测度

为考察山东省科技创新体系与产业结构升级系统的耦合性与协调性，首先应对科技创新进行综合评价，既要对科技创新的现状、特点和原因进行描述和说明，更要能全面把握科技创新的现状和趋势。

从实践来看，科技创新能力的提升要求配套基础完善、环境健全、投入适度、主体合理、效率提高。在此基础上，可从环境、投入、主体、产出等角度，以科学系统为基本原则，构建科技创新能力评价指标体系。

一、科技创新评价指标体系的原则

由于科技创新体系是一个庞大的系统，单一的经济指标难以全面衡量科技创新能力的整体发展状况，须选择多指标方法。多指标法，指使用多种指标来反映科技创新的能力，通过选择尽量多的指标，构建综合评价的评价体系，对科技创新能力进行综合评估，应用范围更广。在此基础上，遵循如下原则：

1. 系统性原则

系统性原则要求评价指标体系涵盖面要广泛全面，涉及到科技创新的全貌和各个层面，以系统、真实地反映其基本特征。诸多因素都会影响到科技创新，比如一国的研发经费投入、企业的研发经费投入、科技成果数量及交易量、专利数量等，单独选择某一个指标来代表科技创新的整体能力，好处是简单易行，易于收集和处理数据，数据含义清晰，无需整合，缺点无疑是以偏概全，具有很大的片面性。在对科技创新进行综合评价时，要对科技创新的现状、特点和原因进行描述和说明，更全面地把握科技创新的现状和趋势，包括科技创新的投入、主体、产出、条件、环境等角度，即要求科技创新能力评价指标要具有全面性的特点，以全面反映科技创新的能力。

2. 科学性原则

科学性原则指评价指标体系应能反映科技创新的特点和规律，对于科技创新本质、实力和潜力，尽可能从相关要素中选取最具有代表性的指标，衡量指标之间要具有相对独立性与均衡性，也是科学性原则的一个体现。如科技创新产出，如果仅选择专利产出作为科技创新产出的代表，则有违科学性的原则。因为一国的专利数量众多，仅代表着理论产出数量；但专利又包括发明专利、实用新型等不同形式，技术含量有高有低，仅考察专利数量，会忽视专利的质量；此外，许多专利仅作为实验室成果存在，理论上是对现有技术的突破，但相当部分无法走出实验室，无法带动企业效率的提高和行业的进步。再比如对于科技创新投入的衡量，如果仅以研发经费的投入规模来衡量，也有违科学性的原则。因为巨额的研发投入如果没有创新产出，则是没有效益的投入，该规模越大，科技创新的能力越差。从实践来看，科技创新能力的提升要求投入适度、主体合理、效率提高、主体坚实、配套基础完善及环境健全。

3. 导向性原则

导向性原则指评价指标体系的设计要具有趋前性，既要能适应当前科技创新发展的形势，又要符合未来科技创新发展的趋势。随着科技创新理论与实践的不断发展，科技创新能力评价指标体系也应随之调整和改善。科技创新能力评价指标体系也要具备有效性的特点，能够对科技创新能力评价有指示作用。科技创新能力评价指标体系只有满足了导向性原则，才能成为政府对科技创新体系建设和宏观调控与管理的重要依据。

4. 可行性原则

可行性原则指评价指标体系的设计要方便可行，尽量选用通过现有统计系统能够获得的数据，同时尽量做到能够直接量化。另外，还应具有同趋势化的特点，即都属于正指标或适度指标，当指标数据值增大时，表明科技创新能力的提高和改善，反之则表明科技创新能力的降低和恶化。当然，现有统计体系下的定量指标可能也是逆指标，应采用适当可行的方法将逆指标转化为正指标，满足可行性的原则。

二、科技创新评价指标体系的内容

结合科技创新评价指标体系的原则，并在借鉴大量权威的国内外科技创新评价指标体系基础上，本书按照科技创新的基础、投入、主体和产出四个方面，将科技创新评价指标体系分解为前述四个二级指标，每一指标下又选择几个三级指标，共包括 11 个。本套指标体系都是能直接获得的统计指标，以客观数据为主，避免了主观因素的影响，以保证公正性、合理性及可靠性。

表 4–3　科技创新能力评价指标体系

一级指标	二级指标	三级指标
科技创新的综合能力	科技创新基础	人均 GDP（元）
		人均固定资产投资（元）
	科技创新投入	教育财政预算支出（万元）
		科学技术财政预算支出（万元）
		R&D 经费支出（万元）

续表

一级指标	二级指标	三级指标
科技创新的综合能力	科技创新主体	每万人普通高等教育毕业生数（人）
		研究与试验人员（人）
		规模以上工业企业 R&D 人员（人）
		规模以上工业企业新产品经费（万元）
	科技创新产出	重要科技成果数量（项）
		发明专利授权量（项）

1. 科技创新基础

科技创新能力对诸多因素依赖性都较强，其能力提升还受社会、经济、文化、环境等众多间接因素的影响。本书选择人均 GDP（元）和人均固定资产投资（元）衡量科技创新能力发展的基础，反映的是大环境对科技创新能力的支撑情况。人均 GDP 和人均固定资产投资体现着科技创新能力的经济环境，人均 GDP 和人均固定资产投资的提高是产生创新需求的前提和基础，发达的经济环境有助于科技创新能力的扩大和结构的合理化，并改善科技创新能力发展的基础和条件，提高科技创新能力。

2. 科技创新投入

科技创新能力的提升，需要大量有效的科技创新投入，有投入才可能有产出，当然，产出的数量和质量，也取决于投入的效率。因此，衡量科技创新能力的发展，要考察其投入。科技创新投入可以反映科技创新能力所处的发展阶段，而且可以预测科技创新能力未来的发展能力，决定着科技创新能力的提高。科技创新投入体现了科技创新能力发展的资本条件，资本投入的增加是科技创新能力实现提升的物质基础。本书选择教育财政预算支出（万元）、科学技术财政预算支出（万元）、R&D 经费支出（万元）等三个指标用来说明科技创新能力的投入现状，是科技创新能力评价的主要内容。只有保证了较为稳定和迅速的科技创新投入，科技创新能力才能实现提升。教育财政预算支出和科学技术财政预算支出是衡量科技创新投入的首选指标，发达国家及世界科技创新投入大致都是通过这两个指标进行反映的。教育财政预算支出和科学技术财政预算支出反映了政府对科技创新的投入，而 R&D 经费支出则反映了企业对科技创新的投入。

3. 科技创新主体

科技创新主体的指标用来说明科技创新的主体现状，主体数量的增加和规模的扩大可以加强科技创新能力生产要素的集聚，从而带来经济效益和规模经济效应，有利于提高效率和在产业内共享资源、管理和技术，促使科技创新能力进一步做强做大。科技创新能力的发展水平与从事科技创新的单位或人员数量直接相关，科技创新能力的发展与各类主体能够提供的科技创新相适应。本书选择每万人普通高等教育毕业生数（人）、研究与试验人员（人）、规模以上工业企业 R&D 人员（人）、规模以上工业企业新产品经费（万元）四个指标用来说明科技创新能力的主体现状。普通高等教育毕业生数和研究与试验人员说明了科技创新的人员规模现状，反映了从事科技创新的潜在主体规模和实际主体规模，普通高等教育毕业生数和研究与试验人员越多，科技创新能力越强，其产出规模也会随之增加；工业企业目前仍然是科技创新的主要来源，规模以上工业企业 R&D 人员及与之相伴的规模以上工业企业新产品经费，用来衡量工业企业作为创新主体的数量和规模。

4. 科技创新产出

科技创新能力提升与否，基础的改善和投入及主体的扩大都不是最终目的，最终要从科技创新的经济效率和产出效益来判断。科技创新最直接的功能是通过提供科技创新成果创造经济效益，因此，产出反映了科技创新创造收益的状况，体现着科技创新对国民经济的贡献。本书选择重要科技成果数量（项）和发明专利授权量（项）两个指标说明科技创新的产出现状。重要科技成果数量衡量科技创新产出的整体情况，科技成果数量越多，说明科技创新能力越强；专利是从市场角度衡量科技创新的产出规模，而发明专利授权量则衡量专利形式中技术含量最高的科技创新成果。

第三节　价值链背景下山东省产业结构升级体系的测度

价值链背景下的产业结构升级，具体体现为四种形式：工艺、产品、功能和链条升级。无论是哪一种形式，都需要科技创新能力的提升，是一个动态提升过程。而价值链分工背景下，更加强调在生产环节上获得更高的产品附加值，推动产业结构的优化升级，实现科技创新能力提升和产业结构升级的协调统一。

一、产业结构升级评价指标体系的原则

产业结构，简而言之，指国民经济中三次产业的比重，及各产业内部的特征，如同制造业，可能也有资本密集型与劳动密集型的区别。简单来说，区域产业结构优化升级就是要把目前的区域产业结构升级成为更有效率、更高利润的产业结构。目前，对区域产业结构优化升级的衡量，主要从两个方面进行研究，分别是产业结构的高度化和合理化。

产业结构升级的评价指标体系，构建逻辑及原则，与科技创新评价体系一致，也需选择多指标方法。选择和设计若干指标来反映产业结构升级的综合情况，通过构建多种指标的评价体系对某一国家或地区的产业结构升级进行综合评估，并探索和建立能整体反映产业结构升级的方法体系。在此基础上，产业结构升级的评价指标，也应遵循同样的四个原则，即系统性、科学性、导向性及可行性原则。

二、产业结构升级评价指标体系的内容

结合产业结构升级评价指标体系的原则，并在借鉴大量权威的国内外产业结构升级评价指标体系基础上，本书从产业结构的高度化和合理化两个方面，将产业结构升级评价指标体系设置为两个二级指标，每一指标下又选择几个三级指标，共包括 9 个。本套指标体系都是能直接获得的统计指标，以客观数据为主，避免了主观因素的影响，以保证公正性、合理性及可靠性。

1. 产业结构高度化指标

产业结构高度化，也称为产业结构高级化，指产业发展水平由低向高的转变，简而言之，指一区域产业发展的重点，也就是产业结构的重心，沿着三次产业的方向，从第一产业向第二产业和第三产业转移。从表面形式上来看，首

表 4-4 产业结构升级评价指标体系

一级指标	二级指标	三级指标
产业结构升级的综合评价	产业结构高度化指标	第二产业比重（%）
		工业增加值（亿元）
		工业增加值比上年增长（%）
		霍夫曼系数（%）
	产业结构合理化指标	第二产业经济增长贡献率（%）
		第二产业拉动经济增长百分点（%）
		山东省加工贸易出口比重（%）
		机电产品出口比重（%）
		高新技术产品出口比重（%）

先体现在加工度的提高，从事加工度和知识技术含量更高的环节和产品。当然，这要以技术的提高作为基础，无论是自主的技术创新，还是对引进的先进技术的消化吸收和再研发，新兴技术产业得以持续上升，而传统产业得以转型改造，提高产业整体的效率，降低平均能耗。本书选择第二产业比重、工业增加值、工业增加值增长率和霍夫曼系数，作为衡量山东省制造业产业高度化的指标，第二产业比重和工业增加值分别从相对值和绝对值的角度衡量第二产业的发展，工业增加值增长率则从速度角度衡量产业结构，霍夫曼系数则是劳动密集型产业转变为技术及资金密集型产业的衡量指标。

2. 产业结构合理化指标

产业结构合理化，指产业结构更加协调，实现各要素的合理配置，通过政府产业政策，调整改造不合理的产业结构，进行制度创新，使产业效益最大化。本书选择第二产业经济增长贡献率、第二产业拉动经济增长百分点、山东省加工贸易出口比重、机电产品出口比重及高新技术产品出口比重等五个指标，构成衡量产业结构合理化的指标体系。前两个指标，衡量产业发展能否与经济发展实现良性循环，山东省加工贸易出口比重、机电产品出口比重及高新技术产品出口比重，考察产业能否对接国际市场，是否有效利用生产要素，以及是否实现了资源的最佳配置，以要求更为严格苛刻的国际市场需求作为标杆，考察区域内的产业效益。

第五章　价值链视角下山东省科技创新与产业升级的耦合度测评

耦合最初是从物理学的角度，考察两个及两个以上的系统如何共生，相互之间是存在相互促进的影响和作用，还是相互制约，不利于彼此的共生和协调发展；这一原则与复杂的经济领域和系统一脉相承，经济领域的不同系统之间，能否实现协调共生和良性互动，经济能否得以顺畅运行，要求动态系统之间存在协调的共生关系。从耦合的角度分析，是要研究科技创新系统与产业结构升级系统也存在着类似的关系。不同系统之间要构成一个良性发展系统，不仅要考察每一系统内部的影响因素，更要考察导致系统互相影响的各关联要素。如果能构成一个全新的系统，突破原有系统的界限和束缚，使系统内部和系统之间的各要素自然关联，并在系统内部和系统之间自由流动，就能构成协调共生、共同促进的关系。耦合放到科技创新系统与产业结构升级系统的研究中，简单总结为两大系统的正向动态关联关系，相互依赖又相互促进。由于山东省制造业的科技创新能力与产业结构升级都是在开放背景也即高度参与价值链分工获得的，这种耦合又必须以价值链分工作为基础实现。

第一节　价值链视角下科技创新与产业升级耦合系统的构成

两大系统的耦合，首先表现在每一系统内部的各个要素相互关联，每一个要素都不可能独立存在，而是持续与其他要素发生联系。无论是科技创新还是产业结构升级系统内部，各要素都具有自组织能力，按照一定的规律组合而成。而二者之间的耦合，则要求耦合要素通过各种联结方式，使分立的两个系统通过重新组合构成一个完整的系统。理想状态的耦合具备协调性，即各要素能够实现协调共生，相互协同，优势互补。

一、科技创新与产业升级耦合系统的特点

价值链视角下，两大系统的耦合，具有开放性、内生性和阶段性等特点。

1. 开放性

价值链分工是一种开放的体系，置身于这种背景下的科技创新和产业升级，必然也带有开放性的特点。开放性背景下的科技创新和产业升级，不是由一国的封闭环境和要素决定，而是受制于全球价值链分工体系。这是因为科技创新系统和产业升级系统只有符合价值链分工的原则并满足国际市场需求，才能使自身的成长置身于世界的平台，实现各种要素的交流合作和全新配置。突破一国界限后，科技创新系统可以吸收世界范围内的先进技术，通过与价值链分工体系中其他国外主体的交流合作，结合自身的优势，进行技术的再研发和二次创新，实现价值链分工环节的跃升，使技术含量更高的生产环节和产品进入国际市场，由此带来区域产业结构的升级。

2. 内生性

根据经济规律，科技创新与产业结构升级系统内部的良性运行，更多取决于市场力量的推动，政府政策会起到一定的作用，但仅是辅助性和补充性的作用。两大系统的耦合，也是同样的道理。能否实现耦合，主要来自于企业的发展和市场的驱动。企业为了更大的竞争优势和更高的利润，会主动进行研发投入和科技创新，但与此同时，不能走向市场和产业的科技创新，是没有产出的回报，也有违企业进行科技创新的初衷。因此，企业会自发地将科技创新成果应用于生产实践，从而带来生产环节或产品功能或整个价值链跃升，这正是产业结构升级的体现。而产业结构的升级，又成为新一轮科技创新的基础。由此，我们看到了两大系统的耦合，科技创新能有效地推动产业升级，反之亦然。在此过程中，仍然存在市场失灵的问题，使政府政策得以切入，但起到的作用，仍然是辅助性和补充性的。耦合形成的基本动力，来自于企业和市场内

部，即为内生性的特点。

3. 阶段性

经济理论和经济发展的实践都告诉我们，科技创新及产业升级，都需要经历一个漫长的过程，远非一日之功。由于每一个系统都是庞大繁杂的，受到多种因素的影响，无论是哪种因素的制约，都会使科技创新和产业升级发展缓慢。而系统的耦合，除了强调系统内部各要素的良性运行，更强调系统之间的关联要素的良性运行，这一过程可能更为漫长。因此，从实践中，我们看到某些国家或产业，往往表现为某一系统的更快发展，如科技创新的速度较快，但未能带来产业升级；或产业升级速度快，但依赖于国际市场，未能带来科技创新能力的同步上升，也即耦合的缺失。因此，耦合状态的形成和完善，具备阶段性的特征，我们只能根据该阶段的特点，因势利导地推进到更高耦合度的阶段。

二、科技创新与产业升级耦合系统的内容

科技创新与产业升级的耦合内容，指在耦合过程中，对耦合关系起着较大影响作用的方面，主要体现在如下几点上：

1. 技术耦合

技术要素无疑是两大系统的重要内容，两大系统在技术上的耦合，表现为双向耦合。从技术的特征考察，科技创新系统的技术密集型特征更明显，能够为产业结构升级提供巨大助力。科技创新体系的发展，出现大量科技创新成果，这些成果广泛应用于传统产业，出现诸如“鼠标+水泥”的效应，使传统的水泥企业，能够利用最新的技术成果，实现转型改造，也就带来了产业升级；或者应用于新出现的产业，如近年来关于新能源、新材料、信息化等方面的技术，成为新产业出现并迅速发展的技术基础，新兴产业部门的庞大，又构成了另一个角度上的产业升级。

从产业结构升级体系来看，能够提升产业结构的技术，必然也会给科技创新提供很好的指导方向和支持，有利于科技创新活动的开展，形成技术上的耦合。在实践中，偶尔出现在企业生产实践中的工艺改善和技术进步，如果能被科技创新人员重视，进入科技创新体系，则会有效推动科技创新能力的提升。

比如中国高铁产业的发展中，由于特殊的地理和气候条件，针对具体出现的问题进行攻关和工艺改善，成为中国高铁科技创新系统整体提升的基石。从这个角度分析，两个系统在技术上的相互联系，即为技术上的耦合。

2. 资本耦合

科技创新和产业升级，无疑都需要大量的资本投入。科技创新是投入巨大的活动，周期长，风险大，投资的回收缓慢。除了政府提供的鼓励科技创新的财政支持，企业进行科技创新的资本投入，大部分来自于企业的资本积累。对于传统产业，市场竞争激烈，竞争格局瞬息万变，资本积累缓慢，大多数企业可能不愿意将大量资本投入到科技创新，而是更倾向于见效快的活动，如对品牌的推广、营销渠道的铺设、推销策略的实施等。由于创新投入资本的缺乏，科技创新活动无法展开，没有有效的科技创新产出，科技创新系统发展缓慢，产业升级也是一句空谈，两大系统割裂，处于非耦合的状态。因此，资本耦合，就是强调能够通过资本渠道，实现两大系统的耦合。无论是企业积累的资本，还是目前形式多样的市场资本，如创业资本等，以较为顺畅的渠道进入科技创新系统后，既是科技创新能力提升的基础，也是产品更新换代、产业升级的基础，使两大系统得以实现资本上的耦合。

3. 产业组织耦合

产业组织形式，是科技创新和产业升级的主体，也是两大系统耦合的基本内容。在科技创新系统中，企业为了更有效地进行科技创新，往往会以产业集群的形式出现。科技创新活动需要的投入巨大，无论是对科学基础研究，还是对应用技术创新，都需要大量的资金投入，并会承担极高的创新风险，这种高成本、高风险，往往是单个企业难以承受的，因此，以产业集群的方式进行，则是更为合理可行的方式，以降低成本和风险。当以产业集群的形式进行科技创新时，集群内的企业能够实现知识、技术等方面的交流合作，从而高新技术产业和企业的科技创新成果，就能突破创新企业，将技术水平偏低的产业和企业也纳入创新和升级平台，产业集群整体转型，科技含量提高，区域产业得以优化升级。同理，一个企业的创新和升级，不等于整个产业的创新和升级，只有一个产业中大多数企业实现创新和升级，才是真正的产业结构升级，而产业集群系统是产业结构升级的产业组织形态。因此，产业集群系统是科技创新和产业结构升级实现耦合的产业组织形式。

4. 制度耦合

无论是科技创新还是产业升级，都离不开合理的制度基础和规范体系。科技创新具有典型的外部性特征，先进入的企业斥巨资进行研发，但科技创新成果往往会向同行业的其他企业无偿溢出，使投入和回报不成正比。有鉴于此，基本所有的国家都以相应的制度体系和政府政策，规范科技创新和对创新的模仿。良好的制度和有效的政策，有利于科技创新活动的开展和科技创新成果的保护，如鼓励创新的政府财政支持、奖励企业科技创新的制度、保护知识产权、规范技术交易市场的法律法规等。而政府也往往会制定一些促进产业升级的政策和制度，对新兴产业和战略性产业的发展，加大扶持力度。而这些产业的科技创新能力更强，相应地科技创新制度也就更为完善。由此，形成了两大系统制度的耦合，从而有效地推动科技创新并带动产业结构的优化升级。每一个政府都会制定执行大量对科技创新体系培育发展的政策，也会制定执行大量促进产业调整的产业政策，两个系统在政策制度上的耦合关系，就体现在这两种政策能否相互印证和联系，相互促进、相互扶持。

三、科技创新与产业升级系统的耦合过程

科技创新与产业升级耦合系统具备阶段性的特点，二者之间的耦合关系经历从低到高的发展历程，也体现为一个生命发展周期。结合前人的研究成果，本书将科技创新与产业升级的耦合过程划分为萌芽、成长、发展和成熟四个阶段，各阶段科技创新与产业升级耦合系统分别体现为无耦合、低度耦合、中度耦合和高度耦合的特征。耦合过程的不同阶段对两大系统内部和系统之间的发展，推动作用也大不相同。

1. 萌芽阶段

萌芽阶段指科技创新与产业升级系统发展基本处于单兵作战的局面，科技创新在旧的产业环境中偶然出现，更多是企业的个体行为，单个企业的科技创新力量薄弱，科技创新系统的能力弱小，由于主客观方面的原因，科技创新向业内其他企业的扩散和溢出缓慢，创新的效果局限于某个企业，无法对产业整体形成有效推动。从产业的角度分析，由于特殊因素，如政府的政策推动，或价值链分工背景下的开放，导致某一产业在短期内迅速地转型升级，但这种升

级由于不具备科技创新的基础，反过来也无法带动科技创新的持续进行。由此，两大系统的耦合处于萌芽阶段时，科技创新无法推动产业结构升级，产业结构升级也无法对科技创新形成反推动作用。

2. 成长阶段

成长阶段指科技创新与产业升级系统发展逐渐开始对接，耦合机制逐渐产生作用。科技创新在某一企业出现后，开始向业内其他企业扩散和溢出，创新能力得到了加强，形成有效的经济影响。科技创新系统的活跃和能力提升，对产业升级系统形成有效的推动。从产业的角度分析，由于特殊因素导致某一产业在短期内迅速地转型升级，在较长时间内持续，逐渐具备科技创新的基础和能力，开始带动科技创新的持续进行。但二者之间的推动和反推动作用并不是十分强大，体现为科技创新系统与产业升级系统的低度耦合。

3. 发展阶段

发展阶段指科技创新与产业升级系统走向更加协调，耦合机制产生更大作用。科技创新的扩散和溢出速度快，规模大，创新能力迅速加强，科技创新系统飞速发展，大量的新技术应用于行业，形成有效的经济影响。科技创新系统的活跃和能力提升，对产业升级系统形成有效的推动。新兴产业迅速壮大，传统产业也由于新技术的进入，焕发出全新的活力，产业升级效应显著。从产业的角度分析，由于产业链开始成型，高新技术产业和企业主体显著增多，为科技创新系统提供了强大的支撑。这时，二者之间的推动和反推动作用逐渐强大，体现为科技创新系统与产业升级系统的中度耦合。

4. 成熟阶段

成熟阶段是科技创新与产业升级耦合的最佳状态，科技创新系统高度发达，科技创新不再是偶然短期出现的现象，而是成为一个规范有序的持续性活动。焕发强大的科技创新能力的同时，大量的创新产品迅速进入产业，与产业升级系统形成协调共生局面，支撑起产业升级的重任。而产业升级的结果之一，是更大规模和更为有序的科技创新。此时，二者之间的推动和反推动作用十分强大，体现为科技创新系统与产业升级系统的高度耦合。

结合科技创新系统与产业升级系统的耦合特点、内容和发展阶段，有必要对二者之间的耦合联系进行实证分析，以判断山东省两大系统的耦合现状。

第二节　科技创新与产业升级耦合度评价模型

科技创新系统与产业升级系统分别受系统内各因素的影响，而各种因素之间的影响和作用，又会形成两大系统间的相互影响作用，是一种多对多的联系。为了衡量两大系统之间的关系性质和程度，需要进行耦合度的分析。本书在对科技创新系统与产业升级系统综合评价的基础上，再对耦合系统中的科技创新和产业升级系统进行耦合度评价。

一、科技创新能力与产业升级系统综合评价

1. 数据的标准化处理

数据的标准化处理指在多指标评价体系下，不同指标的统计量纲不同，如科技创新和产业升级系统的指标数量级不同，变量的量纲不同，会造成不可比较或比较结果的不准确。指标的标准化处理正是为了保证分析的正确性，使其更具可比性。在收集原始数据后，一般采取离差化、极差化和正规化三种形式，对数据进行无量纲化处理，以消除由量纲不标准造成的影响，能够对数据进行横向和纵向比较。本书将采用极差标准化的方法对数据进行无量纲化处理。

设定科技创新系统的参量为 μ，μ_{ij} 的含义即为第 i 项指标的第 j 项变量，对应的值为 x_{ij}，i 为科技创新系统中的指标个数，取值为从 1 到 n；j 为第 i 项指标中的变量参数个数，取值为从 1 到 m。同理，产业升级系统的参量设为 ω，ω_{ij} 对应的值为 y_{ij}，i 和 j 分别为产业升级系统中的指标个数和第 i 项指标中的变量参数个数，取值分别为从 1 到 n 和从 1 到 m。

在科技创新系统中，稳定临界点序参量的上限值设为 α_{ij}，下限值设为 β_{ij}；在产业升级系统中，稳定临界点序参量的上限值设为 η_{ij}，下限值设为 ξ_{ij}。由此得到科技创新系统的有序功效模型，如公式（5-1）所示：

$$\mu_{ij}=(x_{ij}-\beta_{ij})/(\alpha_{ij}-\beta_{ij}) \tag{5-1}$$

产业升级系统中的有序功效模型，如公式（5-2）所示：

$$\omega_{ij}=(y_{ij}-\xi\varepsilon_{ij})/(\eta_{ij}-\xi_{ij}) \tag{5-2}$$

其中，i=1，2，…，n；j=1，2，…，m。式中，μ_{ij}和ω_{ij}的范围是 0~1，分别代表了x_{ij}和y_{ij}贡献的大小，取值越大，对子系统的贡献也越大。

2. 权数的确定

科技创新及产业结构升级系统中，评价指标体系包含众多指标，如何对众多指标进行简单的比较，并进行排序和计算，以排定相对优劣次序，从而对科技创新及产业升级系统进行综合评价。也就是说，构建评价模型之前，应合理地确定不同因素的权数。权数是各因素相对重要性的排序，权衡被评价事物诸因素的重要程度，反映各指标对总目标的贡献程度。科学地确定指标权数举足轻重，权数直接影响着综合评价的结果，权数的变动会引起被评价对象重要程度及评价结果的改变；权数确定不合理，会得出没有意义的评价结论。

目前确定权数的方法大致可以分为两类，分别为主观赋权法和客观赋权法。主观赋权法中应用最广的一种，称为层次分析法（Analytical Hierarchy Process，AHP），这是本书采用的方法。AHP 法把要研究的问题或系统分解为不同层次，即不同层面的子系统，再进行从小到大、从低级层次到高级层次的研究。

第一，递阶层次结构的建立。

递阶层次结构的建立是把复杂问题一层层分解，直至最后一层能够以统计指标直接衡量。元素之间不是孤立存在的，上级元素是下级元素的准则，一个层次的元素受到上一层次元素的支配，又会对下一层次的元素起支配作用。问题的预定目标或理想结果，处于最高层，也称目标层；为了实现目标的中间环节，处于中间层，也称为准则层，包括所考虑的准则、子准则；综合评价中的各个指标，或者是实现目标的各种方案，处于最底层，也称为方案层。以科技创新评价指标体系为例，将科技创新能力发展的综合实力作为目标层，按照四个二级指标分为四个准则层，分别为科技创新能力的基础、投入、主体和产出，三级指标用以反映准则层，以递阶层次结构说明科技创新系统的能力。

第二，构造两两比较判断矩阵。

比较矩阵是根据上一层某一元素 A 为准则，对所支配的下一层元素 B1、B2、B3 等多个元素根据经验进行两两比较，按照 1~9 标度法对重要性赋值，确定 B_i 和 B_j 两元素相对比的重要程度。

表 5-1　层次分析法 1~9 标度的含义

标度 B_{ij}	含义
1	i 元素与 j 元素同样重要
3	i 元素比 j 元素稍微重要
5	i 元素比 j 元素明显重要
7	i 元素比 j 元素强烈重要
9	i 元素比 j 元素极端重要
2，4，6，8	介于上述两个标准之间折中时的标度
$1/B_{ij}$	若 j 元素与 i 元素比较，$B_{ji}=1/B_{ij}$

判断矩阵简化了问题的分析，对各指标重要性进行主观判断，通过判断矩阵得以定量化和数学化，从而能对复杂问题进行定量分析。本书二级指标层指标采用 AHP1~9 标度法建立判断矩阵，根据专业知识和科技创新能力的发展特点，对科技创新能力的基础、投入、主体和产出分别比较其相对重要性。

第三，对判断矩阵的一致性检验。

判断矩阵是计算指标权重也就是对指标重要性予以判断的依据，同时避免出现各判断之间的不协调一致。判断矩阵具有一致性，在实践应用中是为了避免出现类似于 B1 比 B2 重要、B2 比 B3 重要、B3 又比 B1 重要的矛盾结果。当然，判断矩阵很难具有完全的一致性，但层次分析法中，要求基本的一致性。是否具有令人满意的一致性，一般使用随机一致性比率（Consistency Ratio，CR）来检查，计算公式为 CR=CI/RI。CR 的合理取值空间要求为不超过 0.1，代表判断矩阵赋值合理；反之，如果 CR 值高于 0.1，则说明判断矩阵赋值不合理，未能通过一致性检验，应调整判断矩阵取值，直至满足 CR 小于 0.1 的要求。其中，CI（Consistency Index）=（λmax-n）/（n-1），称为一致性指标，其数值越小，越接近完全一致性的要求，λmax 为 n 阶判断矩阵唯一非零也是最大的特征根。平均随机一致性指标称为 RI（Random Index），一般判断矩阵的阶数 n 增大，会增加出现一致性随机偏离的可能性，判断矩阵的一致性越发难以满足。为解决这一问题，可以依据阶数的不同，对 RI 进行修正，n=1~14 阶判断矩阵的 RI 值如表 5-2 所示。

表 5-2　平均随机一致性指标 RI 值

n	1	2	3	4	5	6	7
RI	0.0000	0.0000	0.5149	0.8931	1.1185	1.2494	1.3450
n	8	9	10	11	12	13	14
RI	1.4200	1.4616	1.4874	1.5156	1.5405	1.5583	1.5779

第四，计算各因素的权重。

对权重的计算一般有和积法、方根法和特征值法。YAAHP 使用的是方根法，即将判断矩阵的不同行数的指标相乘，得到的数值再按判断矩阵的维数开方，最后再将该列向量归一，获得科技创新能力评价指标体系二级指标层的权重 β_i。据此，λ_i即为科技创新能力评价指标体系三级指标层的权重。

3. 科技创新能力综合评价

科技创新能力综合评价函数如公式（5-3）所示：

$$\mu(x)=\sum_{i=1}^{m}\lambda_i x_i \tag{5-3}$$

式中，i 为科技创新系统特征的指标个数；λ_i为由层次分析法确定的指标权重；x_i为标准化值，用以代表科技创新系统特征的第 i 个指标。最终获得的 $\mu(x)$，代表科技创新能力综合指数，该指数数值越高，科技创新能力越强。

4. 产业结构升级综合评价

产业结构升级综合评价函数如公式（5-4）所示：

$$\omega(y)=\sum_{i=1}^{m}\delta_i y_i \tag{5-4}$$

式中，i 为指标个数；y_i为标准化值，代表产业结构升级系统特征的第 i 个指标；δ_i为指标权重，由层次分析法确定；$\omega(y)$为产业结构升级综合指数，其数值与产业结构升级能力成正比。

不难证明，$\mu(x)$、$\omega(y)$的值均在 0~1 之间。$\mu(x)$、$\omega(y)$的值越高，表明科技创新系统与产业结构升级系统的总体水平越高。

二、静态耦合关联度评价模型

对静态耦合关联度的评价，本书采用变异系数来表示，也称为离差系数。

由于系统内的指标含义不同，对这些数据无法直接比较大小。而含义不同的数值之间，存在变异或离散程度，以变异系数这个没有量纲的比值，可以反映两组数据的变异或者离散程度。科技创新与产业结构升级，是含义完全不同的两个系统，二者之间的变异系数小，说明两个系统之间协调程度大，耦合度也较高；变异系数大，说明两个系统之间协调程度小，耦合度也较低。离差系数 C 的计算如公式（5-5）所示：

$$C=\frac{2S}{\mu(x)+\omega(y)} \tag{5-5}$$

其中，S 为 $\mu(x)$ 和 $\omega(y)$ 的协方差，由含义易知：

$$\mu(x)\times\omega(y)\leqslant\{[\mu(x)+\omega(y)]/2\}^2 \tag{5-6}$$

C 值越小，表示两个系统之间的协调度越高。因此定义：

$$C_1=\frac{\mu(x)\times\omega(y)}{\{[\mu(x)+\omega(y)]/2\}^2} \tag{5-7}$$

显然有 $0<C_1<1$，当 $\mu(x)=\omega(y)$ 时，不表示两大系统在绝对意义上的相等，只是表示在耦合系统中，两大系统处于同一发展水平。两大系统处于最佳协调状态时，C_1 值为最大，C 值为最小。从这个角度而言，C_1 代表着 $\mu(x)$ 和 $\omega(y)$ 的协调程度。

基于此，两大系统的耦合关联度 c 可以表示为：

$$c=2\left\{\frac{\mu(x)\times\omega(y)}{[\mu(x)+\omega(y)]\times[\mu(x)+\omega(y)]}\right\}^{1/2} \tag{5-8}$$

C_1 开方后得到 c，c 值经过开方后更小，更能符合实际，反映两个系统间的耦合情况，所以可以用 c 来反映两个系统间的协调度。c 值越高，表明系统之间的耦合关系越和谐。

科技创新系统与产业升级系统之间的耦合情况，能够由耦合关联度说明。但为了说明二者的总体发展水平，本书又构建了耦合协调度评价模型。

三、动态耦合协调度评价模型

静态耦合度的优势在于能够反映两大系统在静态中的相互协调程度，其缺陷在于难以反映两大系统在发展变化中的整体耦合情况。在经济的演化中，可能出现两大系统的发展水平相同，也即耦合关联度高，但从经济演进的实践分析，无论是科技创新系统，还是产业升级系统，都处于比较低的发展水平。这是一种特殊的静态状态，科技创新能力低，产业结构升级缓慢，是任何国家和地区都不希望看到的状况，但静态耦合度的衡量，又会得到令人满意的结论，这可能对政策形成误导。也就是两大系统的耦合协调有两种性质：第一种是各个系统发展水平都较高，并能形成协调互动，这是最佳状态；但我们需要注意的是第二种情况，发展水平较低的二者，恰恰形成高度耦合，可能互相掣肘。

有鉴于此，我们引入系统的动态演化指标，以考察两大系统之间的交互耦合和动态复合关系。设 A 和 B 分别代表科技创新系统和产业升级系统演化的指标，V_A和V_B代表两大系统的演化速度。无疑，A 与 B 是相互作用的，两大系统内某一个因素的变化，都会引起整个复合系统的变化，从而使整个耦合系统的演化速度 V 发生变化：

$$V=f(V_A,V_B) \tag{5-9}$$

两个子系统的演化速度V_A和V_B决定整个耦合系统的演化速度 V，其中有两种性质的因子，即起促进作用的利导因子和起限制作用的限制因子。不言而喻，限制因子作用大于利导因子时，系统的动态耦合演进缓慢；反之，当利导因子的作用大于限制因子时，系统的演进速度大大加快。

$$V_A=f(x)=\sum_{i=1}^{n}\lambda_i x_i \tag{5-10}$$

$$V_B=g(y)=\sum_{i=1}^{n}\delta_i y_i \tag{5-11}$$

本书以 c 来表示两个系统之间的静态耦合关联度，对其加以调整，得到两大系统动态耦合协调度 D：

$$D=(c\times p)^{\theta} \tag{5-12}$$

其中，$p=\alpha f(x)+\beta g(y)$，为两大系统发展综合指数，代表系统的整体发展水平；c 表示科技创新系统与产业升级系统的静态耦合关联度；θ，α，β 为待定系数，一般取 $\theta=0.5$，α 和 β 分别表示科技创新系统和产业升级系统在复合系统中的比重。本书假定，两大系统的重要性相同，即定义 $\alpha=\beta=0.5$。对于科技创新与产业结构升级的协调状况，耦合协调度模型能够结合二者所处区域的经济发展水平，进行综合评价。两个系统都处于很低水平时，也存在耦合协调度很高的可能性，而D能够从动态角度进行综合考量，就可以有效地避免不符合实际的结论。因此，耦合协调度与耦合度模型相比，稳定性更高，适用范围更广，具有较强的操作性，与静态耦合关联度结合使用，则更为合理准确。

四、耦合关联度和耦合协调度评判标准

产业结构升级受多种因素的影响，其中重要的一个影响因素是科技创新，但由于区域经济发展的初始条件不同，产业结构升级的社会和经济基础存在较大差异，因此同样的科技创新水平下，产业结构升级的差异也会较大。科技创新亦然，科技创新活动的进行，无疑需要高级的产业结构相呼应，但不是说，只要具备了高级的产业结构，就必然带来科技创新。只有产业结构升级，同时能够在深度开发的基础上形成产业业态创新时，才能有效提高科技创新能力水平，使两者建立起交互耦合的科学发展机制，进入一个良性循环或者耦合机制。鉴于此，无论是产业结构升级的发展水平，还是科技创新能力的成熟度，在两大系统耦合发展评判中，都要充分考虑，才能更准确地反映两大系统的耦合类型和特征。

本书对两系统的耦合关系，从静态和动态的角度分别衡量，以耦合关联度和耦合协调度来评价。表5-3和表5-4解释了这两个指标的评价标准。

表5-3　耦合关联度评价标准

耦合关联度	耦合程度	所处阶段
c=0	无耦合	萌芽阶段
0<c≤0.3	低度耦合	成长阶段
0.3<c≤0.7	中度耦合	发展阶段
1<c<0.7	高度耦合	成熟阶段

c值与耦合关系成正比。如果两个系统之间无耦合，c=0，则系统耦合处于萌芽阶段；当存在低度耦合时，0<c≤0.3，则系统之间的耦合处于成长阶段；当存在中度耦合时，0.3<c≤0.7，则系统之间的耦合处于发展阶段；当存在高度耦合时，1<c<0.7，则系统之间的耦合处于成熟阶段。

表 5-4 耦合协调度评价标准

耦合协调度	D=0	0<D≤0.3	0.3 <D≤0.5	0.5<D≤0.7	0.7<D≤0.9	D=1
协调等级	无协调	严重失调	轻度失调	良好协调	优质协调	完全协调

按照耦合协调度的标准，D 的取值代表着系统之间的耦合协调程度，取值为 0 到 1 之间，取值越高，协调度也就越高。D=0 时，两个系统之间无协调关系，处于完全无关状态，即科技创新不能推动产业升级，产业升级也不能带来科技创新，二者无序发展；当 0<D≤0.3 时，耦合协调度开始提高，但仍处于较低水平，也即两个系统之间严重失调，相互推动和相互促进的作用极小；当 0.3<D≤0.5 时，耦合协调度继续提高，耦合系统处于轻度失调的状态，在此期间，科技创新系统对产业升级的作用和产业升级对科技创新的作用，都开始凸显出来；当进入良性发展阶段时，0.5<D≤0.7，耦合系统呈现良好协调的特点，系统之间的相互推动作用较大；随着 D 值的继续提高，当 0.7<D≤0.9 时，两个系统的耦合作用渐入佳境，处于优质协调阶段，也即科技创新和产业升级的相互作用开始完全发挥，科技创新的成果能顺利地应用于产业，推动产业结构有效提升，而产业结构的升级又形成对科技创新系统的有效推动；如果系统处于完全协调状态，D=1，耦合协调度最大，系统处于完全有序的最佳状态，当然这只是理论上的一种最优格局，在经济现实中极难实现。在这种最理想的状态下，两大系统达到良好共振耦合。

第三节　山东省科技创新与产业升级系统的耦合度测评

一、数据处理

根据本书科技创新系统和产业结构升级系统评价指标体系的构建（见表 5-5 和表 5-6），结合山东省 2000~2015 年的数据开展实证分析，数据来源于历年山东省统计年鉴（见表 5-7 和表 5-8）。

表 5-5 科技创新能力评价指标体系

一级指标	二级指标	三级指标
科技创新的综合能力	科技创新基础	x_1：人均 GDP（元）
		x_2：人均固定资产投资（元）
	科技创新投入	x_3：财政预算支出（万元）
		x_4：科学技术财政预算支出（万元）
		x_5：R&D 经费支出（万元）
	科技创新主体	x_6：每万人普通高等教育毕业生数（人）
		x_7：研究与试验人员（人）
		x_8：规模以上工业企业 R&D 人员（人）
		x_9：规模以上工业企业新产品经费（万元）
	科技创新产出	x_{10}：重要科技成果数量（项）
		x_{11}：发明专利授权量（项）

表 5-6 产业结构升级评价指标体系

一级指标	二级指标	三级指标
产业结构升级的综合评价	产业结构高度化指标	y_1：第二产业比重（%）
		y_2：工业增加值（亿元）
		y_3：工业增加值比上年增长（%）
		y_4：霍夫曼系数（%）
	产业结构合理化指标	y_5：第二产业经济增长贡献率（%）
		y_6：第二产业拉动经济增长百分点（%）
		y_7：山东省加工贸易出口比重（%）
		y_8：机电产品出口比重（%）
		y_9：高新技术产品出口比重（%）

由于科技创新系统和产业结构升级系统的评价指标之间的量纲不统一，因而造成不可比较性。为了能够对科技创新与产业结构升级的耦合度进行比较，保证建模质量和分析的正确性，本书采用极差标准化的方法进行无量纲化处理，以能够对参考数列和比较数列中的数据进行对比分析综合评价。缺失数据采用插值法补齐。标准化后的数据介于 0 和 1 之间。

表 5-7　2000~2015 年山东省科技创新系统统计数据

年份	x_1	x_2	x_3	x_4	x_5	x_6	x_7	x_8	x_9	x_{10}	x_{11}
2000	9326	2826	519501	1181042	131002	6	63123	651978	37433	3728	363
2001	10195	3106	609310	1377529	160685	8	65663			3112	333
2002	11340	3864	881631	1627761	189917	10	68203	706959		3018	322
2003	13268	5839	1038442	1791484	199045	13	76705	680442		2896	580
2004	16413	8311	1408123	2048284	223770	18	71675	928990		3028	788
2005	19934	11399	1937924	2487484	270670	24	77717	1714693	83214	2408	903
2006	23603	11963	2341297	2922839	367127	29	83283	2035083	89448	2313	1092
2007	27604	13384	3123081	4533574	464073	38	106015	3007402	109737	2346	1435
2008	32936	16392	4351943	5509929	571333	44	141127	3824230	152974	2330	1845
2009	35894	20096	5195892	6134864	628783	46	178235		232722	2364	2865
2010	41106	24300	6720045	7704472	843643	46	204906		275360	2367	4106
2011	47335	27778	8443766	10478987	1086163	49	252024		327256	2379	5856
2012	51768	32273	10203266	13118009	1249715	49	303862	8100728	382057	2393	7454
2013	56885	37798	11758027	13996715	1491372	49	326793	1E+07	409441	2332	8913
2014	60879	43412	13040695	14610483	1470572	47	342259	1. 2E+07	432430	2955	10538
2015	64168	49063	14271890	16906231	1590522	48	354575	1. 1E+07	447191	3011	16881

表 5-8　2000~2015 年山东省产业升级系统统计数据

年份	y_1	y_2	y_3	y_4	y_5	y_6	y_7	y_8	y_9
2000	49. 95	12509. 53	15. 65	52. 32	61. 2	6. 3	51. 52	20. 2	4. 2
2001	49. 55	13277. 37	16. 03	51. 52	54. 7	5. 5	49. 05	21. 0	4. 3
2002	50. 46	15588. 53	16. 43	51. 05	64. 3	7. 5	47. 90	23. 8	5. 4
2003	53. 69	19891. 54	25. 27	54. 51	64. 9	8. 7	46. 59	24. 2	5. 8
2004	56. 50	26295. 24	28. 98	56. 71	66. 9	10. 3	48. 38	27. 1	6. 9
2005	57. 05	35387. 43	32. 67	62. 91	64. 2	9. 6	48. 94	29. 4	9. 2
2006	57. 42	43900. 21	27. 22	64. 38	64. 4	9. 5	46. 70	23. 1	7. 2
2007	56. 82	54428. 27	23. 4	65. 07	64. 3	9. 1	47. 08	24. 6	8. 6
2008	56. 81	62958. 53	14. 06	66. 14	58. 8	7. 1	46. 10	29. 8	9. 1
2009	55. 76	71209. 42	11. 01	66. 02	66. 9	8. 1	50. 20	42. 9	17. 2
2010	54. 22	83851. 4	14. 12	67. 61	61. 9	7. 6	47. 78	43. 2	16. 9

续表

年份	y_1	y_2	y_3	y_4	y_5	y_6	y_7	y_8	y_9
2011	52.95	99504.98	11.13	68.83	58.4	6.3	44.37	40.4	12.1
2012	51.46	114707.29	7.85	68.02	58.8	5.8	42.21	39.1	11.1
2013	49.69	129906.01	10.32	68.62	59.9	5.7	39.10	37.8	12.8
2014	48.44	141415.02	9.04	69.00	58.5	5.1	38.25	38.8	14.2
2015	46.80	145964.2	7.54	67.95	51.3	4.1	34.18	40.0	12.3

二、权数的设定

根据层次分析法，使用 yaahp 10.1，测算指标权重。以科技创新能力评价指标体系二级指标层的权重设置为例。根据表 5-1 所示的层次分析法 1~9 标度的含义，本书邀请 10 位专家对科技创新评价指标体系二级指标层的重要性排序，取其平均值，得到二级指标层判断矩阵，如表 5-9 所示。基于此，我们对较复杂问题可以进行定量分析，简化了问题的分析，并将各指标重要性的主观判断数学化。本书中二级指标层指标采用 AHP 1~9 标度法建立判断矩阵，根据专业知识和科技创新能力的发展特点，对科技创新能力的基础、投入、主体和产出分别比较其相对重要性。

表 5-9　科技创新能力评价指标体系二级指标层判断矩阵

	创新基础	创新投入	创新主体	创新产出
创新基础	1	1/5	1/3	1/5
创新投入	5	1	2	1
创新主体	3	1/2	1	1/2
创新产出	5	1	2	1

使用 yaahp 10.1，对科技创新系统评价指标体系进行一致性检验，CR 值为 0.0016，满足小于 0.1 的条件，即表 5-9 的判断矩阵赋值合理，一致性令人满意，对创新基础、投入、主体和产出的重要性排序合理，可以作为计算权

重的基础。

本书采用方根法计算各因素的权重，即将判断矩阵每行的数值相乘，得到的乘积再按维数开方，本套评价指标体系中为开四次方，开放后的列向量归一，如表 5-10 所示，即为科技创新系统评价指标体系二级指标层的权重 β_i。

表 5-10　方根法计算科技创新能力评价指标体系二级指标层的权重

	创新基础	创新投入	创新主体	创新产出	按行相乘	开四次方	归一
创新基础	1	1/5	1/3	1/5	0. 0132	0. 33896	0. 07
创新投入	5	1	2	1	10	1. 77828	0. 37
创新主体	3	1/2	1	1/2	0. 75	0. 93061	0. 19
创新产出	5	1	2	1	10	1. 77828	0. 37

科技创新系统评价指标体系三级指标层及产业结构升级系统评价指标体系中的二级和三级指标层均使用这一方法，使用 yaahp 10. 1，各级指标层的判断矩阵均通过一致性检验，计算过程从略，科技创新系统及产业结构升级系统各层指标的权重如表 5-11 和表 5-12 所示。

表 5-11　山东省科技创新系统权数设定

一级指标	二级指标	二级指标权重	三级指标	三级指标权重
科技创新的综合能力	科技创新基础	0. 07	人均 GDP（元）	0. 500
			人均固定资产投资（元）	0. 500
	科技创新投入	0. 37	教育财政预算支出（万元）	0. 576
			科学技术财政预算支出（万元）	0. 251
			R&D 经费支出（万元）	0. 173
	科技创新主体	0. 19	每万人普通高等教育毕业生数（人）	0. 095
			研究与试验人员（人）	0. 468
			规模以上工业企业 R&D 人员（人）	0. 163
			规模以上工业企业新产品经费（万元）	0. 268
	科技创新产出	0. 37	重要科技成果数量（项）	0. 500
			发明专利授权量（项）	0. 500

表 5-12　山东省产业结构升级系统权数设定

<table>
<tr><th>一级指标</th><th>二级指标</th><th>二级指标权重</th><th>三级指标</th><th>三级指标权重</th></tr>
<tr><td rowspan="9">产业结构升级的综合评价</td><td rowspan="4">产业结构高度化指标</td><td rowspan="4">0.5</td><td>第二产业比重（%）</td><td>0.289</td></tr>
<tr><td>工业增加值（亿元）</td><td>0.131</td></tr>
<tr><td>工业增加值比上年增长（%）</td><td>0.140</td></tr>
<tr><td>霍夫曼系数（%）</td><td>0.440</td></tr>
<tr><td rowspan="5">产业结构合理化指标</td><td rowspan="5">0.5</td><td>第二产业经济增长贡献率（%）</td><td>0.265</td></tr>
<tr><td>第二产业拉动经济增长百分点（%）</td><td>0.212</td></tr>
<tr><td>山东省加工贸易出口比重（%）</td><td>0.063</td></tr>
<tr><td>机电产品出口比重（%）</td><td>0.341</td></tr>
<tr><td>高新技术产品出口比重（%）</td><td>0.119</td></tr>
</table>

三、科技创新及产业结构升级系统的综合评价

科技创新能力综合评价函数如公式（5-13）所示：

$$\mu(x)=\sum_{i=1}^{m}\lambda_i x_i \tag{5-13}$$

式中，i 为科技创新系统的指标个数，λ_i为指标权重，x_i为第 i 个指标的标准化值。科技创新能力综合指数 $\mu(x)$，为衡量科技创新能力的正指标，数值越大，科技创新能力越强。

产业结构升级综合评价函数如公式（5-14）所示：

$$\omega(y)=\sum_{i=1}^{m}\delta_i y_i \tag{5-14}$$

式中，i 为产业结构升级系统的指标个数，y_i为第 i 个指标的标准化值，δ_i为指标权重，由层次分析法确定。产业结构升级综合指数 $\omega(y)$，为衡量产业升级能力的正指标，数值越大，产业升级体系越发达。

不难证明，$\mu(x)$、$\omega(y)$的值均在 0~1 之间。$\mu(x)$、$\omega(y)$的值越高，表明科技创新系统与产业结构升级系统的总体水平越高。结合山东省样本期间的统计数据，山东省科技创新及产业结构升级系统的综合评价如表 5-13 所示。

表 5-13 山东省科技创新及产业结构升级系统的综合评价

年份	科技创新系统综合评价 μ(x)	产业结构升级系统综合评价 ω(y)
2000	0.0083	0.0463
2001	0.0106	0.0448
2002	0.0148	0.0555
2003	0.0206	0.0687
2004	0.0295	0.0845
2005	0.0414	0.1003
2006	0.0503	0.0957
2007	0.0693	0.1051
2008	0.0906	0.1056
2009	0.1142	0.1393
2010	0.1434	0.1487
2011	0.1799	0.1432
2012	0.2139	0.1486
2013	0.2463	0.1649
2014	0.2714	0.1755
2015	0.3213	0.1701

样本期间，山东省科技创新及产业结构升级系统的综合评价 μ(x)、ω(y) 均处于上升的过程，这说明山东省科技创新能力的提升及产业结构的升级，但二者又表现为不同的发展趋势。从整体上看，样本期间山东省科技创新能力的改善幅度远远高于山东省产业结构的升级程度，尤其是在 2010 年之后，山东省科技创新能力每年均有较大幅度的改善。而山东省产业结构的升级在 2005~2008 年和 2010~2012 年这两个阶段基本处于停滞状态，2015 年的综合评价低于 2014 年，说明山东省产业结构升级态势缓慢，远远滞后于科技创新系统的迅速提升。

四、静态耦合关联度及动态耦合协调度评价

科技创新系统与产业升级系统的静态耦合关联度如公式（5-15）所示：

$$c=2\left\{\frac{\mu(x)\times\omega(y)}{[\mu(x)+\omega(y)]\times[\mu(x)+\omega(y)]}\right\}^{1/2} \tag{5-15}$$

动态耦合协调度如公式（5-16）所示：

$$D=(c\times p)^{\theta} \tag{5-16}$$

根据这两个模型，结合样本期间山东省统计数据，计算山东省科技创新系统与产业结构升级系统的静态耦合关联度 c 和动态耦合协调度 D，如表 5-14 所示。

表 5-14　山东省科技创新系统与产业结构升级系统的耦合度测度

年份	静态耦合关联度 c	动态耦合协调度 D
2000	0.0810	0.0470
2001	0.0900	0.0500
2002	0.1112	0.0625
2003	0.1375	0.0784
2004	0.1717	0.0989
2005	0.2100	0.1220
2006	0.2246	0.1281
2007	0.2640	0.1517
2008	0.2939	0.1698
2009	0.3555	0.2123
2010	0.3972	0.2409
2011	0.4257	0.2622
2012	0.4595	0.2886
2013	0.5033	0.3217
2014	0.5338	0.3453
2015	0.5584	0.3704

2008 年之前，山东省科技创新和产业升级系统之间的静态耦合关联度 c 低于 0.3，按照静态耦合关联度 c 的标准，说明两大系统之间的耦合处于成长阶段，耦合度比较低，也即科技创新系统和产业升级系统的相互推动力基本未出现。结合山东省自改革开放初期就高度参与价值链分工的现实，说明价值链

分工体系下，尽管形成了山东省的科技进步和产业升级，但这两个系统基本是单独运行，并没有形成协调的合力。自 2009 年之后，山东省科技创新和产业升级系统之间的静态耦合关联度 c，已经突破 0.3 的关口，但始终小于 0.7，这是耦合系统的发展阶段，存在中度耦合。这说明价值链分工体系下，山东省科技创新系统与产业结构升级系统之间的促进及推动作用基本在 2009 年之后显现出来，但静态耦合关联度 c 的增速缓慢，说明两大系统间的耦合作用还未能有效形成。

2013 年之前，山东省科技创新和产业升级系统之间的，动态耦合关联度 D 小于 0.3，说明两大系统的耦合协调水平较低，或者说处于严重失调阶段，二者的相互推动作用极小。进一步说明这一时期虽然山东省高度参与价值链分工体系，但未能形成科技创新和产业升级的协调互动。2013 年之后，情况稍有改观，动态耦合关联度 D 大于 0.3，说明两大系统开始进入轻度失调的阶段，科技创新与产业升级能够形成互相促进的推动作用，但作用发挥的空间仍极为有限，仍旧处于失调状态。

第四节　本章小结

自改革开放以来，山东省制造业通过参与全球价值链，取得了较大的技术进步和产业结构升级效应。但是，近年来随着全球经济形势的改变，山东省参与价值链的程度及地位开始有所下降，并已经开始影响到山东省的技术进步和产业结构升级。为促进科技创新和产业升级，山东省政府制定了鼓励科技创新和促进产业升级的一系列政策措施。

目前，山东省的科技创新体制推行了一系列的改革，试图为企业的科技创新营造良好的环境。这包括政府重视基础研发，以此构成企业应用研发的基础，并为企业的科技创新提供强有力的财政支持；大力培育发展科技创新的其他市场资本形式，从根本上解决了创新资本投入不足的问题；对科技创新产出的交易进行规范化，强调知识产权保护，调动了科技创新的积极性。

在产业结构升级方面，山东省主要依靠价值链分工获得了产业跃迁。但目前随着人力资本和土地价格的上涨及人民币汇率的不断提升，山东省制造业参与价值链分工的程度和地位不断下降。为此，山东省努力调整产业政策，积极寻求改变，提升高新技术产业比重，推动传统产业的转型升级，高技术含量的产业得以迅速发展，从而有效地推进了产业结构优化升级。同时，为鼓励科技创新，以期通过技术驱动机制实现产业结构的合理优化，实现产业结构由劳动密集型向技术密集型的转变。

但从本部分的实证分析可以发现，山东省科技创新系统与产业结构升级系统的静态耦合关联度及动态耦合协调度指标偏低，说明这两个系统远远未形成耦合机制，还无法发挥相互推动和促进作用。在样本期间的前期阶段，山东省科技创新与产业结构升级低度耦合，静态耦合关联度较低，说明二者之间的推动作用未能形成。2004~2007 年，山东省两大系统的耦合关系有所改善，耦合关联度的数值上升较快。山东省在这段时期大幅度加大创新投入，是其中一个主要的原因，当然产业结构优化升级也是另外一个原因。而在 2008~2009 年，系统处于比较稳定的状态，耦合关联度变化不大。2010 年之后，山东省两大系统的耦合关联度继续稳步上升，但上升势头缓慢。主要原因在于两大系统内部及其耦合，在经过上一时期的高速发展后，系统内部的改善和系统间的协调进程逐渐趋缓。从动态的角度分析，2005 年前，山东省两大系统耦合协调度较低，耦合系统严重失调，但整体上是向好发展，耦合协调度稳步上升。耦合协调度的明显上升尤其体现在 2008~2011 年，耦合系统转变为中度协调，这段时间内，山东省鼓励高新技术产业致力于调整产业结构，是其主要的原因。尽管实证结果表明，耦合关联度和耦合协调度均呈现调整上升的特点，即山东省科技创新与产业升级的耦合在缓慢改善，总体情况比较乐观。但无论从静态还是动态衡量，山东省两大系统的耦合度都处于较低的不理想状态，未来还有很大的提升空间。

第六章　山东省科技创新与产业升级的耦合机制与路径研究

第一节　价值链背景下科技创新与产业升级的机制分析

开放背景下形成的科技创新和产业结构升级，是山东省制造业发展的基石，未来的发展战略，都不能脱离这一基础。尽管近年来技术进步及产业结构升级效应有所消减，但全球价值链分工体系的构建方兴未艾，山东省制造业仍须在价值链分工背景下实现科技创新和产业结构升级。

一、科技创新机制

价值链分工对科技创新的作用机制，按照价值链分工的基本特点，可以划分为价值链分工的进口过程中形成的科技创新机制、价值链分工的生产过程中形成的科技创新机制和价值链分工的出口过程中形成的科技创新机制。

1. 进口中形成的科技创新

价值链分工的进口过程中形成的科技创新机制，主要指价值链分工涉及大量的中间产品进口，这些中间产品有相当一部分是某产业生产的核心零部件，而一国企业进口核心零部件的原因在于可能国内无法生产这些零部件，因此，零部件的进入，就意味着大量先进技术的进入。从科技创新的含义分析，首先指企业进行自主研发，对技术形成的一种创新性突破，既包括技术研发这一过程，也包括获得科技成果这一结果状态。价值链分工的进口过程，一方面使国内企业能够通过技术含量更低的要素，如土地、劳动力、优惠政策等吸引外资进入，而中间产品的大量进口，节约了企业的研发投入，缩短了企业的研发进程；另一方面，价值链分工的进口过程，直接带来了包含更新科技成果的中间产品，可以更快作用于企业的生产，提高企业的劳动生产率，并向行业内的其他企业有效扩散，提升整个行业的科技创新。

2. 生产中形成的科技创新

价值链分工的生产过程中形成的科技创新机制，主要指国内的生产企业对进口的中间产品组织生产，进行加工组装，形成最终产品。在这一过程中，通过消化、吸收核心中间产品中包含的先进技术，充分利用生产过程中的干中学效应，促进本国的科技创新。价值链分工的生产过程中形成的科技创新机制，还主要体现在要素效率的提升机制上。

要素效率的提升，一方面能带来要素的节约。进口中间产品的使用，能节约生产所需投入的生产要素。企业所拥有和投入的生产要素数量不变，得到更多的产出，这部分增加的产量，在市场允许的情况下，会带来更大的市场份额和利润，也就是更多的国际分工利益。这种成本节约型的利润增加，是企业得以从事科技创新重要的资本积累。如果在合适的外部政策的引导下，企业将这部分增加的资本投入到技术研发，价值链分工就会引发有效的科技创新。而科技创新成果的出现，将进一步有利于企业在价值链分工生产环节上的跃升，从劳动密集型环节，进入技术含量更高的资本和技术密集型环节。

要素效率的提升，另一方面又会带来要素替代。不同国家的要素配置及技术水平不同，在同样的产业，所投入的要素比例和配置也不尽相同。发达国家企业的优势要素在于技术，但劳动力成本高；发展中国家的企业正好相反，劳动力成本低，但缺乏先进的技术要素。价值链分工能够突破和改变一个企业的生产模式。发展中国家企业通过价值链分工，用本国充裕的劳动力要素作为基础，在生产中能大量使用进口的核心中间产品，则能突破技术要素不足的瓶颈，在某种程度上是以劳动力要素替代稀缺的技术要素，技术要素价格得以有效降低，从而可能进入以前由于技术限制不可能从事的高附加值环节。此时，我们看到的是由于要素替代，而引发企业进行科技创新的机制。而这种创新机制，又将因示范效应，在行业内引发技术扩散和转移，由此出现整个行业的科技创新机制。

而在加工生产进口核心中间产品的过程中，一方面，能直接提高最终产品生产的技术进步。尤其是干中学效应的发挥，随着生产规模的扩大，企业的学习能力不断提升，对核心中间产品的使用，将从最初的被动加工装配，发展为主动的学习吸收，并在此基础上进行创新。另一方面，进口的核心中间产品，还会对生产类似中间产品的国内企业形成巨大的竞争压力，使市场竞争更为激烈。为了缩小与进口中间产品的技术差距，生产类似中间产品的国内企业，会加大研发力度，以与生产进口中间产品的国外企业抗衡。来自进口中间产品的竞争压力，往往带来有效的科技创新。

3. 出口中形成的科技创新

价值链分工的出口过程中形成的科技创新机制，指价值链分工的销售环节对科技创新的促进作用。价值链分工呈现两头在外的生产特点，上游的中间产品大量来自国外，下游的最终产品也大量销往国外。尤其是对于发展中国家企业而言，比如山东省的企业，在本土进行生产和销售时，产品的技术标准只需符合本土标准；而一旦进入国外市场，则必须符合出口市场的技术标准。一般而言，美国、德国、日本等发达国家，作为世界经济的主体，是出口的主要市场，对产品的质量要求和技术标准往往也是全球最高的。面向国内市场的企业，企业的科技创新压力不大，产品只需满足国内的技术标准即可；而高度参与价值链分工的企业，企业的科技创新压力加大，产品必须满足更为严格和苛刻的国外技术标准。来自国际市场的需求压力和更高的采购标准，将促使企业加大科技创新力度，以提高产品功效，这是价值链分工的出口过程中形成的科技创新机制。

二、产业升级机制

1. 静态机制

价值链分工体系下，产品的生产得以全球布局，产业结构的升级与封闭背景下产业升级有了根本不同，最显著的变化在于对价值增值过程的空间配置上，即价值增值的全球分配和转移，这体现为参与分工国家和地区的科技创新能力及产业结构的高级化和合理化。价值链分工模式下，一国所出口的最终产品，来自于国内的投入产出体系，但使用的中间产品划分为国内和进口两个来源，由此，价值增值也就划分为国内和国外两个部分。按照广义生产的实践来看，产品的生产分解为上游的研发设计环节、中游的生产制造环节和下游的销售及售后服务环节。如前文所述，研发设计和销售环节的附加值高，生产制造环节的附加值低（如图 6-1 所示）。从表面上看，发展中国家企业参与价值链分工，进入的是附加值较低的生产制造甚至加工组装环节，技术含量低，因此，一种观点认为高度参与价值链分工，不利于当地企业提升产业结构。

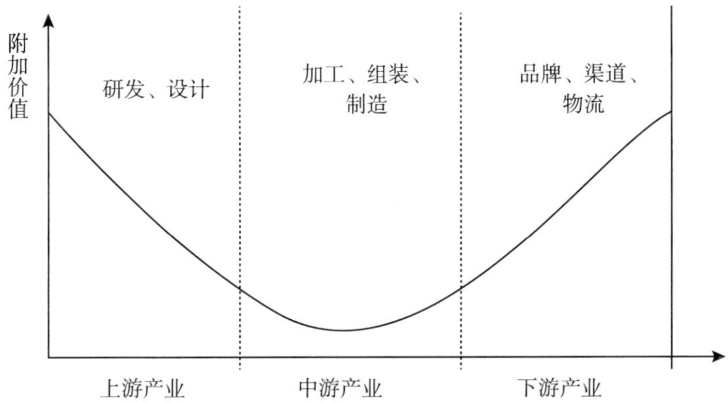

图 6-1 广义价值链对应的产业结构图示

但需要指出的是，一国的产业结构不是凭空而来，取决于各国的要素禀赋和产业基础。如图 6-2 所示，假设 A 为发展中国家，B 为发达国家，其参与价值链分工的附加值曲线分别为 V_A 和 V_B。两国的要素禀赋和技术基础不同，不同环节的成本也不同。两条线的交点为 c 和 d，按照这两个交点划定的区域，大致在研发环节和营销环节阶段，V_A 在下，V_B 在上，说明在这两个环节上，A 的成本高于 B 国；生产环节则正好相反，V_A 在上，V_B 在下，说明在这个环节上，A 的成本低于 B 国。这无疑是由于 A 国拥有更多和更低价格的劳动力，B 国拥有更多更低价格的技术。价值链分工之前，尽管存在这样的成本情况，但由于主客观因素的限制，企业无法进行价值链分工的全球配置，只能在国内组织生产，发展中国家企业无法切入生产环节。这一方面使发达国家生产企业的成本更高，因为存在生产环节更低的国家；另一方面使发展中国家的企业产业空间狭窄，尤其是当该产业为技术密集型产业时。

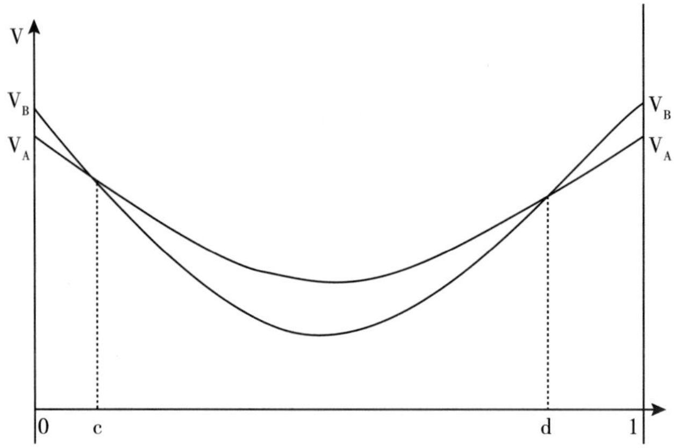

图 6-2　价值链分工体系下静态产业升级图示

价值链分工的盛行，则从根本上改变了这一格局。以山东省为例，目前的生产和出口中，有大量的高新技术产业。价值链分工之前，发展高新技术产业取决于资本和技术优势，按照山东省尤其是在改革开放之初的要素条件，是不可能发展这样的产业的。但价值链分工体系下，由于无需拥有价值链上所有的环节，只要根据本地区本企业的要素特点，就能寻找到适合于自己企业的环节，并能获取相应的分工利益。于是，山东省以当时的低要素成本作为基础，进入价值链分工，也就是 c 点到 d 点的阶段，是山东省企业的成本低于国外企业的环节。适合价值链分工的产业，一般的产业特点是生产链长，得以划分不同的生产环节，同时技术含量高，能够通过价值链分工获取更低成本。由此，山东省企业得以切入高新技术产业，这是价值链分工的静态产业升级机制。尽管附加值低于研发环节和营销环节，但这是由山东省的要素基础决定，至少在本阶段无法超越。

2. 动态机制

以静态的要素基础参与价值链分工后，一国的产业结构得以提升，而在价值链分工的发展过程中，这种产业结构也不是一成不变的，从动态角度衡量，价值链分工对产业提升的机制主要是由要素流动机制所引发的。一国的静态要素禀赋是参与价值链分工的基础，但参与价值链分工后，一国的经济发展处于高度开放的格局，大量中间产品的进入，会导致生产要素的国际移动，从而改变参与国的要素存量，由此，也会影响该国的产业结构升级。

假设A为发展中国家，B为发达国家，两国参与价值链分工的附加值曲线分别为V_A和V_B。c点到d点的阶段，是A国生产环节成本低于B国的阶段，从而能够使A国企业切入价值链分工的这一阶段，并带来静态的产业升级。参与价值链分工后，核心中间产品从B国进入A国市场，实际是将B国充裕的技术要素与A国的充裕要素劳动力结合，缓解了B国劳动力不足和A国技术缺乏的问题，这种要素的重新配置，分别提高了B国技术要素和A国劳动力要素的价格。这种要素价格均等化效应，利益更偏于B国，因为其附加值曲线的研发环节和营销环节成本下降，分工空间加大；而A国由于劳动力成本的上升，其附加值曲线的生产环节成本上升，分工空间缩小。如图6-3所示，两国的产业结构差异缩小，产业分工的空间从c点到d点的阶段缩小到c′点到d′点的阶段。因此，要素价格均等化效应，不利于参与价值链分工的后进国家产业升级。

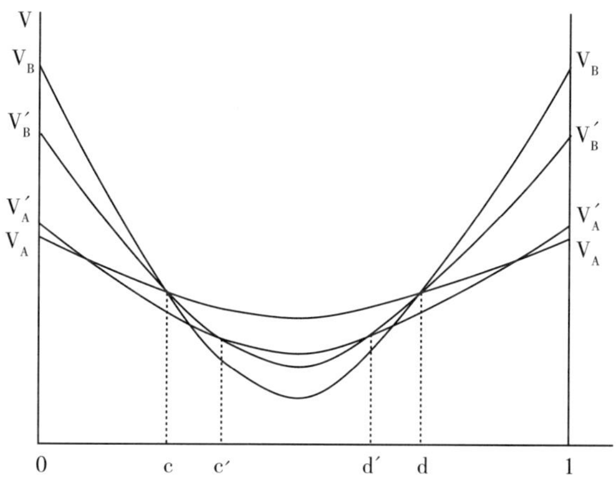

图6-3 要素价格均等化效应下的产业结构变化

如图6-3所示的价值链分工体系下的产业结构变化，是以发展中国家的充分就业为假定。但现实情况是大多数发展中国家，包括中国大部分地区和山东省，存在大量剩余劳动力，处于非充分就业状态。价值链分工体系下，发达的技术要素随着中间产品大量进入发展中国家，增加对劳动力要素的需求，但由于剩余劳动力的存在，对劳动力需求的增加，可以由剩余劳动力满足，导致发展中国家劳动力价格不会上升。如图 6-4 所示，表现为 A 国在价值链分工体系中分工空间的扩大，从 c 点到 d 点的阶段扩大到 c″点到 d″点的阶段。显然，随着 A 国产业空间范围的扩大，A 国企业在从最底部的加工组装环节向研发和营销环节延伸，技术含量提高，分工利益增加，这正是我们所说的价值链分工体系下的生产环节提升或产业结构升级。

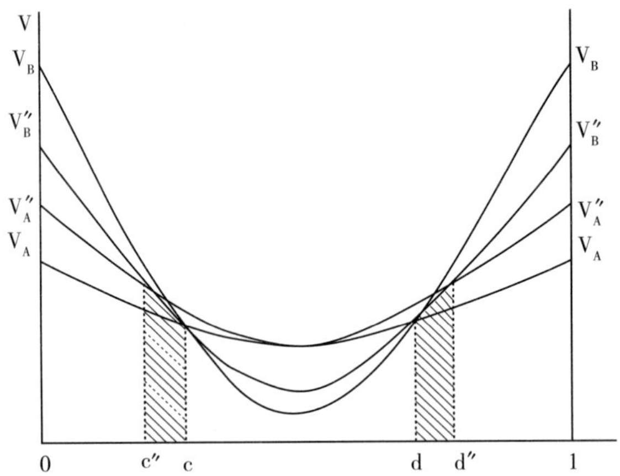

图 6-4　非充分就业下的产业升级

当然，在这一过程中，A 国分工空间范围的增加和产业结构的升级，正好对应 B 国分工空间范围的缩小和产业结构的下降。除非发达国家出现更新的技术成果和产业类型，能够弥补这一变化带来的损失，否则，居于原有分工位置的企业将会阻挠并限制发展中国家企业的升级。

综上所述，价值链分工的静态体系，取决于参与分工初期的要素基础，由于要素禀赋的特点，会使发展中国家企业有可能突破本国的要素制约，进入技术含量更高产业的生产环节，这是产业结构升级的静态效应。参与价值链分工后，要素的动态流动，又会改变参与国的要素特点，从而引发产业分工范围的变化，可以对国际分工点重新选择，产业结构也会发生变化。从山东省的经济现实分析，改革开放以来大多数年份处于非充分就业条件下，参与国际分工后，由于人口红利的存在，出现附加值曲线的上移和分工区域的扩大，体现为产业结构的升级。但需要注意的是，目前山东省已大致处于充分就业的阶段，人口红利日渐消失，价值链分工体系下，分工区域开始缩小。产业升级的难度加大，又面临发达国家企业的阻力因素，使山东省实现产业结构提升面临巨大的难题。而科技创新系统与产业结构升级系统能否耦合发展形成相互促进的动力，则成为至关重要的战略性问题。

第二节　科技创新与产业升级系统耦合的机制分析

从根本上来讲，企业开展科技创新活动及其产业升级效应是由其理性“经济人”的特性决定的。企业一切活动的动力都是由于追求自身利益的最大化，一切经济活动都围绕着利己本性展开。因此，企业任何经济活动的起点都取决于收益最大化，科技创新和产业升级不外如是。科技创新活动和产业升级是一种经济行为，强调科技发明和产品更新换代的市场和商业价值。企业开展科技创新和产品更新换代活动的根本目的在于追求创新收益的最大化。换言之，企业作为理性“经济人”对持续的超额利润的追求是其进行科技创新和产品更新换代活动的内在驱动力。企业在进行科技创新和产品更新换代活动之前，不仅要评估创新的净收益和风险，还要评估自身的创新能力，只有在自己的风险承受和创新能力范围内，选择风险适度、有较大成功概率并能取得较高收益的创新，才会形成企业内部的创新动力。

一、需求结构变动机制

需求结构对科技创新和产业结构升级具有引导和推动作用，而科技创新和产业结构升级也反作用于需求结构，因此，两大系统的耦合，可以结合需求结构变动实现。美国经济学家施默克勒（J. Schmookler）首先提出了需求拉动（needs-pull）科技创新机制。施默克勒指出，科技创新活动（也包括专利活动），与其他经济活动一样，目的是追求利润，因此，受市场需求的引导和制约。科技创新起源于社会或市场需求的拉动，需求对科技创新提出具体要求，拉动科学技术去解决市场和社会的需求问题，由此产生科技创新。在满足社会和市场需求的同时，科技创新又会诱发新的需求，新一轮科技创新由此出现，企业科技创新得以循环往复，需求拉动是其向前发展的主要动力。从某种意义上分析，相较于技术，需求是一个更重要的动力因素。同时，科技创新能够改善生产的技术和工艺，产业升级带来了创新产品，无论是新工艺还是新产品，都是在市场需求的基础上进行的。而新工艺和新产品，又会给市场带来连锁反应，推动市场需求规模和结构的变化，市场结构的变化，往往又会引发某些潜在需求进入市场，从而创造新的需求，无疑，新的需求又是持续性的科技创新和产业升级的动力源。

1. 科技创新和产业结构升级对需求结构的作用力

消费者的需求既包括现实市场中的需求，由现有的技术和产品予以满足；也包括潜在的市场需求，由于现有技术和产品的限制，消费者尽管有消费意愿，但还未成为现实需求。如传统手机时代，消费者有使用智能手机的需求，但限于当时的手机生产技术，这种需求只是潜在存在。而某一企业，如苹果，捕捉到了消费者的这一需求，对传统手机进行科技创新，把手机推进到了智能手机时代，满足了消费者的潜在需求，产品更新换代加快，创新技术在行业内迅速扩散，形成产业结构升级。在此基础上，又会刺激新的需求，而生产企业不断满足这种不同层次和不断升级的需求，需求结构不再静止不变，而是处于持续升级的发展态势。持续的需求升级变动，成为科技创新和产业升级耦合发展的良好基础。

2. 需求结构对科技创新和产业结构升级的反作用力

从某种意义上说，需求决定供给，消费决定生产。产品的生产，科技的创新，产业机构的升级，都受到市场需求的引领，否则只能是无源之水、无本之木。有效的需求，会刺激企业的科技创新和产品的更新换代，也即需求结构变动存在对科技创新和产业升级的反作用力。新技术新产品的出现大多是由市场需求引领，需求对新产业的形成和发展速度有极大的推动作用。新的产品进入市场后，带来更新的消费方式，培育新的消费阶层，成为升级的消费需求，为满足升级后的更高层次的需求，产业必须不断改进工艺，并推出创新产品。对企业而言，这个过程正是企业通过科技创新进入价值链分工高端的基础。

二、劳动生产率提升机制

科技创新及产业结构变动除了受需求间接影响，更受生产的直接影响，劳动生产率是另一主要动力。劳动生产率提升或技术推动机制是从生产或供给的角度出发，指出科学研究和技术发明是推动科技创新的主要动力。新技术既是科技创新的前提，又是推动科技创新的重要力量。新技术不断地被应用于生产，改善了产品性能，降低了生产成本，提高了企业劳动生产率和市场竞争能力，成为推动企业科技创新的强大动力。科技创新大致遵循从科学发现到技术发明到科技创新再到市场需要的演进，即科学发现推动技术开发，技术创新创造了市场需求，通过科技成果的市场化应用及劳动生产率的提升对经济产生影响。

企业是市场经济的主体，其目的是在市场竞争中获得胜利，应对市场竞争的挑战，获得更高的企业利润。而要想从优胜劣汰机制中脱颖而出，则必须提高劳动生产率。从这个角度分析，每一产业中只有劳动生产率高的企业才能摆脱竞争中的弱势地位，获得良好发展，这本身就是产业结构升级的起点。而企业为了保持较高的劳动生产率，获得更大的发展动力，则必须不断地进行科技创新，这是其基本保障。

从生产的角度而言，在现代产业经济和激烈的市场竞争中，企业能否在竞争中不被淘汰，能否获得同产业的领先优势地位，直接取决于劳动生产率的高低。劳动生产率的提高往往离不开技术创新，生产工艺的改善、生产技术的创新，无论是新材料的使用还是新工艺、新的组织形式的应用，都会在节约投入的基础上获得更大产出，即劳动生产率的提升，都是技术创新的结果。而从消费的角度而言，消费者对产品的价格诉求反映在企业的劳动生产率上。因此，为了满足消费者这方面的需求，企业就要提高劳动生产率水平，并不断改进和完善生产技术。科技创新的作用，一方面使中间产品品种增加、成本下降，一方面使最终产品的生产规模扩大，规模收益递增的效应，使人均产出水平也会快速提高，从而提高了劳动生产率。

此外，劳动生产率也会影响产业结构。劳动生产率更高的企业或产业，获得更高的平均利润率和更大的市场份额，将会吸引更多经济资源进入，扩大该企业或产业的规模和资源拥有量，产业产值比重上升，产业结构得以提升；与此相反，劳动生产率较低的企业和产业，则会导致经济资源的大量流出，行业的规模和资源拥有量缩小，产业产值比重下降，同时也能带来对劣势企业和产业的淘汰，由此推动产业结构升级。

如计算机、手机等电子类产品在30年前产量有限，其劳动生产率也较低，产业规模及能够集中的生产要素居于弱势地位。但随着该领域的科技创新，劳动生产率不断提高，生产成本不断下降，相关产业迅猛发展，使得该行业的规模急剧扩张。新兴产业规模的扩大，能够更好地满足消费需求，本产业获取可观的市场利润的同时，也促进了关联产业的发展，为进一步的科技创新和产业升级进行资本积累，推动科技创新体系的形成和产业结构的高级化。因此，劳动生产率提升机制，是科技创新和产业升级实现良好的耦合关系的重要一环。

此外，在现实中，企业的科技创新、产品的更新换代，二者是单独发展还是耦合推动，以及耦合关系处于什么样的阶段，技术推动和需求拉动发挥着不同的作用。科技创新是由技术和需求的配合与协调，通过两者的相互依赖和相互作用共同促进的。在科技创新上，科学技术是根本的知识基础，形成技术推动作用；市场需求是消费基础，形成需求拉动作用。二者的综合作用模式，以一种互动的方式，在科技创新中起着重要的作用。

三、产业关联强化机制

科技创新的高投入、高风险和高不确定性，再加上外部效应明显，科技创新成果会以较低的成本在行业内扩散，因此，科技创新往往是单个企业难以承担或不愿承担的经济活动。我们看到的比较成功的科技创新，更多是在行业范围内，产业关联性强，不是以企业作为基础和平台，而是以产业作为平台进行。在产业平台上，无疑科技创新和产业升级直接相关，更容易形成耦合，这就是产业关联强化机制的作用。科技创新通过企业的溢出效应，在产业范围内进行扩散，改变产业关联并带动其他产业迅速发展，最终促使产业结构实现升级。

价值链背景下，价值链分工体系上的任何一个节点的变化都将引起整个价值链的变化。科技创新，通过对生产工艺领域的改善，对价值链生产环节形成推动提升，最终，促使新的技术系统产生。当价值链某一环节的技术有所创新，如核心零部件或非核心零部件生产技术的改善，会提高该环节的生产效率，降低生产成本，这对加工组装环节也同样会出现影响。一方面会使加工组装环节的效率提高，成本降低，技术改善；另一方面又会对加工组装环节提出更高的要求，以满足更新换代后的各种零部件需求，导致新的科技创新出现，新的产业部门得以创建。同时，某一产业的成长还会对相关产业产生提升效应，带动相关产业发展。

现代产业的发展越来越注重价值链分工，价值链上某个环节的科技创新活动会带动整个价值链的变动。如由于橡胶行业新材料的使用和新技术的发展，不仅对上游行业出现影响，推动橡胶行业的技术进步及效率提升，而且对下游行业也形成推动作用，对使用橡胶的行业，如汽车轮胎产业的影响，又会关联影响到汽车产业、机械制造产业等，这些产业的发展，反过来，又推动橡胶行业在更高平台的发展。同时，科技创新会增加中间产品的生产力，扩大中间产品容量，也会从这个角度推动科技创新。由此，以产业作为平台，而不是以单个企业作为平台的科技创新，对产业的推动作用更大更快，此即科技创新和产业升级的耦合。

四、技术创新转化机制

科技创新推进产业升级，当然产业升级也会促进科技创新，但无论从二者的作用机制和动力大小考核，还是从各国经济发展的实践分析，二者的耦合中，科技创新起到了更为主动的推动作用。二者的耦合及耦合度的提高，更多取决于科技创新，并极大地依赖于科技创新的转化机制。

从科技创新转化的时间点及经济作用考察，我们把科技创新的转化分为两个阶段，即初级阶段和高级阶段。两个阶段的主要区别在于科技创新发挥作用的场所不同。科技创新转化的初级阶段，指科技创新更多存在于创新企业，仅通过更新的科技成果，带动本企业生产要素的更有效配置，尽管可能形成高新技术产品，但不属于整个经济的产业升级。

科技创新转化的高级阶段，除了对科技创新成果的使用优化，对创新企业的现实作用更加凸显。更重要的特征在于科技创新成果的扩散，从创新企业扩散至上下游关联企业和同行业的其他企业。例如，一个手机企业的某项技术创新，不能成为整个手机行业和经济的产业升级。只有这项技术创新，被其他手机企业广泛模仿使用，并形成对芯片等手机零部件的推动时，才是科技创新成果转化的高级阶段，这与我们对产业升级的含义界定是吻合的。

在科技创新转化过程中，其对产业升级的推动作用不同，也即耦合程度不同，会出现三种状况：第一，耦合程度较低时，科技创新只能通过科技创新主体自身的技术研发机制，使本企业的科技创新活动加快，效率提高，本企业的产品更新换代速度加快，会对行业形成影响，增加高新技术产品的产出规模，但这是通过一个企业的力量实现产业规模的扩大，技术转让或创新模仿极为有限，带动数量有限的企业进入高新技术产业，产业结构升级效应不明显；第二，随着耦合程度的提高，科技创新向同行业企业扩散，使整个行业的科技创新活动加快，效率提高，整个行业的产品更新换代速度加快，扩大高新技术行业的规模，技术转让或创新模仿效应明显，产业结构升级效应加大；第三，耦合程度的进一步提高，科技创新向高新技术产业之外的相关产业传递，通过价值链分工对上下游产业进行渗透，尤其渗透到传统产业，由此，传统产业的原有生产技术，能够与高新技术得以结合，推动传统产业的升级。此时，经过创新转化和扩散，推动传统产业技术升级，高新技术产业集群出现，高科技得以产业化、规模化，进而促进了产业结构的升级。因此，科技创新和产业结构升级系统的耦合程度，取决于创新转化机制是否顺畅。

五、政府推动机制

鉴于科技创新和产业结构升级在经济发展中的重要性，以及科技创新具有的外部性、不确定性等特征，地方政府均会推出一系列的政策制度，以推动本地区科技创新和产业升级。而如果政策制度合理，能够将科技创新系统和产业升级系统纳入其制度框架，则两大系统的耦合就具备了机制保障，这种机制称为政府的推动机制。简单来讲，由于政府既存在推动某些战略性产业发展的制度，也存在鼓励科技创新的制度，如果能够通过政策性制度，有效促进高新技术产业创新成果的转化，就能够有效推动产业结构的优化升级；反之，如果政策性制度安排不合理，将可能对产业结构升级出现阻碍作用。政府通过制度创新的方式，能够弥补科技创新和产业升级中的市场失灵，如对基础研发的投入、政府采购推动新兴产业等。

虽然依靠市场机制的调节作用，能够实现产业的自发调整，推动传统产业的升级和新兴产业的壮大，但由于市场失灵的问题，加上产业升级对一国经济发展的战略性地位，仅依靠市场机制的调节，产业结构的自发调整可能不够合理有序。因此，无论是国家还是地区，都会根据自身的经济发展阶段和特点，制定和调整产业政策，强调对产业技术、产业布局和产业组织形式等方面的调整，以促进产业结构的优化升级。

科技创新制度指的是一系列有利于开展创新活动的制度安排。科技创新政策一方面引导经济资源在科技创新方面的有效配置，使科技创新获得更多的要素支撑；另一方面也能给科技创新营造更好的政治、社会、文化环境。科技创新包括一次创新和二次创新，一次创新是自主性的创新，二次创新是对引进技术的模仿性创新。无疑，一次创新往往可以带来核心技术的突破性进展，由此提升价值链各环节及关联产业，即实现迅速有效的产业结构提升。但与二次创新相比，一次创新的投入更大，周期更长，不确定性和风险性也更高。加上一次创新过程结束之后，其他企业容易模仿和跟进，导致创新者的收益与投入不成正比。这是许多企业不愿意从事一次创新，而宁可选择二次创新的主要原因。而对于二次创新，尽管也会带来企业的效率提高和成本下降，但由于不具有该行业的核心先进技术，很难形成产业结构的有效提升。有鉴于此，为了鼓励一次创新，弥补一次创新过程中明显的市场失灵，地方政府有必要采取科技创新鼓励政策，推动科技创新主体的一次创新活动，带来与产业升级的耦合。

提升两大系统的耦合度，关键在于制定合理的相关政策，营造良好的创新环境，提升创新能力，并通过技术交易政策的引导作用，实现创新成果的转化，使之成为增强产业升级的内在动力。从产业的角度分析，应发展建立更有利于创新成果吸收运用的产业环境。

六、外部影响机制

1. 竞争压力推动机制

竞争压力是从外部激励企业科技创新及产业结构升级的重要动力。尤其当生产同类或相似产品的企业大量集中时，在产业集群集中的地理范围内，聚集在一起的企业，它们的产品、成本等差异很小，为了在竞争中脱颖而出，单纯从劳动力成本及价格方面做文章是没有出路的。为了获取竞争优势，只能依靠科技创新，改善产品性能和质量，提高性价比。最初获得科技创新竞争优势的企业就成为集群内的创新者，给其他竞争对手带来巨大的竞争压力的同时，也能够向同行业企业传递领先效益和示范效应，从而带来竞争对手的科技创新和产品升级。

2. 诱导创新机制

不可否认的是，任何企业、地区乃至国家在经济发展过程中，都会受到某一或某些方面的限制，也成为经济发展的瓶颈。这是经济发展的一个不利因素，会限制经济发展的潜力和空间；但如果正确对待瓶颈问题，不是逃避，而是尽量解决这一问题，瓶颈问题就变成了诱导科技创新和产业升级的因素。这种瓶颈状况大概有如下三种情况：第一，生产要素相对价格变化瓶颈。当生产要素相对成本存在差异和相对价格发生变化时，为了更经济地利用昂贵的要素，就会形成某种特定发明即创新的激励，如劳动力要素丰裕、成本低廉时，企业倾向于大量使用廉价劳动力，对技术是否先进、生产率是否提高并不关心，而劳动力成本的急剧上升，将促使企业科技创新，以提高生产率，减少劳动力使用数量，节约成本。第二，“不平衡性”瓶颈。经济中的不平衡性可能体现在多个方面，如技术发展上、资源供给上、生产环节上等，都是诱导创新的主因，为了突破瓶颈带来的压力，企业会积极开展创新活动，而经过一段时间的平稳发展后，又将出现这样那样的瓶颈和问题，从而诱导创新活动循环往复。第三，N-R 不相适应的瓶颈。社会需求（Need）和社会资源（Resources）很难匹配，大多数经济发展时期，都处于现有的社会资源不能完全满足社会需要的状况。当现有资源无法满足产品的生产和消费者的需要时，需求与资源不适应的瓶颈，就会刺激科技创新。需要与资源之间的瓶颈，会随着科技创新的成功而消失。但新的 N-R 关系瓶颈，又会随着经济发展到更高阶段有新的表现形式，从而引发和驱动科技创新持续进行。

3. E-E 和 EPNR 机制

E-E 机制（Environment-Entrepreneur）将影响科技创新的关键因素拓展，与之前的理论不同，E-E 机制除了强调企业家在科技创新中的关键影响作用，还指出，无论是企业家本身，还是企业家的科技创新获得，都深受外界环境影响。在E-E模式中，强调企业家与环境的配合作用，将科技创新链条分解为不同的环境因素，如研究与开发、产品试生产、向市场的推广等，科技创新得以实现的基本前提，是企业家与每一环境因素的匹配。

EPNR机制（Enterprise-Policy-Need-Resource）在吸收和改进各种动力模式基础上指出，影响科技创新的重要因子，可以划分为企业、政策、需求和资源等，科技创新的综合动力机制，是以此为基础形成的。企业发展的内在动力，是追求效益最大化，这只能在现实环境中实现。所以对外部环境的压力必须进行辨识和评估。外部压力下实现内在动力的机制，构成了科技创新。

4. 期望理论机制

在期望理论基础上，佛隆提出的期望理论机制，认为技术创新的特征不利于企业做出这一抉择，如科技创新初期体现为高投入、高风险，尽管有高收益的可能性，但收益经常会出现滞后性，收益的周期长。在如此长的过程中，各种因素又不断变化，加大了收益的不确定性。由此，企业会理性地进行分析预测并做出选择，根据对各种因素现状进行分析，如考察影响科技创新的经济政策、人力资源等因素的现状，同时又对相关因素的未来发展趋势进行分析，作为企业科技创新决策的基础。

总之，企业是一个有机系统，在市场经济条件下形成，与外部各因素密切相关，又具有内在的创新活力。企业创新的动力因素，既包括内部因素，又包括外部因素。内部因素主要指企业本身所具备的创新因素，如企业进行研发的资本积累、企业进行科技创新的意愿、企业文化和企业承担风险的能力、是否有有利于创新的产权组织形式及制度等。有的企业具备强大的资本实力，但谨小慎微，不愿意进行创新研发；而有的企业尽管规模较小，资本实力较弱，却有着强有力的创新意愿、创新文化及有利于创新的企业制度，因此，会有不同的科技创新能力。而外部因素，则指企业所处的与创新有关的外部环境，如基础研究的发展水平、政府对创新的引导和鼓励政策、对创新成果的保护和交易政策、教育的发达程度等。内部因素完全相同的企业，置于不同的国家或不同的经济时期，由于外部因素的不同，也会有不同的科技创新能力。因此，要从内部和外部各种因素出发，因势利导，促进企业的科技创新。

第三节 科技创新与产业升级系统耦合的路径研究

一、价值链分工主导者对参与者科技创新与产业升级耦合的封锁

全球价值链分工是由全球价值链主导者，主要是发达国家的跨国公司，为了企业利益的最大化，在全球范围内布局。价值链分工全球布局的原因，一是为了接近原材料及要素市场，如获取更大和更稳定供应的原材料和初级产品投入，接近拥有大量劳动力和低廉工资的国家；二是为了接近高级生产要素，如将企业的研发配置于教育程度最高、科技水平最发达的国家和地区，将企业的品牌推广和市场营销配置于全球的主要消费市场；除此以外，还有扩大企业规模、获取规模效应、规避政治风险等原因。

由于附加值高的环节掌控于主导企业，所以价值链分工对主导企业的作用，整体而言是正向的。但如果参与价值链分工的代工企业，能够获取更高的技术和营销经验，从而得以向主导企业的战略环节延伸，就形成了对主导企业利益的冲击和威胁。因此，在全球化分工过程中，发展中国家的后发企业冲击甚至取代主导企业的案例比比皆是。所以，对于主动进行全球价值链分工布局的企业而言，价值链分工也可能带来负面效应。

而对于较为落后的非主导企业而言，参与全球价值链分工，更是存在双面效应，如表 6-1 所示。除了具备经济增长效应之外，更存在结构封锁效应。处于全球价值链从属者的东道国企业如代工企业，当在工艺升级与产品升级实现快速提升时，由于不会冲击主导者的利益，而是有利于节约其成本提高其收益，可能会得到其支持。但一旦本地企业试图建立自己的核心技术研发能力，切入品牌和销售终端时，也即功能升级或链条升级的阶段，就会冲击主导者的利益，对其既得利益构成挑战，主导者就有可能控制本地企业，利用各种手段来阻碍其升级，将其锁定于低端环节。

表 6-1 价值链分工双面效应及对技术进步和产业升级的影响

	经济增长效应	结构封锁效应
层面	经济规模	竞争能力
方向	正向作用	负向作用
阶段	分工初期	分工后期
方式	技术引进、模仿、产品更新换代等	技术封锁、市场限制、代工企业竞争等
影响	促进技术进步及产业升级	阻碍技术进步及产业升级

从世界范围看，低端锁定的例子比比皆是。发展中国家企业作为主导者的代工企业，尚能获得较大的发展空间，但一旦试图向价值链高端环节攀升，旨在摆脱主导者的控制和谋求独立时，往往会被主导企业封锁，导致大多数发展中国家企业一旦参与全球价值链分工，对全球价值链的“依赖型”特征就会强化，甚至形成趋势，在相当长的时期表现为高度依赖加工贸易和外资引进，高度依赖国际大买家，高度依赖国外中间产品和资本设备进口，生产和销售上，两头受控。

山东省嵌入全球价值链分工的初期，产业切入以玩具、服装、鞋帽等轻纺产品为主，但目前山东省的高技术含量制造业也需要迅速成长，这样才能使山东省成为门类齐全的工业制造基地。这需要通过科技创新和产业升级实现。而山东省企业的技术进步和产业结构升级，无疑已经受到分工主导者的封锁效应。当山东省代工企业谋求自主创新能力时，向价值链高端转移的过程中，会受到主导者的俘获型限制与阻击，导致难以实现科技创新与产业升级的耦合。由此，可能造成参与价值链分工的山东省企业创新能力缺失，对发达国家形成技术创新的“引进依赖”，进入代工、微利、创新能力缺失的恶性循环。

参与价值链分工的企业，通过更为严格的生产标准，迫使代工企业持续进行设备被动淘汰；或执行更严厉的采购标准，将代工企业排除在体系之外，都是结构封锁常用的手段。被锁定的代工企业，可能形成对发达国家先进生产设备的“引进依赖”。有些地区的企业普遍高度参与价值链分工，中间产品、技术、资本依靠外部市场，产品销售也依靠外部市场，成为“候鸟经济”地区。如果不能谋求科技创新和产业升级，将长期受主导企业的制约，被锁定在微笑曲线的最底部，常年从事低附加值环节并无法突破，而一旦竞争对手具有更低廉的生产成本优势，就可能使之沦为全球化的牺牲品，被主导企业弃而不用，当地经济失去发展的基本动力。

二、基于价值链分工的科技创新和产业升级耦合基准

全球价值链分工，既影响科技创新，也影响产业升级，因此也会对其耦合体系产生影响。从现实经济发展的角度，在价值链分工背景下，科技创新和产业升级的耦合，体现在微观、中观和宏观三个层次，即企业层面、产业层面和区域层面。

1. 关于企业层面的科技创新和产业升级耦合

第一，企业的动态技术能力。

企业层面的科技创新和产业升级耦合，主要关注企业的动态技术能力。企业利润表面上来自于控制市场，但对市场的控制能力只能来自企业的动态能力。动态能力不是来自外部市场，而是源于企业内部加工流程，尤其是技术能力的提高。在企业内部或通过区域及国家创新系统中企业学习效应的发挥，有助于提升企业的动态技术能力。而价值链分工体系下，科技创新和产业升级的耦合，能够有效提升企业的这一能力。

第二，本土企业转型为全球企业。

从微观层面来看，参与价值链分工的企业，一种是主动布局的主导企业，对价值链分工具有掌控力，价值链分工的战略性和高利润环节，掌握于这些主导企业，也称为全球企业；另一种是被动参与或选择的企业，不具有对价值链分工的掌控力，只被动地被主导企业选择，从事低附加值、低利润的环节，也称为本地企业。无疑，一国一地区，想要获得更高的分工利益，实现创新和产业升级的耦合，只有本地企业是不足以实现的。而只有当本地企业不断提高资本和技术实力，演变为有能力进行全球价值链分工布局的全球企业，才意味着价值链分工体系下科技创新和产业升级的耦合。

第三，由层级型向市场型过渡的治理模式。

全球价值链分工体系下，价值链治理模式按性质分包括层级型和市场型。层级型的价值链分工体系下，被动参与分工的企业与主导企业的地位差距大，受其制约影响大，类似于传统企业模式中的上下层级关系。这样的治理模式，

不利于参与价值链分工企业的技术模仿和学习，更容易被锁定在低端或被竞争对手取代。而市场型的治理模式中，不仅是主导企业有话语权，参与分工的企业，由于具备更强的市场竞争优势，也拥有一定的话语权。二者力量失衡的局面得以缓解，参与价值链分工的企业，得以更为迅速地技术模仿和学习。因此，价值链分工体系的治理模式，从层级型向市场型的过渡，意味着参与价值链分工企业地位的提升，能够更好地实现科技创新和产业升级耦合。

2. 关于产业层面的科技创新和产业升级耦合

第一，产品的独特性及不可复制性。

关于产业层面的科技创新和产业升级耦合，首先应关注产业的核心竞争力。价值链分工体系下，产业的开放性导致其竞争力由国外部分和国内部分共同构成。出口竞争力，更多的由外部企业决定；生产竞争力，则更多的由内部企业决定。我们所关注的核心竞争力，是来自于内部或本土企业的，体现在该行业中的大多数企业，能依据自己的优势和特色为市场提供独特及不可复制的产品，也即产品的升级，而这种产品升级及核心竞争力的获得只能来自于科技创新，以及支持科技创新的难以复制的隐性知识。

第二，产业的独特性和不重复性。

一国产业如果在雷同的基础上发展起来，如山东省某产业的大量企业，都以承接国际订单的方式，进入价值链分工并成为代工企业，产业会出现大而不强的格局。大量企业的技术雷同，产业也体现为重复性的特点，在此基础上，很难想象科技创新的出现及其与产业升级的互动协调。因此，关于产业层面的科技创新和产业升级耦合，还要强调产业的独特性和不重复性。

3. 关于区域层面的科技创新和产业升级耦合

第一，获取全球价值链高附加值。

科技创新和产业升级的耦合，在全球价值链分工体系下，依本质而言，依然遵循利益最大化原则。企业争取在附加值分配中获得更大比重，以获得价值链分工的更高利益，这正是两大系统在价值链体系下耦合的根本动力所在。将科技创新和产业升级的耦合，拓展至宏观的区域层面，表现为一个地区内多家企业出现根本性的转型，原本内向型封闭的企业，开始走向开放，参与价值链分工，面向国际市场，获取分工利益；原本参与价值链分工但对价值链分工没有掌控力的企业，开始提高话语权和影响力，即从本地企业的性质，突破成为全球企业，获得更高的分工利益。

第二，生产要素的升级。

生产要素是参与价值链分工的重要基础之一，一国或一地区都是基于其优势要素切入价值链分工体系。对生产要素进行划分，按照波特的分类，一种是初级生产要素，即国家或地区被动继承的，或只需要简单的经济活动就能拥有，如地理位置、气候条件、自然资源等；另一种是高级生产要素，即国家或地区主动获得的，一般需要经过后天的努力和发展才能实现，而不是仅依靠上天赋予和历史因素形成，如基础设施、产业基础、人力资源等。在农业经济时代或技术含量较低的工业时代，一国的初级生产要素无疑至关重要，经济发展也罢，产业升级也罢，会受制于先天因素。但随着经济发展进入后工业时代，服务产业和技术含量高的工业是经济发展的战略性产业，这些产业的发展壮大和升级，与初级生产要素的关联性不大，而是取决于高级生产要素。价值链分工体系，对初级生产要素的影响作用不大，我们很难看到初级生产要素由于价值链分工实现了互通有无，在全球重新配置；但其对高级生产要素的影响更大，价值链分工使其在全球流动，发展中国家能够获得数量更多、质量更高的高级生产要素，带来科技创新和产业升级，实现在价值链分工背景下的科技创新和产业结构升级耦合。

第三，高端道路的嵌入方式。

低端道路的产业成长思路，是粗放型的道路，不注重产业升级；高端道路则强调在投入不变的情况下增加产出，或在减少投入的情况下保持产出不变。这种产业的成长，无疑是效率提升型的，而效率的来源则是科技创新及产业升级。价值链分工背景下，意味着分工环节的提升，企业从嵌入价值链分工体系的低端，开始走向嵌入高端环节，同时也意味着科技创新和产业结构升级的耦合。

从参与主体来看，随着价值链分工在全球的盛行和深化，越来越多的企业参与其中，企业的特点和优势各有不同。因此，各参与主体并不会均衡分布于各环节，环节不同利益也就不同，从价值链分工中获得的发展推动力也就不同。也就是说，在经济全球化进程中，各地区的技术能力和产业升级能力大有不同。有鉴于此，地方政府不能回避开放，只能在本地生产要素和产业特征的基础上，参与价值链分工，在国际生产体系中获取分工利益，并以此作为地方竞争优势形成的基础，通过科技创新和产业升级的耦合，促进区域经济快速增长，在价值链分工体系中，实现经济增长、科技创新和产业升级。但如果对价值链分工不是这种积极的应对态度，一味地满足于目前的分工格局和利益，消极应对，则科技创新和产业升级无法形成耦合，技术和产品高度依赖外部市场，本地企业丧失独立生产和经营的能力，竞争优势无法发挥，成为价值链分工体系中的附属者。其他类似的或成本更低的国家或企业参与价值链分工时，有可能使主导企业选择竞争者，而淘汰本地企业，本地经济和产业升级也就陷入空心化的局面。为避免这一局面，只有通过科技创新和产业升级的耦合，使本地企业从附属地位逐渐向主导地位转型，才是唯一的出路。

产业升级模式全球价值链驱动机制不同，科技创新和产业升级耦合的重点方向也将显现明显的差异化。实施科技创新和产业升级耦合，取决于价值链分工性质。如果价值链最核心的环节在于前期核心零部件生产，即以生产为主导，则两大系统耦合的重心也应放于生产领域；如果价值链最核心的环节在于后期的品牌推广和市场营销，即以消费者为主导，则两大系统耦合的重心也应放于流通领域。在升级的模式选择上，尽管有四种不同的模式，都能够实现基于全球价值链的科技创新和产业升级耦合（如表6-2所示），但不同的升级模式，需要不同的企业主体基础和技术能力，也取决于价值链体系的结构。企业应根据内外因素选择适合自己的产业升级模式。

表6-2　价值链分工体系下的产业升级模式

升级模式	升级实践	升级体现
工艺升级（Process Upgrading）	强调工艺的改善，以新的工艺提高效率	改善工艺流程，提高工艺流程效率，降低成本
产品升级（Product Upgrading）	强调产品的更新换代，推出全新功能的产品	改变新产品研发程序，但仍处于原环节，提供新产品和新品牌
功能升级（Function Upgrading）	强调环节和功能改变，以提升分工环节为目标	放弃低附加值环节，专注于附加值高的环节，进入高附加值环节
链条升级（Inter-sector Upgrading）	强调产业的链条改变，以转向价值更高的新产业为目标	获得更高收益率，提升企业的整体竞争能力

三、基于价值链分工的科技创新和产业升级耦合具体路径探讨

科技创新和产业结构升级，意味着自主研发能力及科技水平的提高，无论是产业内部，还是各种产业之间，都按照经济发展和产业升级的规律，向更加合理和高级化的方向发展。而从全球价值链视角来看，科技创新和产业结构升级的耦合，则直接表现在参与价值链分工的企业在全球价值链区段环节上的科技能力提升和价值增值。发展中国家在嵌入全球价值链分工中，实现本土科技创新和产业结构升级的耦合路径大致可以概括为如下几种：

1. 从技术溢出到科技创新和产业升级耦合的蛙跳路径

国际价值链分工无疑具备技术溢出和产业转移效应，新的产品、技术和产业，都会随着价值链分工在全球流动。发展中国家企业参与其中，就能够接触到最新的产品和技术，尽管主导企业会有各种限制手段阻碍产品和技术的溢出，但如果发展中国家的企业能以更为积极主动的态度参与价值链分工，提高自主学习的能力，就会积累技术实力，进行自主研发，并推出自己的产品和技术。这些新的产品和技术，来源于发达国家的主导企业，又经过发展中国家企业的改造带上了自己的特色，这正是发展中国家实现跨越式发展、带动产业升级的途径，从而实现科技创新和产业结构升级的耦合，这个过程也可以被理解为蛙跳路径。蛙跳路径的实现，则取决于如下几种效应：

第一，技术扩散效应。

发展中国家企业嵌入全球价值链分工，往往大量进口国外高技术含量的中间产品。这些中间产品已经包含有更为先进的成熟技术，一方面使发展中国家企业得以接触更新的技术，节约本国本企业的研发成本；另一方面也使本企业的劳动力要素得到更为有效的配置和使用，提高劳动生产率的同时，本企业的劳动力素质也得以训练和提高。这些都有助于提高技术学习和技术扩散效应，并为蛙跳的实现奠定良好的基础。

第二，本土市场效应。

在技术学习能力既定条件下，具有较大市场需求的经济体更易迅速融入全球市场，并且能够成为净出口国。本土企业的研发、生产和销售都以本地市场

为出发点，无疑更了解本地市场需求，也更熟悉本地消费市场偏好，因此，这是比价值链分工体系的主导企业更有优势的领域。以此为基础，生产更大规模的符合本地市场的产品，对于规模效应的获取至关重要。不仅能给本土企业带来更大的市场份额，更能够积累技术创新和产业升级的资本。以山东省企业为例，山东省和中国的巨大市场使企业很容易以 OEM 形式嵌入全球价值链分工体系。以 OEM 为依托，发挥山东省和中国的市场效应，争取实现从 OEM 到 OBM 和 ODM 上的飞跃，即企业拥有价值链两端的研发、营销能力，能够在短期内实现科技创新和产业升级的耦合。

第三，跨国公司外溢效应。

当前，价值链分工体系是由发达国家的跨国公司主导形成的。跨国公司投资主导下的国际价值链分工模式，在全球范围内选择成本最低的场所，从事不同环节的生产。生产的国际化体系建立的同时，大量中间产品和最终产品随着这一生产体系流动，形成了以“三角贸易”为代表的国际贸易体系。这很大程度上改变了世界经济的竞争格局，在构建全球生产网络以及全球价值链的过程中，带来了跨国公司外溢效应，为发展中国家提供了降低学习成本、使用更新技术的可能性。后发国家得以推行开放背景下的科技创新，挑战发达国家的技术垄断优势。跨国公司的全球布局，更是推动了资本、技术、管理等各种要素的全球流动，而跨国公司与当地企业千丝万缕的关系，会存在多种形式的外溢渠道。如人力资本在跨国公司和本地企业的流动、跨国公司带来的示范效应和竞争压力等，也是有利于提高本地企业的技术创新能力和产业结构升级。

当然，需要注意的是，发展中国家能否通过参与价值链分工，实现从技术溢出到科技创新和产业升级耦合的蛙跳，这一路径的实现不容乐观。价值链分工体系中，居于主导地位的跨国公司，其技术先进性以及技术转移意愿，多数情况下均不明显。一种可能性是，跨国公司的现有技术优势，成为该产业的潜在门槛，使本地企业进入该产业的成本提高，长期被排除在跨国公司主导的高利润环节或产业之外，表现为价值链分工的挤出效应和低端锁定效应，甚至带来“贫困化增长”的困局。如与其他东南亚国家、拉美国家相比，更落后的孟加拉国等，对外资的出口依赖程度更高，长期以来，一直停留在全球价值链底端。当然，也有东亚“四小龙”等成功案例的代表，通过参与价值链分工，实现了对国际先进技术的吸收消化，多年积累后实现了产业转型升级和技术赶超。因此，价值链分工体系，既存在各种风险的可能性，也成为发展中国家跨越发展的契机。能够跨越价值链分工体系低端锁定的风险并有效实现科技创新和产业升级的耦合，主要依靠本地企业的自主研发和技术创新，才能够实现从技术溢出到科技创新和产业升级耦合的蛙跳。

2. 突破结构封锁效应抢占全球价值链高端的路径

全球价值链分工体系中，居于价值链底端的发展中国家企业，在科技创新和产业升级的道路上，将面临着来自居于价值链顶端发达国家企业的结构封锁效应，因此难以实现价值链分工体系下的科技创新和产业升级的耦合。而要突破结构封锁效应，主要有以下三种方向，能够向全球价值链高端延伸：

第一，节点间攀升。

全球价值链的节点间攀升，即不同附加值生产环节的攀升。根据 U 型“微笑曲线”，发展中国家企业大多处于底部的加工组装环节，附加值低；发达国家的跨国公司居于主导地位，处于两端的研发或销售环节，附加值高。发展中国家企业处于从属地位，服从于主导企业的利益，从事相关环节，很难突破其环节限制。但当发展中国家企业不满足其分工地位和利益，不甘心再居于投入大收益低的环节时，就有动力向附加值高利益高的研发设计或品牌营销等环节攀升，以提升其在全球产业体系中的话语权。而这一过程，正是价值链分工背景下科技创新和产业结构升级耦合的体现，也只能通过科技创新和产业结构升级耦合来实现价值链分工地位的提升。

第二，节点内增值。

节点内增值，指在所处价值链分工的节点环节内，实现升级，做精做强。全球价值链分工的节点利益，并非一成不变。一般情况下，加工制造环节的附加值较低，但也不排除特殊情况下，加工制造环节的利益会有更大的上升空间，甚至成为比两端研发和销售环节利益更高的部分。如日本制造业的业务流程中，两端研发和销售环节利益更低，而加工制造环节的附加值更高，与微笑曲线的结论完全相反，此即为“武藏曲线”①。日本特色的“精益生产”模式，如索尼、松下等，强调日本特色，不仅从技术上，更是从管理的角度，长期致力于全面质量控制，从而使生产制造环节获得了更大的增值空间，附加值高于其他环节，也成为日本相关企业和整个产业的竞争优势来源。

第三，价值链跃迁。

价值链跃迁指不同价值链之间的转型升级。尽管都属于生产制造环节，但由于价值链不同，附加值也会有较大的差异。如电子、机械制造等产业，其生产制造环节的附加值，必然会高于诸如服装、玩具、箱包等产业。获取价值链的高端，可以由向不同价值链的延伸实现。发展中国家的企业，参与价值链分工的初期，由于受限于要素基础和经济发展水平，可能切入的是生产制造利益低的一些产业，但随着资本和技术实力的积累，可以逐步向生产制造利益高的产业延伸，实现价值链的跃迁，实现优势拓展。

3. 外生增长型产业创新和升级路径

外生增长型产业指面向国际市场、积极参与价值链分工和高度开放的产业，其优势在于能够突破本国本区域的资源限制，获得更大的发展空间和潜力。外生增长型产业的优势在于其外向型，但这也恰恰带来了其发展过程中的制约因素，具体表现在：由于技术来源和市场销售都依赖国外，导致企业很容易受限于价值链分工体系的主导企业，难以实现技术和市场突破；易受国外经济波动影响，严重依赖国际市场；依靠劳动力等初级要素，一旦劳动力等成本优势减弱，竞争压力就会大大增加；缺乏核心技术和科技创新能力，缺乏产业结构调整的空间。科技创新与产业结构升级耦合，对于外生增长型产业而言，工艺升级和产品升级能够较快实现，主导企业更倾向于限制功能升级和链条升级。山东省是外生增长型产业的典型代表，其市场需求与技术来源都高度依赖

① 武藏曲线是2004年由日本索尼（Sony）中村研究所的所长中村末广所创。该研究所对日本的制造业进行调查，发现制造业的业务流程中，“组装、制造”阶段的流程有较高的利润，而“零件、材料”以及“销售、服务”的利润反而较低。如此，若以利润高低为纵轴，以业务流程为横轴，将上述的调查结果绘成曲线，将得到一个左右低、中间高的曲线，称为“武藏曲线”，此曲线与微笑曲线在特性表现上完全相反。中村末广之所以将此特性命名为武藏曲线，主要是因为日本剑圣宫本武藏曾开创了名为“二刀流”的剑术，此曲线一刀掌握了市场的变化确定出最佳的出货，另外一刀对材料和零部件进行最佳采购，这两刀可以减少库存从而改善收益，就如同二刀流。当此剑术施展时的初始姿势，即是左右手各持一把剑，此时两把剑所合成的影像就像是一个拱桥，与此曲线相近，此曲线就因此得名武藏曲线。

国际市场与跨国投资，实现产业升级的路径包括：

第一，工艺升级路径。

工艺升级路径的基本原理类似于武藏曲线。日本制造业的发展，就是以此路径作为主要方向。价值链分工的附加值分配并非一成不变，随着工艺的提升，会激发生产制造环节的利润空间，提升该环节的附加值，使微笑曲线变为武藏曲线，生产制造环节成为附加值最高的环节。因此，以制造业为主导优势的地区和企业，比如山东省高度参与价值链分工的企业，如果能够创新和改进生产工艺，就可以依托生产制造优势获得产业升级。

对于山东省来说，实现工艺升级短期内的可行措施有：①企业由二级供应商向一级供应商转型。山东省的许多企业为跨国公司进行代工生产，或者是跨国公司在中国子公司的代工企业。部分企业与原材料、中间产品的供应商没有直接联系，产品生产过程结束后也不与国际采购商直接联系。因此，企业的表面形式是高度开放的，但由于缺乏基本的采购和供应信息，其实是处于封闭生产和经营的状态。脱离市场的生产和经营，将阻碍企业判断经营的现状、问题和未来的发展方向。短期内，山东省企业需要改进的是应加强与采购商和供应商的互动机制，直接接触原材料采购和产成品销售的市场信息和渠道，以更为清晰地判断市场格局和企业现状，并能做出正确的反馈和改进。②提高代工能力，发展多元化生产。山东省参与价值链分工的企业，往往是根据某一跨国公司的生产要求，采购设备，组织生产。这种单一生产或单一代工的模式，使企业的资产专用化服务于主导企业，一旦出现成本更低的代工企业，主导企业就转签订单，而代工企业并不具备寻找其他主导企业的能力，会给代工企业带来非常不利的影响。因此，代工格局如果短期之内不能改变，至少应提高企业的代工弹性，增强企业在价值链分工体系中的谈判地位，不至于给企业带来大的冲击和风险。

第二，功能升级路径。

外生增长型产业两头在外，具备候鸟经济的特点，这会使山东省参与价值链分工及经济发展首先经历“候鸟来歇”阶段，即大量跨国公司将其生产加工基地向山东省转移，这是山东省改革开放之后以及现在正在经历的阶段，并正处于该阶段的后期甚至末期。此时大量出口导向型外资企业入驻，带来巨额生产订单，价值链分工对经济发展的作用凸显。

但这一阶段之后将不可避免地面临“候鸟离巢”阶段，这一阶段，由于各种要素条件的变化，包括山东省要素成本的上升、其他发展中国家代工企业的进入等，大量的外资企业选择放弃山东省的生产基地而迁至别国或别的地区。这是山东省目前面临的严峻问题。同时，价值链分工的效应随之迁出，经济增长增长乏力，随之出现大幅度下滑的包括出口、就业、财政收入，技术进步和产业升级基础丧失，价值链分工对山东省经济形成负面冲击，此即为价值链分工的结构封锁效应。

高度参与价值链分工，使山东省经济具备候鸟经济的特征，因此，不管候鸟是否仍在巢，我们要注意的问题是“候鸟离巢”的可能性和负面冲击。而为了保障产业发展的可持续性，避免“候鸟离巢”的影响，也只能依靠本土企业科技创新和产业升级的耦合。山东省一方面应在当前的价值链分工体系中，注重改善投资环境，发展生产性服务业，其基本的逻辑是以更好的服务和环境，而不是更低的要素成本留住跨国公司。在与其他发展中国家的竞争中，我们的优势在于经济长期发展形成的良好的基础设施、完整的产业体系、有效的为生产服务的服务业等，因此，以此为契机，放弃从要素成本的角度与其他低成本国家竞争，以环境和服务增强对跨国公司的吸附力，延长候鸟在巢的阶段，为山东省本土企业的科技创新和产业升级争取更多的时间。台湾地区新竹科技园电子信息产业升级案例是非常好的学习与借鉴对象。另一方面，鉴于仍会有大量山东省企业参与价值链分工、大量跨国公司仍会进入山东省市场的现实，在未来的国际分工中，应倾向于对成本敏感度低的企业和产业。要素价格的上涨，已经是不争的事实，但发达国家的要素价格也处于价格长期上涨的阶段。选择什么样的产业，才能更适合这种要素价格的变化，是山东省目前应考虑的问题。只有引进成本敏感性低、技术含量高的企业，才能避免候鸟在巢之后的离巢，甚至有可能一直留住候鸟，为山东省的科技创新和产业升级奠定重要保障。

第三，强化企业根植性路径。

山东省部分优势产业的发展从某种程度上说是积极参与价值链分工的成果。一国或一地区的产业要想具有竞争优势，则其大量本地企业须成长为具有国际竞争力的全球企业，而山东省部分优势产业中占主导地位的企业大多数由外商投资建立，最关键的问题是，这些龙头外资企业的配套企业绝大部分也为外资企业，形成主要由外资企业构成的封闭性生产体系，导致山东省本地企业嵌入全球价值链的广度与深度都严重不足。因此，山东省部分优势产业的发展虽然助推当地经济实现了快速增长，但本地配套企业的发展却相对滞后，也即山东省企业的发展缺乏配套产业基础，产业升级和科技创新的耦合也就无从谈起。

全球价值链分工背景下，一个国家或地区产业国际竞争力的提高，体现在不同性质公司的配置上，外国企业在本国投资的公司不应太强，本国企业及其在外国投资的公司则必须做强，也即三种性质的公司的企业竞争力对比，应形成“弱”“强”“强”的理想模式。这一结论同样适用于山东省，即山东省制造业要成为理想的具有强大竞争力的产业，最关键的是要培育具有强大竞争力的本地企业。当前山东省某些产业具备国际竞争优势，但其基础是外资企业，而不是本土企业，这种基础非常不牢固。外资企业并没有地域根植，没有动力也没有义务必须一直扎根于山东省，也即这种强大竞争力无法得到有效保证。只有培育出具备强大竞争优势的本地企业才能够形成具有地域根植性，并且富有强大竞争力的产业体系，这样所形成的强大竞争优势才是可持续的。

山东省培育强大本地企业、强化产业根植性可重点从以下两方面入手：第一，从生产上，增强本地企业的供应链建设，尤其是与外资企业在生产上直接关联，使外资企业更加依赖本地企业，提高其产业根植性；第二，培育本土生产制造企业品牌，以山东省初步形成规模效应的本地企业为基础，为企业扩张与品牌塑造提供政策上、财政上的支持，甚至可考虑设立产业引导基金，培育本土生产制造企业的品牌影响力。

第四，开拓内需市场路径。

山东省积极参与价值链分工，投资与市场两头在外的特征不仅使其很容易面临“候鸟经济”的威胁，也使其产生对国际市场需求的过度依赖，对国际市场风险的防御能力较弱，1997 年亚洲金融危机后，以及 2008 年国际金融危机后，山东省的外贸和经济都遭受重挫，正是这一问题最好的例证。当前中国政府已正式确认开启内需战略，而且从中国居民收入来看，也会很快进入国内需求快速增长阶段。

山东省长期为国际市场供应产品，而国际市场中发达国家的顾客挑剔性很强，也客观上提高了山东省产品生产质量，相对而言优于国内市场同类产品或类似产品。要保障产业可持续发展，除了继续开拓和重视国际市场，更要以此为竞争优势，拓展国内市场，增强国内价值链分工体系的联系，激发潜在需求空间。

第四节　本章小结

通过本章的分析，价值链背景下的技术进步机制存在于价值链分工体系的进口过程、生产过程、出口过程及价值链分工的要素效率提升机制上，而产业升级机制则体现为静态机制和动态机制上。根据山东省制造业目前参与价值链分工的特点和地位判断，改革开放以来长期存在的价值链分工进步效应已经出现大幅度的消减，而产业结构升级也因为人口红利的消退呈现停滞的特征。在此背景下，如何在价值链背景下实现科技创新和产业结构升级系统的耦合，即将价值链分工推向创新价值链分工成为山东省制造业亟须解决的问题。从科技创新和产业结构升级系统的耦合机制上考量，主要存在需求变动机制、劳动生产率提升机制、产业关联强化机制、技术创新转化机制、政府推动机制和外部影响机制。为解决山东省科技创新和产业结构升级系统静态耦合关联度和动态耦合协调度较低的局面，也必须从这几个方面的机制入手，结合行之有效的耦合路径，主要包括从技术溢出到科技创新和产业升级耦合的蛙跳路径、突破结构封锁效应抢占全球价值链高端的路径、外生增长型产业创新和升级路径，以促进山东省科技创新和产业结构升级系统的协调耦合发展。

观点介绍：自主开发 VS 技术引进

——日韩两国汽车工业发展的经验介绍

一、问题的提出

我国汽车产业作为最早开放的一批产业，改革开放初期即通过积极参与国际分工，大量引进以大众公司为代表的跨国公司进入，并冠之以“以市场换技术”，而在30多年以高度开放为背景的技术引进中，我国汽车产业的技术引进及创新是否成功？在高度价值链分工下是否实现了科技创新与产业结构升级的耦合，并成功提升了我国汽车产业的国际竞争力？

汽车工业在制造业体系和经济发展中的地位毋庸置疑，除了汽车产业的传统强国，如美国和法、德、意等西欧大国，重视汽车产业外，许多国家，包括中国、日本、韩国等，在经济发展的历史上，都曾经赋予汽车工业战略性的地位。在所有给予汽车产业重要地位的后起国家中，只有日本和韩国做到了汽车产业的后来居上，汽车产业的竞争力使两国融入到汽车工业第一阵营。

对比我国和日韩的汽车产业发展路径，我们应明确如下问题：自主开发或创新与引进外国技术是否对立？落后国家经济发展必须有先进的技术，那么先进技术的来源是什么？是来自内部还是来自外部？技术能力的获得，是更加依靠外部来源还是内部来源？技术从外部获得非常容易的时候，落后国家只凭借外部来源的技术，能否具备技术发展的能力？围绕这些问题，我们选择日本和韩国汽车产业作为研究对象，试图找到答案。

二、日本汽车产业的发展轨迹

日本汽车产业起步较晚，最早是在20世纪30年代，但当时汽车产业的基础薄弱，基本以军需卡车的生产为主，“二战”结束后，才有少量的轿车生产。从20世纪60年代，日本汽车产业才进入快速发展阶段，但短短20年之后，也即日本汽车产业诞生也不过50年，到1980年时，日本汽车企业与欧美企业相比，也毫不逊色，最大最有竞争优势的世界汽车企业，将近一半来自日本；日本企业产业的竞争优势，也被公认为世界第一。我们将日本汽车产业发展的成功经验总结为如下几方面：

1. 坚持动态比较优势论

国际分工的基本原则仍然是比较优势论及决定一国生产的要素禀赋论。“二战”结束后，围绕着汽车产业，日本国内产生过一场大争论。按照要素禀赋论，汽车属于资本甚至技术密集型的产业，而日本当时的优势要素绝对不是资本和技术。再加上许多汽车生产企业，如日产、丰田和五十铃等，由于战时生产和供给，没有利润和资本的积累，战争结束后剩下的只是债务缠身，仅靠政府的支持维持经营。“二战”后，大量的美国汽车迅速涌进日本，面对国外的竞争，并根据美国占领当局的建议，以中央银行和运输部为代表的观点认为，日本应当按照比较优势发展劳动密集型产业，而不应发展资本密集型的汽车产业，因此建议放开贸易调控，取消对轿车进口的限制，如果采用这一观点，可想而知，当时的日本本土汽车企业与欧美汽车企业相比，不堪一击，日本汽车产业和市场，将完全是欧美汽车企业的天下；但另一种观点，以通产省为代表，认为汽车产业战略地位高，产业链长，绝对不能将这样的产业拱手让人，建议采取贸易政策保护国内市场，以配套政策重点支持汽车产业的发展。国内激烈的争论，从最初通产省的观点不占优势，发展到成为一种被广泛接受的观点。而当时特殊的国际环境，尤其是由于朝鲜战争的爆发，美国对日本的态度从压制转向扶持。美国在战争中需要一个亚洲国家作为汽车生产和供应的大本营，从当时亚洲国家发展的现状及与美国的外交关系而言，日本是最合适的人选。这导致日本国内关于汽车产业发展的争论，最终在战争爆发这一特殊背景下尘埃落定，政府选择保护国内市场、扶持日本汽车企业发展的政策，财政支持和银行贷款双管齐下，解决了日产、丰田等企业的燃眉之急，并使日本汽车企业在此基础上进入上升通道。

2. 不放弃自主研发

20 世纪 50 年代，日本刚刚开始发展汽车产业，无疑与传统的汽车产业强国美国、德国等的技术差距很大。日本的技术来源最初定位也是欧美汽车企业，与其进行合作，进口国外生产的零部件，由日本企业完成加工组装，这非常类似于中国汽车企业的做法，也是我们所讲的价值链分工。如日产从英国的奥斯汀引进技术和零部件并组装，五十铃与法国的 Hillman、日野和法国的雷诺、三菱和美国的吉普也都有类似合作。但日本的技术引进，只有技术许可和散件供应，被称为“tie-ups”，不允许外资介入。而且这些合作周期比较短，不到 10 年即告结束，1964 年之后，日本国内就没有了类似合作。与其他国家包括中国的做法不同的是，日本在强调技术的外部来源的同时，更重视来自内部的技术，从未放弃过自主研发，如日产在与奥斯汀的合作期间，一直没有放弃自主品牌 Datsun 及其相关技术和产品生产平台。典型的一个数据，1953~1959 年间，尽管是日本汽车生产技术大量引进的时期，但日本汽车总产量和轿车总产量中，来自国外技术和散件组装的比重极低，日本汽车总产量的 87%和轿车总产量的 70%，都是来自日本国内产品。

显然，日本技术进步的主要源泉，并不是来自国外的技术；汽车生产的主要产量，也不是来自组装的外国品牌汽车。从时间上看，日本企业结束与国外厂商合作后，日本汽车工业在 20 世纪 60 年代上半期开始腾飞，因此，技术引进是日本汽车产业发展的基础，但其主要贡献是为日本汽车企业的自主研发奠定基础，并通过竞争压力促进了日本汽车企业的技术升级。

日本汽车产业独特的竞争优势，从其出口比重上可见一斑。如果单纯依靠引进技术进行生产，则将不具备大量出口的基础，而1964年日本出口比重约为9%，1970年时提高到21%，1980年时更是激增为54%。至此，无论是汽车生产产量还是出口量，日本都已跻身成为世界一流强国。如果日本汽车企业只是依靠引进的技术和车型，根本无法实现出口，或者出口之后也不会占有优势。尽管是从欧美引进的技术，但日本汽车产业的特点与欧美截然不同，欧美流行体积大、油耗高、舒适度也相应更好的“标准型轿车”，而日本汽车工业腾飞初期的主要产品是“小型轿车”，体型偏小、耗油量低。至1965年，小型及微型轿车的产量占总产量的82%，到1970年仍然占到68%。而这一车型，无疑是日本本土企业在技术引进的基础上自主研发的结果。

3. 结合本土特色的创新

日本汽车工业震撼世界，凭借的是小型省油的轿车。尤其是石油危机后油价的激增，使日本企业风靡国际市场。日本企业与外国厂商合作的，则是油耗高体积大的轿车，日本轿车的节能性能，是日本汽车产业得以起飞的基石，更是其本国独特的。因此，日本汽车独特的产品概念和设计，并不是模仿合作的外国产品，而是结合本土特色的创新。起源于日本特色的创新，构成了日本独特的产品特性，20世纪70年代石油危机之后，油价的激增，成为日本汽车为全球消费者青睐的基础。

日本汽车企业的创新，还体现在后来获得了巨大成功的本田，但在其试图进入汽车产业初期，曾遭到通产省的阻挠；而后来成为日本汽车领袖的丰田，与本田一样，都从未与外资合作过，始终坚持结合本土特色的创新和自主开发。丰田本来是以美国的汽车企业为学习榜样，在早期阶段，主要是模仿美国企业的生产模式和特点。但日本的国情与美国迥异，在美国行之有效的大批量生产方式，无法照搬到日本，从而制约了丰田的模仿之路。各种技术和生产上的问题，必须依靠自己独立解决，必须付出更大努力，以克服这些制约。这正是日本汽车企业的契机所在，日本汽车企业的代表，恰恰就是依靠结合本土特色的创新，最终以精益生产方式震撼世界，真正颠覆了世界汽车工业的模式和格局。

4. 政府的积极引导

日本政府在汽车工业的发展中，尽管其政策也曾经出现失误，但基本起到了积极的推动作用。如为了促进本国企业的快速成长，有意识地减少对 CKD 厂家的外汇配给，并采取了一系列措施，包括进口关税与进口配额、加速折旧等手段，迫使国内企业加快国产化过程。日本汽车产业的国际竞争优势，绝不仅体现在生产规模大上，更体现在对中间产品生产链的构建上，日本汽车产业零部件的高度国产化，不能不说与日本政府的积极引导密切相关。

再以日本汽车的优势产品小型及微型车为例，最早的起始点也是来自政府。通产省于 1955 年提出一个微型车的建议标准，即发展一种 4 座微型车，发动机应该能够保证汽油消耗低，百公里油耗不超过 3.5 升；正常速度约为每小时 60 公里，最高速度不会超过每小时 100 公里；产品质量稳定，预计 10 万公里后需要一次大修；生产成本低于 500 美元，销售价格低于 800 美元，符合日本不足 300 美元的人均 GDP 水平；规模经济效应大，以保证生产成本和维修服务成本低廉，单个企业对该种车型的年生产量维持在 2.4 万辆以上，可以形成参考的数据是，日本全国轿车产量在 1954 年才 1.5 万辆，到 1955 年也才只有 2 万辆。

通产省的这一计划备遭诟病，业内普遍认为是不可能实现的目标，在技术上是不可能实现的。但日本政府在 1958 年实施的“国民车计划”，仍以它为基石。企业尽管抱怨，但为了获得政府的支持，仍然以此为目标而开发和努力。因此，无论它的技术可行性和产业目标的可实现性是怎样的，日本汽车工业以此为核心，找到了发展的指导方向，日本汽车的自主研发和生产，都以这个微型、低油耗作为主要目标，这正是日本汽车产业得以腾飞的优势。同时，这个计划成功地使一大批企业开始加速进入汽车产业，如原来生产三轮车的企业，期待进入轿车市场，却又找不到切入点和生产的可能性，依据这一目标，成功地转型为汽车生产商。典型的代表如马自达，原名东洋工业，20 世纪 30 年代的主要产品是机床以及三轮车，小型车计划后，1958 年进入汽车工业；富士重工，原来的主要产品是小轮摩托车，也是以此为契机，转而进入汽车领域；三菱，原来的主要产品是三轮车及小轮摩托车，也在这一时期进入汽车产业。

从20世纪60年代开始，微型车成为日本汽车工业最有优势和国际竞争力的一个产品。日本汽车工业的成功，在世界上脱颖而出的突破点，很大程度上得益于低排量、小体积、低耗油的车型，除了企业的主动性，政府的鼓励和引导，也在其中扮演了重要的角色。

5. 坚持民族企业的竞争性和独立性

日本汽车产业以民族企业为主，民族企业的数量多，竞争激烈，独立性强。1961年，日本汽车的产量并不大，只是美国的1/10，在全世界仅排第七位；但日本汽车企业的数量却居于全球前列，汽车产业中有多家企业，包括日产、丰田、日野、三菱、五十铃、东洋工业、王子汽车及大发等，汽车市场竞争日趋白热化。与美国汽车的大规模批量生产截然不同，通过大规模生产标准化的单个车型，从而有效降低成本和占有市场的做法，在日本汽车产业白热化的竞争格局下，是难以实现的。因此，必须在车型设计、产品性能上不断改进，才不至于被淘汰出局。通过这种高度竞争格局，锻造出了日本汽车产业强大的产品开发能力，既强调制造成本和质量，又强调车型的特点和变化，这是日本汽车大举进入西方市场时独领风骚的一个保障，也使其国际市场份额迅速遥遥领先。

到20世纪80年代，日本汽车产业已被公认为全球最强，其技术和产品开发能力已经远远超过了欧美企业。1982～1987年间，日本汽车企业开发了72款新车型，美国只有21款，欧洲只有38款；平均一个车型的设计周期，欧美企业需要耗时62个月，日本则只需耗时43个月；日本汽车企业使用相等人力，只需要欧美企业开发部门1/3的时间，开发出比欧美企业多两倍的汽车型号。日本汽车产业的技术及崛起，无疑是来自于国外；进入国际市场，也是日本汽车产业发展的基础。但外国企业从来不会白送技术和市场给别人，自主的高强度技术学习，才是日本汽车工业取得技术进步的秘籍。因此，日本汽车工业实现产业升级和科技创新的基础原因，在于既能够学习外国技术，又坚持自主开发。

三、韩国汽车产业的发展轨迹

韩国汽车产业的起步在1962年，以《汽车工业扶持法》的颁布为代表。

韩国汽车产业发展初期与中国类似，底子弱，技术差，没有强有力的民族企业，所有的韩国汽车企业，有的向外国企业出让股份，有的从组装外国车型开始。我们将韩国汽车产业发展的成功经验总结为如下几方面：

1. 政府的积极推动

韩国政府与日本政府类似，积极有效地推动了汽车工业的发展。1962 年颁布的《汽车工业扶持法》，是韩国汽车产业的起点；1966 年的国产化计划，有效地促进了韩国汽车产业国产化。此时，韩国政府对汽车企业制定有多项鼓励和扶持政策，但能否获得这些优惠，则取决于企业的国产化程度。要求韩国汽车企业国产化的政策，在执行过程中由总统亲自挂帅，指导现代、起亚和大宇三家企业，鼓励和扶持其研发生产韩国汽车。韩国汽车的国产化率在 1966 年只有 21%，1981 年上升到 92%，效果卓著。

2. 企业的学习动力

政府的推动力只是成功的一方面，产业的成长、技术的进步，最终还是要依靠企业的学习动力和自主研发努力。以韩国最成功的现代汽车为例，自 1967 年开始，从福特进口大量零部件，组装福特。虽然以技术引进为主，但现代始终致力于保持自己的技术研发能力。以 1973 年为契机，现代决定发展本国设计的汽车，代替引进组装全拆装外国汽车的做法。当时企业极度缺乏技术能力，为达到这个目标，引进成套技术是最简单的做法，但这种做法还是不能保证技术能力的独立性，因此，尽管现代派出不同的工程师小组，分别到 5 个国家的 26 个企业，坚持使用从多种渠道获取非成套技术，花费的时间更长，投入更大，但能保证开发出自己的车型，1975 年，第一款自主设计的车型“小马驹”问世。

现代的做法，意味着本企业和韩国汽车工业的迅速成长，是从组装外国汽车到走上自主开发道路的转折点。1975 年，“小马驹”投产时，韩国汽车总产量是 3.68 万辆，现代公司的汽车产量不足 8000 辆，约为全国产量的 1/5；1980 年，现代汽车的年产量超过 6 万辆，占到了韩国汽车总产量的 50%。而自主开发的“小马驹”车型，更有着强大的出口能力。1976～1980 年期间，韩国汽车出口的 67%是由现代生产的，20 世纪 80 年代后半期的这一数字更是激增为 97%。

3. 坚持企业独立性

企业通过引进，能够迅速获得先进技术，但这只是生产能力，而不是技术能力，更容易被技术转让方控制。现代发展过程中，也曾经受制于人。三菱于1981年获得了现代的10%股份，现代得以获得三菱的部分技术许可，包括驱动桥、发动机、底盘和排放物控制等，但现代并没有完全失去独立性，仍保留了全部管理权，可以在三菱市场范围内与之竞争，并可以从三菱的竞争对手进口零部件。20世纪80年代，当现代开始在国际市场销售产品，与三菱形成竞争关系后，三菱就停止了对现代的技术转让。1984年，三菱终止了向现代提供发动机技术，除了自主创新，现代汽车别无他路。现代成立了特别工作组，进行自主创新研发，一年多以后，经过11台样机测试失败后，研发测试成功第一台样机。自此，现代汽车完全具备了自主技术能力，而以Excel为代表的车型极为成功，功能也越来越成熟，现代走上了自主研发之路。之后，现代开始大量进军国际市场，包括美国、日本、德国等汽车产业强国，都有了韩国现代汽车的身影。在美国，Excel深受消费者喜爱，甚至超过了丰田、本田及日产等日本企业的品牌。

从依赖进口技术到自主创新能力的培育，是以现代汽车为代表的韩国汽车产业的发展轨迹。需要指出的是，韩国汽车产业的发展过程中，政府也采取了高关税等贸易政策保护民族产业，20世纪70年代汽车进口关税高达60%。但由于韩国汽车的成长速度快，仅仅10年以后，关税水平就降为8%。如此低的关税水平，也未带来多少外国汽车的进口，现代等韩国汽车企业，已经凭借其扎根于本土的技术研发，满足了国内消费者的需求，韩国汽车产业也不会再受到进口的威胁。

从企业的命运看，技术学习的强度和能力，也取决于技术学习的自主性。大宇也曾经是韩国最大的汽车制造企业之一，与现代的发展起点相同，通过技术、零部件进口和KD方式组装外国产品开始。为了减少自主研发的投入和风险，大宇一直依靠技术引进，通过合资在短期内获得了技术和市场，但与现代的自主优势不同，大宇的优势，其实完全掌控在跨国公司手中。二者技术学习上的努力程度不同，大宇在20世纪80年代初期，规模与现代相差不大，但其研发投入却不到现代的20%。不同的研发投入，对待自主创新不同的态度，使大宇与现代的技术差距越来越大。1982 年，大宇的劳动生产率为每人每年 2.5 台，现代的指标却高达 9 台左右。从市场上看，现代在技术的支撑下，掌控了国内 3/4 的市场份额，大宇的市场份额却微乎其微，不足 10%。现代的发展蒸蒸日上，大宇却在 2002 年被美国通用收购。正是不同的学习努力和自主研发，才导致出现了如此截然不同的结果。

日韩两国在发展汽车产业的时候，与中国及其他发展中国家类似，都是基础薄弱、技术落后。在这一局面下，大多数后进国家技术进步的基础都是靠引进。中国如此，阿根廷也是如此。与中国引进多个国家的汽车企业和技术不同，阿根廷更多的只依赖福特的技术引进。1974 年，福特开始推行在阿根廷的本地化生产体系，在福特的资本和技术援助下，阿根廷汽车产业投入大量资本和专业技术人员，对技术进行适应性改造，包括产品设计、当地零部件企业的供应、生产的计划和组织等。这些工程努力收效显著，国产化率达到近 90%，将近 400 家当地企业，已经具备独立的零部件供应能力，甚至符合福特严格的采购标准。但是，阿根廷在 20 世纪 90 年代，采取新自由主义经济政策，遵循比较优势，认为汽车产业不是其优势产业，于是放弃了原有的汽车产业基础。目前，阿根廷汽车产业已经完全失去独立性，没有任何的本土技术投入和产出，当地化率不足 50%，大量依靠进口零部件组装，构成了阿根廷的汽车生产活动。阿根廷汽车工业的发展，从本土技术能力和产业竞争力来看，三十年的发展是个倒退。

从上述例子可以看出，不管是国家还是企业，引进先进技术促进本国相应产业的发展，是普遍采取的路径。而技术引进之后的结局截然不同，则是由于对自主研发的努力和态度、技术学习的能力和强度不同。如果技术的学习能力低，就无法有效地学习和吸收外国技术，可能长期受制于外国企业。

四、结论

从产业发展的轨迹分析，日本和韩国汽车产业发展的前半段与中国并无差异，但他们之所以能够成为汽车产业强国，关键在于始终坚持了自主的产品开发和高强度的技术学习。自主开发虽然风险大、投入高，但却能够保证技术能力的提高，而不是只具备生产能力，并避免外国企业的控制。我们以表 6-3 来表示国际技术转移的效果。

表 6-3　国际技术转移效果的影响机制

<table>
<tr><td colspan="2" rowspan="2"></td><td colspan="2">接受者的学习强度</td></tr>
<tr><td>高</td><td>低</td></tr>
<tr><td rowspan="2">是否存在技术转移的正式机制</td><td>存在</td><td>(1) 技术转移发生，转移者和接受者都获益</td><td>(2) 技术转移发生，转移者获益，接受者产生依赖性</td></tr>
<tr><td>不存在</td><td>(3) 技术转移不发生，转移者受损，接受者获益</td><td>(4) 技术转移不发生，转移者和接受者都没有获益</td></tr>
</table>

在表 6-3 中，第二种和第四种情况指技术的学习能力和强度比较低。第四种情况比较特殊，指封闭发展的国家，如改革开放之前的中国，产业升级和技术进步与国际市场和国外企业无关，当今世界经济的开放性，已经很少看到这样的例子。第二种情况，与中国某些产业的技术引进类似，认为，只要开放产业和市场，大量带有先进技术的跨国公司进入，本地企业的生产能力和技术自然也就随之上升。但实际上这种状态极为危险，产业所获得的优势，只是在本土的跨国公司的优势，不是本土企业的优势。中国汽车产业是最早开放的产业之一，无论是政府还是理论界都曾对其寄予厚望，高度开放产业和市场，鼓励国内企业和跨国公司的合资。中国汽车企业表面上看短期内具备了生产能力，民族汽车产业得以建立，成长为世界第一大汽车生产和消费国，但对外资的依赖愈演愈烈，发动机、变速器等核心零部件至今仍然依赖进口。出让大量市场份额，换来的只是非核心的技术和对汽车的生产能力，不能不说是我们引资政策上的失误，也是由于国内汽车企业缺乏学习的动力和态度所致。

第一种和第三种情况，指企业的技术学习能力和强度比较高。第一种情况是通过外资引进、技术许可等正式渠道，获得先进技术，技术转让方也能获得收益，但技术受让方的收益更大。而第三种情况，则指不存在技术转让的正式途径，技术落后方在极强的技术学习意愿促使下，即使不能利用正式转让技术的途径从外国企业那儿获得先进技术，但仍然能够采取种种手段，如逆向工程之类的非正式的渠道来吸收外国技术，却并没有为此支付任何费用，从成本收益的角度而言，无疑对技术受让方是最为有利的。

因此，吸收外国技术，进口零部件进行组装，是落后国家发展经济的必然选择，但尽管存在大量先进的外国技术，也不能简单等同于落后国家的技术进步。开放条件下，关键在于保证高强度技术学习，坚持自主研发，日韩汽车产业的成功是其最好的证明。中国汽车工业在走过20年的合资道路后，至今仍然依赖合资引进产品技术。技术能力的获得和生成，必须通过产品开发活动和本企业组织的学习，所以中国汽车企业，不可能在依赖的道路上发展出产品开发和技术能力。加强自主研发，是振兴中国汽车工业的唯一途径。高度参与价值链分工，是迅速切入国际市场和获得生产能力的基石，而如何实现价值链分工下的产业升级和科技创新及其耦合，则无法再依赖外力，唯一的出路只有自主研发。

第七章　山东省科技创新与产业升级系统耦合的对策建议

根据前文对山东省科技创新及产业结构升级系统的综合评价，以及对山东省两个系统进行的实证研究表明，静态耦合关联度及动态耦合协调度均不高，山东省企业在价值链分工背景下，在两大系统的耦合上仍然有较大的改进空间。结合对耦合机制及耦合路径的分析，山东省科技创新与产业升级系统的耦合应主要从完善科技创新和产业结构升级耦合的主体体系、提高科技创新驱动效率、推动构建创新价值链及实现科技创新与产业升级融合发展等方面入手。

第一节　完善科技创新和产业结构升级耦合的主体体系

科技创新与产业升级系统的耦合，首先需要具备协调的主体体系。科技创新和产业升级的耦合，仍属于市场经济活动，因此应以企业为主体，以市场为导向，实现产学研用等主体的紧密结合。这是增强科技创新能力的支撑，也是提高区域创新能力的基础。山东省两大系统的耦合，尤其应注重发挥企业的主体作用，吸纳其他机构，参与科技项目的创新及决策。科技创新及产业结构升级的主体，既包括以从事基础研究为主的政府和高校院所，也包括以从事应用研究为主的企业，同时包括为科技创新提供服务功能的中介服务机构、金融机构等。在科技创新驱动产业结构升级过程中，由于资源优势、职能定位等不同，各个行为主体在科技创新与产业结构升级耦合中具有不同的功能。企业直接接触消费者，从市场上获得科技创新和产品升级换代的信息，是科技创新和产业升级的组织者；创新活动和产业升级都存在市场失灵，政府在其中起着必不可少的补充作用，以相应的政策和制度鼓励创新，并保护知识产权和规范产业竞争；而科技创新和产业升级，是一项庞大的系统工程，还会受到各种主体的辅助性影响。只有通过各主体的协同合作，才能实现两大系统耦合所需的主体体系。

一、发挥企业在科技创新耦合体系中的核心主体作用

企业是经济活动得以开展的主体，科技创新也不例外。如果科技创新只能处于实验室阶段，而不能通过企业进入市场，则将表现为无效的科技创新，即创新成果不能带动经济增长，不能转化为现实生产力，更谈不上科技创新和产业升级的耦合。因此，在科技创新及产业结构升级主体体系的各种功能中，企业的科技创新和推动产业结构升级的作用居于核心地位。在科技创新系统中，企业按照市场的需求和产业演进的趋势，组织科技创新，承担风险，并获得相应收益。

1. 形成以企业为核心的科技创新网络

有效的科技创新体系，包含各种性质的主体，但整体上是以企业为核心，形成以企业为核心的科技创新网络。企业是各个创新主体中能直接面向消费者，直接参与市场竞争的组织，其创新的主要目标也非常明确，就是以更低的成本满足市场的现有需求，或以创新作为激发潜在需求的手段，以在竞争中胜出，获得更大的市场份额和利润。为此，企业会将最新的科技成果引入生产体系，而最新的科技创新成果，往往又是由其他主体的知识创新决定的。因此，企业既是知识创新成果的需求方，也是科技创新的供应方，能够实现知识创新和科技创新的商业价值。通过发挥企业的核心作用，结合其他主体，在广泛合作的基础上，形成科技创新网络。科技创新的基础在于知识创新，这部分基础研究是由政府某些机构、高校、科研院所完成的；无论是知识创新还是科技创新，都需要安全稳定的制度环境与适当的激励和保护政策，这正是政府主体的功能所在；科技创新成果的形成和交易过程，都需要各种中介服务主体，提供不同的专业化服务；而金融机构的资本供应，是科技创新重要的资本来源；在

这些因素的支撑下，企业的科技创新才能顺利开展，而在这一过程中，往往又会与同区域或同产业的其他企业不断进行科技创新合作，形成更为广泛的科技创新平台。凡此种种，建立起庞大的科技创新网络关系，形成更为紧密和广泛的创新链。

2. 实施合理的企业科技创新激励

如前文所述，企业在科技创新中的功能，包括创新观念和方法的提出，在生产实践中应用这些新的理念和方法，解决技术难题，使新观念和方法转化成为更为有效组合要素的手段，最终建立新的生产函数，实现包括在工艺上、产品上、制度上、市场模式上及组织和管理上的创新等。企业科技创新的起点在于其动力，即引导企业进行研发投入和科技创新活动的因素，是市场需求的引导，还是市场竞争的压力，这些因素如何推动企业的科技创新等；其次在于创新的能力，它能决定科技创新的绩效；最后在于科技创新的机制，主要指科技创新会以什么样的具体方式实现，它会极大地影响企业的创新效果。

3. 以产权制度激励科技创新

企业创新的目的是能够拥有并使用创新成果，因此需要对创新活动和成果进行明晰的产权界定。这才能更为有效地促进科技创新，调动企业创新的积极性。创新者对创新成果的所有权，也就是创新产权，这是激励企业科技创新的基本机制。在使用上，应根据创新者对科技创新的贡献，结合科技创新过程的特征，按照市场经济规律，完善创新的产权制度激励；在收入分配上，探索技术入股等多种分配形式，确立科技创新的利益机制，以保证科技人员从事科技创新。

4. 以企业制度激励提高科技创新绩效

企业内部部门的联系方式不同，也即组织结构的不同设计，将影响科技创新活动绩效。企业制度能从内外两方面起作用，提高科技创新绩效。从外部，合理的企业制度激励，能够更为有效地整合创新资源，如知识创新成果的使用、研发人才的引进、创新资本的集聚等，这些都是企业科技创新必不可少的因素。从内部，合理的制度安排，能够使企业的资源围绕科技创新整合，最大限度地实现优化配置，充分发掘潜力，调动员工的积极性，从事科技创新。因此，合理的企业制度安排，是提高科技创新绩效的保障。

二、发挥高校和科研院所知识创新的主体作用

企业是科技创新的核心主体，直接面向市场进行研发和推进产品的更新换代。但企业的科技创新属于应用层面，其基础，则来自于基础研究和知识创新，这正是高校和科研院所在科技创新体系中的主体功能所在。技术进步及产业结构升级发生在市场上，但高校和科研院所，是重要技术突破的来源。随着知识和技术的重要性越来越受关注，人们也开始关注知识创新在其中的基本功能。因此，能否发挥高校和科研院所强大的原始创新能力，决定着能否在新科技革命中占据主动地位；在日趋激烈的科技竞争中把握先机，也必须发挥其强大的核心创新力；高校院所在开放的环境中，有效利用全球的创新资源，以其强大的系统集成创新和消化吸收再创新能力为保障，从而能有效提高自主创新能力。

1. 发挥知识创新功能

高校和科研院所不面向市场，一般不追求商业价值，更多的是从理论和学术的角度进行知识创新，引领基础知识和科技的突破。有些国家和企业，在商业化的应用技术突破上做得较好，在短期内看到巨大的技术进步和产业升级，比如 20 世纪 70 年代以后的日本，企业的科技创新功能强大，傲视全球，有效推动了科技创新和产业升级的耦合。但在高校和科研院所的知识创新功能方面，与世界其他国家相比，却有着不小的差距。我们所看到的日本经济，在 20 世纪 80 年代末期，逐渐失去了高速增长的动力，其原因之一，就是由于缺乏知识创新的支撑，科技创新成为无本之木，难以为继。此外，科技创新需要大量的研发人员，无疑，这也是来自高校和科研院所的。因此，高校和科研院所为科技创新活动提供了两种最为重要的资源，即科学知识和有技能的劳动力。当然，高校和科研院所不重视市场价值，是其知识创新的弊端所在。只有与企业的科技创新结合，形成创新的利益共同体，才能将知识创新更好地用于商业和市场，保障有效而共赢的创新，并与产业升级耦合。

2. 强化衍生企业职能

目前，高校和科研院所的知识创新已经不再局限于创造知识，也开始重视将科学研究成果推向应用，典型地表现在世界各地的大学科技园区上。在这些

科技园区，以高校和科研院所为依托，以科技成果转化和市场化应用，衍生出了大量高科技企业。这是高校和科研院所走向市场和商业化应用的表现，提高了其服务经济社会发展和衍生企业的能力。当今世界，高校和科研院所密集的地方，迅速兴起了许多高技术园区。大学的人才智力优势，能否在区域化创新中发光发热，与经济发展紧密结合，大学科技园是可推广的一种模式。如美国的硅谷地区、中国的中关村自主创新示范区、英国的剑桥高技术区等，都是比较成功的大学科技园，在大学科技园能够更快地实现高校科技成果转化，高新技术企业也在其中更容易得以孵化衍生，从而有效推动高新技术产业发展。

3. 推进产学研密切合作

当前，各国的科技创新都强调产学研合作，这有利于形成合力，发挥高校在其中培育创新人才、科研院所提供科技创新成果、企业应用科技创新成果的功能，将创新转化成现实生产力，实现科技创新和产业结构升级的耦合。各地区的产业基础不同，区域内的高校和科研院所差异更大。产业的集聚可以在较短时间内完成，比如资本的集聚和政府政策的引导，都有助于产业的迅速壮大。但高校和科研院所的发展，受限于历史因素，在短期内不会发生大的变化。有鉴于此，产业的发展，也需要开放性的视角，不仅与本地区的高校和科研院所合作，更可以与地区外的本国高校和科研院所，甚至国外优秀的高校和科研院所密切合作，扩展区域创新网络的范围，促进创新要素向本地区的聚集，形成产学研合作基础上的创新。山东省的制造业优势明显，但省内高校和科研院所集聚度不高，除了应大力发挥本区域内高校和科研院所的知识创新功能，也应将视野拓展到国家甚至国际范围，实现跨区域的产学研合作。

三、发挥政府制度创新的主体功能

科技创新活动的过程及结果都有其独特性，提高了政府参与科技创新的必要性和可能性。从科技创新的过程来看，科技创新体系庞大，涉及众多主体和因素，其中，部分功能应由政府来承担。而创新活动的结果，又具有外部性和公共产品的特征，这对于从事科技创新的企业来说，投入大风险高，导致收益与成本不成正比。市场机制的失灵，正需要政府介入，以政策和制度弥补。

1. 降低科技创新活动的不确定性和外部性

科技创新的主体是企业，但科技创新的开展，是在一定的制度环境中进行。与科技创新相关的制度环境包括相关政策、政府行为、公众偏好、法律法规等。如果制度环境不稳定，很难想象创新会保持稳定，创新的产出数量和质量也就难以保证。此外，无论是科技创新的理论，还是各国科技创新发展的实践，都表明科技创新的投入产出是非常不确定的。在科技创新的初期阶段，从科技创新理念转化为技术和工艺创新的过程中，充斥着技术风险，由于技术攻关本身的难度及技术发展方向的不明确，这种技术风险可能会难以逾越，或者需要远超预期的投入。即便是跨越技术风险，将技术创新应用于生产，产品推向市场的过程中也会存在巨大的市场风险、财务风险等。由此也就可以理解许多企业宁可选择价格战、增加广告投入等手段迅速扩大市场份额，也不愿大力投入进行科技创新，甚至逃避科技创新。作为政府应通过合理的制度设计，应对科技创新的不确定性，如提供基础研发基金、制定优惠政策等鼓励创新，并采取相应的制度体系使各个创新主体得以更为有效地结合，形成创新平台，降低科技创新的不确定性和外部性，从而调动科技创新的积极性，提高创新的效率。

此外，科技创新成果具有公共产品的特性，先期进行创新的企业，承担高成本高风险，创新失败的风险也由本企业来承受；一旦创新成功，通过技术扩散和模仿、劳动力在企业间的流动、不规范的市场交易等，科技创新成果会以极为低廉的价格在市场交易，甚至存在大量的非法交易，严重侵害创新企业的权益，使其创新收益远远低于创新投入。为此，政府应制定相应的制度，保护创新成果、矫正市场缺陷。通过规范的制度体系、完善的法律法规、对创新企业的财政鼓励、对侵权企业的严厉惩处，激发创新者的积极性，保障科技创新活动的顺利进行。

2. 为科技创新提供稳定的环境，降低科技创新的交易成本

在科技创新和产业结构升级的问题上，某种意义上应提倡“制度重于技术”。技术创新的重要性，体现在对具体问题的解决上，如改进生产工艺、提高生产效率、推出全新功能的产品等。但科技创新，无疑解决的是一个点的问题，一旦企业或产业发生变化，科技创新的效果就会大打折扣。而制度，则能够解决更广范围的问题。完善的制度体系，为科技创新主体提供了完整的行为规则体系，能够协调科技创新主体之间的关系，决定了企业是否进行创新、与谁合作创新、创新成果如何交易等一系列的问题。制度的作用，不仅仅是在一个企业或行业上发挥作用，而是应用于各行各业，对广泛的科技创新形成推动作用。

制度创新要求政府从动态角度对制度进行分析和运用，制定出新的经济行为规则，实现资源整合功能、维持秩序功能、激励约束功能、塑造功能等，调整科技创新主体间的权利关系，减少科技创新成本，激励更多主体进行更为积极的科技创新。

从科技创新活动的整个过程来看，创新活动涉及知识创新和科技创新等，由一系列环节和阶段组成；创新主体涉及高校、院所和企业等，由多个主体协同才能完成。制度在其中起着多种功能，包括提供更有效的信息沟通、规范各个创新主体的行为、激励创新主体开展创新活动，并明确和协调各主体间的权利义务关系，以合作协同的方式创新，从而能够降低科技创新的风险，减少创新环境的不确定性，使科技创新得以在稳定的环境中，更为有效和稳定地推进。创新的高成本也一直是阻挠科技创新活动蓬勃开展的主要原因之一，而有效的制度安排是降低创新成本的重要保障，影响着当前科技创新的效率和未来科技创新的可能性。

3. 提供可预见的制度环境和解决争端的程序

科技创新必然在制度提供的行为规范下完成。制度分为正式和非正式两种。正式制度是在国家或组织强制力下实施，一般是有形的、成文的法律法规，是人们有意识创造的形态；非正式制度是以文化形态存在的，如风俗习惯、价值观念、伦理道德、意识形态等，是人们在长期交往中形成的，往往是无形的或不成文的规则和约束，没有强制力保障其实施，部分制度依靠企业及个人的自律来维持，部分制度依靠外部的软约束，如道德谴责、舆论监督等来维持。制度又不是一成不变的，制度的变迁当然也会带来创新的变动。制度变迁包括诱致性和强制性两种。诱致性制度变迁具有自发性特点，不是由具有强制性的外力推动，而是由制度内部衍生，由于制度本身及利益分配的不均衡，为了获得更有利的制度和更大的利益分配，将会出现诱致性制度变迁。而强制性制度变迁具有强制性特点，是由外力保障实施，如政府行政命令或法律，能够降低组织成本及实施成本。科技创新成果具有公共产品和外部性的特征，单纯依靠诱致性制度变迁，是难以保障科技创新活动的有序开展。因此，强制性制度变迁就成了唯一的选择。政府机构以其强大权威和干涉力为保障，以法律体系为形式，推进为科技创新活动保驾护航的制度变迁，为科技创新提供可预见的制度环境，从而激发更广泛更有效的科技创新。而无论是科技创新成果产权的界定，还是对创新成果的使用和交易过程中，由于科技创新成果的多样性和复杂性，会出现较多争议，但一套行之有效的制度，使科技创新争端在规范的体系和组织中得以解决，又从后续环节推动了科技创新的开展。

4. 以有效的政府补贴推动企业实施科技创新

科技创新需要大量的研发投入，但科技创新企业往往存在融资难的问题，一是由于部分高新技术产业市场前景不明朗，融资来源有限，加上利润不高，存在前期融资难的问题；二是大多数产业发展初期，科技创新的主体是中小型企业，而不是成熟的大型企业，对他们而言，不仅是研发投入所需资金存在融资难的情况，在前期经营过程中这一问题也同样存在。

因此，为保证研发投入，政府补贴成为最直接有效，也是各国政府最为普遍采用的一种方式。对于科研活动的补助，山东省目前主要采取前补助和后补助两种形式。前补助的方式，主要使用在基础前沿类和公益性科研项目，在应用技术方面，对战略性的重大科研项目，也采用前补助的方式。需要注意的是，企业和政府的信息不对称，政府只能通过审查项目申请书、组建项目组成员情况、前期准备工作及所投入创新的资金等信息来判断企业自主创新的情况。为了避免企业通过释放虚假信号获得高额的研发补贴，政府对于市场导向类的科研项目，实行后补助方式。后补助机制又包括事前立项事后补助、奖励性后补助和共享服务后补助。

事后补助形式固然可以避免人为的套利行为，但对企业科技创新的激励作用微弱。科技创新研发项目往往具有成本高、周期长、风险大的特点，如果企业预计到研发投入较大，无法承担全部研发费用时，有可能在项目评估之后创新之前就放弃率先创新而选择被动等待和技术跟随。此外，事后补助虽然效果很大，但是随着科技创新的实际推进，企业的研发资金很可能会出现短缺而无法支持企业研发投入，当企业在创新价值链的某一个环节中遇到资金困难，而又得不到政府的补贴时，很可能会选择中止退出。

有鉴于此，政府在提供研发补贴时可以考虑实施阶梯式补贴，根据企业科技创新的过程及成果，对企业的研发投入进行分期、适时的补贴。具体而言，可以按照科技创新价值链的顺序，分几个阶段为科技创新企业提供补贴。在技术可行性研究阶段，政府可以通过审查科技创新主体的项目申请书、组建项目组成员情况、前期准备工作及创新资金投入等信息来判断企业科技创新情况，为符合条件的企业提供项目开始前的相对小规模的补贴。当进入科技创新的研究开发阶段时，政府可以跟进企业科技创新的过程，根据上一阶段的阶段性成果，给予不同的补贴，而此时的补贴额度应进行大额集中补贴，以加快推进技术成熟；对于上一阶段没有阶段性成果的科技创新项目可以终止补贴，这也避免了失败项目的过度补贴。当进入科技创新的中试阶段和技术成果商业化阶段时，政府可以根据科技创新企业的自身条件和技术商业化的成本进行补贴，同时要加大对科技创新项目的监管力度，提高补贴资金的使用效率。阶梯式补贴在激励企业科技创新的同时，也可以有效抑制企业以科技创新的名义进行的寻租行为。

四、发挥行业中介的服务创新功能

具有相同或相近市场地位的企业，组织起来就构成了本行业的行业中介，行业中介能够促进本行业的集体性利益。科技创新对单个企业而言，投入既大，风险又高，而一旦创新成功又极容易被同行业的其他企业低成本模仿，因此科技创新的积极性会受到不利影响。在科技创新和产业结构升级的耦合中，较为重要的是发挥产业的合力，行业中介在其中可以大有作为。

行业中介能在科技创新主体和政府的协调上发挥沟通功能，因此是创新主体体系的重要组成部分，还能为创新企业提供专业化服务。行业中介能对本行业的各个企业之间的关系进行协调，避免恶性竞争和恶意侵权，从而维持良好的科技创新秩序，整合科技创新主体体系。除了行业中介外，其他中介服务机构如创业中心、法律服务、人力资源服务等服务类企业，也能够有效服务科技创新。尤其在科技创新和产业结构升级的耦合中，能够把各种性质的创新主体更好地组织在一起，构成科技创新网络，并使各种行为主体围绕共同的目标，充分沟通和协调，实现科技创新和产业升级目标。我们仅以行业中介为例，结合发达国家行业中介的经验，介绍其在各个性质的创新主体如企业、高校院所及政府等之间所起到的功能和作用。

1. 为企业提供专业化服务

发达国家的行业中介较为发达，最初的功能是为企业提供专业化服务。一般是由龙头企业牵头组织，集聚行业内的中小企业，为其提供专业化服务。在科技创新活动中，专业化服务的功能就更为重要，科技创新的高投入及高风险，是许多中小企业所无力承受的。但行业中介的存在，使中小企业能够获得行业的技术情报、最新的技术发展趋势等信息，并为行业内的企业提供创意产生、研究开发等咨询服务，分享科技创新关键环节，提供必要的知识和技能，以促进创新和升级。同时，中介机构组织形式先进，专业化程度高，集聚各方面的专家，可以为企业提供信息、技术、投资、管理等各种咨询服务，使科技创新更为顺畅地推进。

2. 促进分工协作关系的建立

行业中介诞生的最初功能也是为了促进行业内企业的分工协作，如在原料采购、生产、销售等方面，既形成合力，又能避免恶性竞争。科技创新的主体范畴更为广泛，利益关系复杂，行业中介的存在，有利于促进科技创新主体的分工协作。很多发达国家的行业中介，存在多种形式，包括促进中小企业发展和创新的服务机构和服务中心等，能够改进产品质量，革新生产流程，提供产业信息，并有助于更新生产技术，使科技创新的分工协作得到更好的保障。

3. 促进区域创新主体体系的完善

行业中介在科技创新主体体系中最大的作用在于桥梁和纽带的功能，既能够有助于企业之间的沟通，也有利于企业和政府、其他服务机构之间的联系，是创新活动的主要辅助者。如硅谷，之所以能成为世界高科技产业的引领者，高端科技服务体系功不可没，能够不断吸引资金、人才向硅谷聚集，孵化衍生高技术企业，促进了硅谷创新主体体系的完善。目前的创新主体体系，理想的模式是产学研合作，但这三种主体的性质和经营特点各不相同，难以有效合作。因此，更需要中介服务机构，通过中介服务机构提供专业化服务，搭建创新合作的平台和载体，如产学研合作服务中心、技术产权交易服务中心、创业服务中心等，更好地协调创新主体的利益关系。

五、发挥金融机构的创新促进功能

科技创新体系中资本无疑是必不可少的一环，科技创新资源涉及范围广，但往往是以资本作为核心。其中，金融机构从资本层面发挥着促进创新的功能。所有科技创新活动繁荣的国家，都离不开健全的金融体系。从某种意义上说，创新型经济可以与高度发达的金融市场体系画上等号。当然，只有发达的金融市场，不一定会有大量而有效的科技创新；但任何创新型经济，必然要求具备发达的金融市场体系。因此，必须拓宽科技创新融资渠道，引入民间资本和风险投资基金，建立科研基金和风投平台，切实改善科技创新企业的融资环境。科技创新体系内的金融机构，分为银行类和非银行类两种，传统的为银行类，如国有银行、商业银行，新兴金融机构一般为非银行类，如各种形式的基金、股权投资和风险投资等。我们从如下几个方面分析金融机构的功能：

1. 提供创新资金筹集功能

科技创新具有高投入的特点，需要大量的资金投入。资金的一种来源是政策性支持，如以财政补贴、税收优惠、贷款援助等，对创新提供政策性的资金支持。但创新作为市场行为，其资本来源也应置于市场之上，仅依靠政府的补贴与扶持显然不足以支撑科技创新和产业升级体系，更无助于二者之间的耦合。现代金融机构，与追求收益稳定的传统贷款业务不同，通过开发设计新型金融产品，能够对高风险但有高回报可能的创新提供投融资服务，保证科技创新所需的大量资本投入。

2. 分散科技创新风险功能

对资本的高需求，源于科技创新活动不确定和高风险的特点。创新初期的技术风险，主要是指由于技术不成熟可能难以形成产品推向市场；技术发展阶段的市场风险，主要是指跳过技术风险形成产品后，向市场推进时面临激烈的竞争和风险；技术推广阶段的组织、管理及财务风险等，主要是指产品成功被市场接受了，但规模生产面临的组织和管理难度加大，风险提高。实际上，科技创新是一个充满了惊险跳跃的过程。每一个环节的风险都难以逾越，而在跨越这些风险时，或者成功翻越，使企业向下一环节进军；或者跌入深渊，可能出现粉身碎骨的危险。而强有力资本的支撑，是企业完成惊险跳跃的杠杆。不同的资本来源，其特点和风险偏好也不同。传统金融机构的资本，对风险的偏好低，选择投资的标准是低风险，当然其收益回报也低，适于投向技术风险阶段结束、应用于生产阶段的新技术；而来自于新兴金融领域的资本，如风险投资、私募基金，对风险的偏好强，宁可承担极高的风险，以获取更高的收益，适于投向处于新技术研发初期、技术风险高的阶段。金融市场的高度分散性，使其与科技创新领域结合后，科技创新的高风险得以在社会范围内分散。

3. 优化科技创新资源配置功能

当前是金融为王的时代，科技创新体系各种资源要素配置中，金融和资本，无疑处于基础和核心地位。各种科技创新资源和要素通过金融机制结合在一起。金融机构在提供资金融通之前，往往要进行全面的财务分析，进行风险收益的综合评估，只有增长潜力大、回报可能性高的创新项目，才能获得金融机构的青睐。而资金的进出，已经成为其他要素流动的风向标，能集中大量资本的企业，其他的要素也会相应向该企业集中，以此为资源，企业才能组织科技创新，这是金融机构优化科技创新资源、提高科技创新效率的功能。

4. 促进科技创新主体的衍生发展功能

对科技创新企业而言，发展初期没有固定资产，企业的无形资产比重大，如品牌、专利、专有技术等，但传统的融资渠道，需要厂房、设备等固定资产做抵押，因此，科技创新企业很难获得资金支持。而且传统金融机构强调投资的安全性，并不格外追求高投资回报，这与科技创新活动尤其是其初期的特点是不相符的。传统金融很难切入科技创新活动的初期阶段，将不利于科技创新主体的衍生发展。因此，高新技术企业尽管创新能力强、获利能力高、发展潜力足和成长迅速，但与传统企业相比具有无形资产或轻资产比重高、投资风险大等劣势，同时投融资需求在不同发展阶段，也体现为不同的特点，需要科技与金融的有效融合。科技创新企业的诞生与成长，离不开新兴金融机构的存在及投资。科技创新企业的诞生，可以拓展区域科技创新主体网络的规模。

科技创新需要多种性质的资本支持，包括政府的财政补贴、加速折旧等，也包括金融机构的创业投资、贷款贴息、票据担保等多种方式，从而在资本层面实现政府、银行和企业的合作。此外，还要发挥融资担保的功能，重点支持种子期、初创期高新技术产业的技术创新活动。而这些融资渠道和平台必须与具体的产业和项目结合，即不仅要实现促进科技创新的功能，还要发挥政府、银行、企业等多方面的作用，实现在融资渠道和平台上科技创新与产业升级的协调耦合。

第二节　提高科技创新驱动产业结构升级的效率

科技创新和产业结构升级的耦合，不仅需要强调科技创新成果的数量，更要重视科技创新的有效性和科技创新驱动产业结构升级的效率。能否构建高效的产业技术创新战略联盟及生态系统、发挥自主研发的提升作用、发展高技术高附加值项目及坚持开放中的创新，都影响着科技创新驱动产业结构升级的效率。

一、构建产业技术创新战略联盟及生态系统

科技创新和产业升级的耦合，可以很好地在产业技术创新战略联盟这一平台上实施。产业技术创新战略联盟强调的是形成科技创新资源整合的平台，围绕公共技术平台，将各种机构的资源融合，开展科技创新合作，既推动科技创新活动，又能够带动产品升级换代和产业升级，共同突破科技创新驱动产业结构升级的瓶颈。

科技创新驱动产业升级的实现，产业技术创新战略联盟应作为主体，增强原始创新水平，不断带来科技创新成果。获得科技创新成果后，要将创新成果积极应用于生产，迅速推动其转化并将产品推向市场，这是创新能否带来产业升级的关键步骤。

长期以来，不只是山东省乃至全国范围内的科技创新主体之间均呈现割裂状态，因此科技创新和产业结构升级的耦合能力不足。简而言之，“重科研、轻中试、轻转化”是长期存在的问题。企业可能存在大量的科技创新的成果，但这些成果在转化阶段不畅，存在平均时滞期为 3 年的滞后期。山东省大量企业高度参与价值链分工，在国际价值链分工体系下拥有了大量科技创新成果，但科技创新成果转化存在的滞后情况，使得创新不能形成对产业升级的驱动。

因此，加快科技创新成果转化，积极推进创新成果的商品化和产业化，减少创新时滞，是实现以科技创新驱动产业升级的关键。具体而言，要缩短创新时滞期，搭建技术产权交易平台，将科技创新成果从实验室推向企业和生产，转化为现实生产力。为此，要建立现代化创新体系，构建产业技术创新战略联盟，强调创新链、产业链、资金链的三链融合，最大限度地发挥创新成果在推动产业升级中的作用。

在目前高度竞争的格局下，更应重视构建科技创新生态系统。价值链分工的最终环节落在销售和售后服务，因此，科技创新不应局限在某一企业内部。从销售和售后服务环节中获取消费者反馈也即市场的反馈，将成为后续研发和科技创新的导向，促使新兴产品和产业不断涌现，带动产业结构不断向高级化发展。广义含义的创新价值链正在形成，创新不再局限于生产者领域，而是包括生产和消费的全过程，即消费者也成为科技创新重要的一环。消费者参与的科技创新也能够更好地被市场认可，有助于产业规模的迅速扩大和产业结构的优化升级。

当然，单个企业往往难以独立完成重大的创新突破，在一系列的伙伴互补性协作下，才能更有效地完成重大的创新突破。与企业界限日渐模糊的趋势类似，科技创新也不再以企业的界限为限制。目前的创新以市场为导向，开放式的创新生态体系逐渐形成，科技创新由不同国家、不同区域、不同行业和不同企业的合作共同完成，优势互补，极大地提高了创新的产出数量和创新效率。山东省科技创新和产业升级的耦合，也需要在科技创新生态系统中进行，并在此系统中实现科技创新和产业升级的协调耦合。

二、强调自主研发的提升作用

大量研究表明，由于技术本身包含大量缄默知识的特征，仅凭引进，获得的是形式上的技术，而沉淀于其中的核心技术，往往无法转移。根据前文所述，科技创新能力的提升，不仅取决于价值链分工体系下后进国家和企业能够在短期内获得大量的国外先进技术，更是取决于对待这些先进技术，引进方如何消化吸收，并在后期如何超越技术引进，进行自主研发。

我们仍以汽车工业为例，如前文所述，由于汽车工业在制造业中的重要地位，除了汽车产业的传统强国，如美国和法、德、意等西欧大国，重视汽车产业外，许多国家，包括中国、日本、韩国等，在经济发展的历史上，都曾经赋予汽车工业战略性的地位。中国的汽车产业是最早开放的产业之一，大力引进外资，积极参与国际分工，市场高度对外国汽车企业开放，以此希望获取中国汽车产业的技术进步和产业升级。但多项研究表明，我国汽车产业的技术进步和产业升级效果并不佳。而我们对于日本汽车产业的研究表明，从产业发展的轨迹分析，日本汽车产业发展的前半段与中国并无差异，但日本能够成为汽车产业强国，关键在于始终坚持自主的产品开发和高强度的技术学习。

对于落后的国家和产业，依靠引进的技术促进发展，是普遍采取的路径。而技术引进之后的结局截然不同，则是由于对自主开发的努力和态度、技术学习的能力和强度不同。如果对于技术的学习能力低，就无法有效地学习和吸收外国技术，可能长期受制于外国企业。自主开发虽然风险大、投入高，但却能够保证技术能力的提高，而不是只具备生产能力，并避免受外国企业的控制。因此，吸收外国技术，进口零部件进行组装，是落后国家发展经济的必然选择，但尽管存在大量先进的外国技术，也不能简单等同于落后国家的技术进步。

开放条件下，关键在于坚持自主研发。我国的许多产业，参与价值链分工已近 30 年，但至今仍然依赖引进产品技术，就是由于自主开发力度不足。高度参与价值链分工，是迅速切入国际市场和获得生产能力的基石，而如何实现价值链分工下的产业升级和科技创新及其耦合，则无法再依赖外力，唯一的出路只有自主研发。技术能力的获得和生成，必须通过产品开发活动和本企业组织的学习。加强自主研发，才能摆脱居于技术领先地位企业的技术控制，并有效提升山东省科技创新能力，促进产业结构升级。

三、推进发展高技术高附加值项目

改革开放以来，山东省通过参与价值链分工，大量的资本、技术随着中间产品进入省内，与当地的生产要素结合，实现了山东省制造业的技术进步，极大地推动了产业结构优化升级。但参与价值链分工使得山东省相关制造业长期以来依赖外部的技术和设备，尤其是生产机械和核心零部件依赖于进口。这些是制造业发展过程中的核心技术，价值链分工体系上的主导企业，为了维持其竞争优势并掌控高附加值环节，无疑对这些核心技术会严格封锁。这种依赖弱化了山东省制造业的独立能力，科技创新不足，研发投入力度低，参与价值链分工的企业习惯技术追随和技术模仿后，将缺乏进行科技创新并突破现有价值链分工地位的勇气，导致山东省制造业罕有高技术高附加值的项目。

而制造业的技术进步和产业升级，无疑应从强调发展高技术高附加值项目着手。目前来看，我国国家战略的推行，包括“互联网+”“中国制造 2025”“一带一路”等，构成了重要的制度保障，有利于推进山东省科技创新和产业升级，并突破原有价值链分工的约束。“十三五”期间，山东省对于原来粗放型、代工型的发展方式加以严格限制，在制造业上，有可能实现对发达国家的技术追赶，突破原有价值链分工地位的约束，实现科技创新和产业升级的耦合。

在这一过程中，我们着重应关注对知识产权的保护。推进发展高技术高附加值项目，当然要在大量自主知识产权的基础上形成。对待知识产权保护，容易陷入两个极端，一个极端是对知识产权保护不力，尤其在价值链分工过程中，大量国外技术进入，如果本国企业能以更低成本进行模仿甚至盗版，只要是有利于国内经济发展和技术进步，管理当局也认为可以接受。但需要注意的是，对知识产权的不重视和保护不力，将会形成一种不良的社会风气和制度惯性，企业会出现搭便车的心理，不尊重知识产权，坐等模仿甚至剽窃先进技术，都不愿意做主动创新的企业。长此以往，对知识产权的不重视，将可能固化科技创新缓慢的局面。另一个极端是大力保护知识产权，严厉打击侵犯知识产权的行为。当然，对知识产权的保护也要适度，否则，会提高后发企业的科技创新成本，阻碍技术的扩散和模仿效应，不利于整体的技术进步。因此，山东省企业应强调以自主知识产权突破当前价值链分工体系的桎梏，发展高技术高附加值项目，促进技术进步和产业升级的耦合。

四、坚持开放中创新

整体来看，山东省经济参与价值链分工的程度较高，但这种高度，更多体现在特定的开放地市和开放产业。地处山东省内陆的城市，经济的开放度不高，大多数制造业还是面向国内和省内市场，并未形成与国际价值链的对接。未来的重心，应以这部分内向型的城市和产业为主，推进价值链分工。对于已经高度参与价值链分工的城市和产业，工作的重心则应放在创新上，以科技创新推动技术进步和产品升级。在内向型城市参与价值链分工的过程中，不仅要与国际价值链分工对接，更应与省内的创新成果和价值链分工对接，使山东省的创新在全省开放的基础上，更为有效地展开。

山东省的部分产业，已经以更为开放的姿态参与价值链分工，即不只是在国门之内，坐等跨国公司的进入和被选择，而是主动走出国门，向外拓展，以自身为中心，实现全球价值链体系的布局。部分山东省企业已经开始了向“走出去”过渡的国际化进程，这是从价值链从属者到主导者的一个跨越式发展。在该过程中，通过培育自主创新能力，加快自主创新成果的产业化转化，突破来自发达国家的结构封锁。主动构建以我为主的价值链分工体系，也是主动实现科技创新和产业结构升级耦合的一个重要体现。

案例解析：中国高铁产业技术进步和产业优势的来源

中国高铁产业的技术进步和产业优势有目共睹，自2004年中国高铁进入高速发展通道后，被普遍认为是中国交通运输行业中自主能力最强的一环，技术水平真正走到了世界前列。近年来，中国国家领导人，无论是在国外出访还是在国内接待别国领导人，都会推出中国的高铁技术和高铁产业，以国家信誉背书推荐，强调中国高铁技术先进，安全可靠，因此，高铁被称为中国装备站台，已经成为中国推进国际化的硬实力之一。

一、中国高铁产业发展初期的特点

高铁产业的发展与我国其他产业，如汽车产业的发展类似，国内基础薄弱，不具备国际竞争力。2003年，中国原铁道部推出技术引进的方针，推进我国铁路行业的跨越式发展。强调通过技术引进，实现铁路技术装备现代化，立足高起点、高标准，是跨越式发展的重点所在。目标是引进先进、成熟、可靠的技术，技术应该保证立即可以使用，因此不引进尚在试用阶段的技术，并与自主创新结合，通过大面积提速，在短期内赶上世界先进水平。

以此为目标，开始大规模引进高速列车技术，尤其应用在机车车辆领域，大量引进国外定型的技术，停止原来所有的研发项目。引进发达国家机车技术，实现高速客运和快捷重载的货运，进行消化吸收和系统合成。通过引进外国技术来发展高铁，加快对我国机车的技术改造，系统实现机车的更新换代，类似于“以市场换技术”的做法。如果以此为方向继续发展，中国铁路装备工业将步中国汽车产业后尘，成为组装外国产品的工业，中国的高铁，只是在中国的高铁技术，遍地跑的只能是在中国铁路的桑塔纳和别克，技术却掌握在国外企业手中。落后的时候，最快的发展之路是引进，但引进之后再落后，出路又会在哪里？这是当时中国高铁本土企业和本土技术人员的困惑之一。

二、技术引进的内容和效果

中国高铁产业的技术引进，大概从 2004 年开始，持续了三年时间。到 2006 年，中国车型及技术的购买主要来自四个外国企业，有与中国汽车产业的技术引进类似的地方，但也有自己的特点。

1. CRH 系列车型

原铁道部及铁路企业主要从四个外国企业，获得四个 CRH 车型，分别为：从加拿大的庞巴迪引进 CRH-1，从日本川崎重工引进 CRH-2，从法国阿尔斯通引进 CRH-5，从德国西门子公司引进 CRH-3。40 列 CRH-1 由庞巴迪在中国的合资企业生产，未支付技术转让费；60 列 CRH-2 时速 200 公里，原型车为新干线 E2-1000，技术受让方为南车集团所属青岛四方机车公司，技术转让费 6 亿元；CRH-5 时速 250 公里，技术受让方为北车集团所属长春轨道客车公司，技术转让费 9 亿元；60 列 CRH-3 时速 300 公里，原铁道部引进，购买价值 6.69 亿欧元，技术转让费 8 亿元。

中国铁路于 2004 年 4 月 18 日第五次大面积提速，提速总里程 1.65 万公里，干线基础时速达到 200 公里；于 2007 年 4 月 18 日第六次大面积提速，时速 160 公里及以上的延展里程达到 1.4 万公里。

2. 技术转让的特点

中国高铁产业最初的技术引进和车型购买，不是重新设计全新车型，而是进行联合设计，按照中国的线路特点，由双方对中方购买的车型进行设计修改。在联合设计过程中，中方购买车型，外方会提供相应的制造图纸，但所有的零部件图纸并不包括其中，设计来源数据库和设计原理等关键技术资源，也不包括其中。实质上，技术的引进仍旧属于制造体系，局限于引进产品的生产工艺，获得的是生产能力，不是技术能力。

在对中国工程师和技术工人培训的过程中也体现出这样的特点。如从西门子受让技术的工程师和技术人员，可以得到西门子的制造图纸，但只是现场施工图纸，即怎样安装现成的零部件，但零件怎么来的，设计过程和设计原理统统无法得知。所以引进和培训的只是工艺和设计的结果，而不是技术和设计的过程。在四方与川崎的合作上，四方的设计人员只学会了读图，能够准确掌握安装步骤，能够理解每一步的作用，但为什么要这样设计、设计的逻辑关系，却绝不会涉及到。

因此，当时大规模的技术引进，引进的是使用方法或生产能力，中国高铁产业的发展路径，被局限在给定的技术范围内，按照既定的技术和车型来制造，没有国内技术成果的支撑。如果是这种发展思路，随着国外技术的升级换代，中国高铁也只能再斥巨资引进技术和车型，始终落后。因为技术如何开发出来的，无法通过引进获得。

3. 技术引进的正面作用

不可否认，技术引进对中国高铁产业起到了正面的带动作用。在中国大规模建设高铁之前，自主开发尚未发力，短期内也难以见效。发生在这一阶段的技术引进，使中国建立起了现代化的高铁产业制造体系。引进前，中国高铁产业的制造过程粗放。而技术引进中，外方对中国企业的物料供应、生产流程、操作规程等，按照引进车型的生产要求，进行了大规模重组，以保证生产效率和质量。又在管理上使用先进的理念和方法，包括现场生产工艺管理、物料管理、对供应商的管理、规划分类、质量控制能力等，获得了一整套的生产管理经验。当然，高质量和有安全保障的制造体系，对产品设计和开发没有直接作用，但制造能力和水平的提升，无疑成为自主开发的保证。

技术引进的另一个有利影响是带来了大规模生产和确定的需求。大规模技术引进前，中国高铁产业自主产品还在开发中，未得到经验验证的技术方案，无法构成完整的工作对象，也无法保障大规模的生产。而当国外成熟的技术和制造信息进入中国后，定点引进生产高速列车的企业，能够立即获得成熟可靠并已经被验证的技术方案，由此，企业获得了完整的工作对象。而由政府机构主持的大规模建设，又给高铁产业带来庞大的确定需求，在此基础上，企业大规模投资于厂房和生产线，形成了庞大的固定资产体系，在发达国家都属罕见。中国高铁产业的技术活动系统能力提高，研发团队和技术支持系统都迅速发展起来，当中国高铁开始开发新的自主产品 CRH380 系列时，这成为至关重要的保障。

三、中国高铁产业技术发展方向的转变

2006 年 1 月开始，中国提出要建设创新型国家，这也直接导致了中国高铁产业技术发展方向的转变，自主创新发展的方向于 2007 年确定。之后，科技部介入由原铁道部主导的中国高铁产业发展，代表着中央政府的介入；2008 年 2 月，科技部和原铁道部签署著名的两部联合计划，也是对中国高铁产业至关重要的一个引导，《中国高速列车自主创新联合行动计划》，意味着早期设定的大规模引进，不再是中国高铁产业发展的方向，而自主创新的行动计划，发展中国高铁自己的技术能力的方向，在两部联合推动的条件下生成了。

1. 自主创新方针的确立

为了支撑京沪高铁的建设运营，两部计划提出了行动的 6 个原则，首先强调自主创新，在消化吸收引进的技术基础上，结合中国的国情和路情，研发时速 350 公里及以上的中国高铁技术。为保障这一自主创新活动，还提出要支撑国家战略需求，利用优势科研和产业资源，产学研用相结合，形成自主知识产权体系。CRH380 系列的开发，包括南车的 CRH380A 和北车的 CRH380B，是中国高铁的转折点和里程碑，正是在两部联合行动计划的支持下启动的，扭转了高铁发展的方向。

2006 年动工的京沪高铁，是自新中国成立以来我国最大的基础设施建设项目之一。在建设的过程中，继续从外国购买升级版车型，是当时最有可能的方式，但巨额利润无疑会落入他人袋中。继续进口还是自主开发，依靠引进还是依靠自主研发，是当时中国高铁发展面临的至关重要的抉择。最终确定自主开发的方针，根本改变了进口车型和技术的发展道路。CRH380 系列高速列车的自主研发，就是满足京沪高铁的序言。京沪高铁 2011 年 6 月建成通车，是世界上一次建成和运营里程最长的高铁线路，使用的则是我国自主知识产权的产品。

CRH380A车型使用的技术，并不是简单的对引进技术的消化吸收，而是在企业正向开发的基础上，对引进技术的再创新，是我国拥有自主知识产权产品，代表着我国在高铁技术上的自主创新。对其关键技术的分析证明，这是以企业自主掌握的技术开发出来的，是将原有技术推向市场的过程，是技术基础能力的发挥，靠的是自主创新的努力。需要指出的是，中国高铁在短短三年的技术引进之后就转向，而不是像中国汽车产业，引进三十年之久，对本土企业的技术能力已经带来破坏性的负面影响。而中国高铁产业在引进之前，已经具备较强的自主开发能力，尽管引进开始后，几乎所有的国内研发停止，但三年期间，并没有对本土的研发能力和技术团队形成破坏性的打击，两部联合行动计划，使中国技术能力的正面作用得以发挥。

2. 拒绝外资控制

中国也曾经存在大量依靠技术引进发展的制造业，典型的如中国汽车产业，采用以市场换技术的模式，大量引进外国资本，通过本国汽车企业与国外企业的合资，设立合资企业，以利用国外的先进技术。在这一过程中，汽车产业的技术有所提高，中国也已经连续多年成为世界第一的汽车产销量大国。但公认的是，中国的汽车产业大而不强，规模庞大，但不具备自己的技术能力。长达三十年的技术引进，对外资形成了惯性依赖，引进之后不到几年，技术就变得落后，然后又开始新一轮的引进。外资通过技术和入股，已经从核心技术上根本控制了中国的汽车产业。

与汽车产业不同，中国铁路装备工业不存在大量的外资企业，只有一家与庞巴迪的合资企业，其他的主要企业只是从外国进口车型和引进技术，并没有与外国企业合资。同时，外国企业直接销售国外品牌的产品，在中国的铁路市场上也是不允许的。中国高铁并不是以市场换技术的方式，即使是三年的大规模全面引进时，也是一般技术贸易，是纯粹的以金钱换技术。

最初试图进入中国高铁市场的外国企业，从中国汽车产业的发展轨迹判断，认为中国高铁也会产生同样的技术依赖，一旦进入中国市场，就能够以此作为制高点，把中国企业建成其制造基地，把中国市场作为其主要市场。有鉴于此，在中国引进高铁技术，向全球高铁企业进行招标时，跨国公司以比通常情况下更优惠的价格，对中国市场做出了更大的让步，目的是以低价侵入中国高铁市场，一旦中国高铁产业开始依赖其技术和产品，就有可能通过这种依赖更紧地控制中国高铁，并攫取高额利润，弥补在低价进入中国高铁产业时的损失。包括在培训中方技术人员时，也为控制中国企业和未来的技术研发打下了基础。

始料未及的是，仅仅三年之后中国高铁就走上了自主创新的道路，一次大规模引进后，就终结了对技术的引进，也未引进升级换代的车型。即便在技术引进的过程中，与中国汽车产业大相径庭的是，中国铁路市场并没有对外资开放，外国企业不能通过与中国企业的合资，来控制合资企业和产品的销售市场。与汽车这样的消费品不同，汽车市场消费者的习惯和观念，是可以被影响和塑造的。因此，外国汽车企业进入中国市场后，不仅能控制生产者，还能塑造消费者，从消费者的角度又反过来对生产企业施压，使生产模式固化在外国技术。而铁路机车车辆并不是消费品，外国企业不可能直接塑造消费者，从而消费者也无法对生产者施压。当时高速列车的唯一买家是身为政府机构的原铁道部，不存在其他的消费者，合资企业不能影响和控制消费者，中国铁路运营部门也就没有面对来自消费者的压力。

中国高铁发展的过程中，铁路市场没有开放可能是最幸运的一个因素。这也是由铁路的性质决定的。铁路产业，事关居民日常出行和国家主权，绝无可能向外国企业全面开放铁路市场。同时，如果在产业的发展过程中外国资本和技术的进入能够获得民族企业的大量股权，如我国的家电、汽车等产业，合资企业的技术研发和产品升级，都将不再由中国企业自主决定，而会体现出外方资本的利益。中国高铁企业自始至终的独立性，使外国企业一旦向其售出技术和产品，就无法干预中国高铁企业，高铁企业对这些技术的消化吸收和再创新，也可以独立地从利益最大化的原则进行。落后国家对技术的引进是必然，但以市场换技术的政策，带来了像中国汽车产业这样的“小老树”，是永远长不大的幼稚产业，并不是长久的固本之计。以金钱换技术，像中国高铁产业这样的成长之路，才是发展的方向。

四、中国高铁技术进步和产业优势的核心来源

1. 重视引进后的消化吸收

中国制造业发展过程中，大量中国产业都曾经引进国外的先进技术，作为产业发展的基石，中国高铁产业也是如此。但让人惊讶的是，中国铁路装备工

业的技术引进的作用和效果，远远优于其他产业。其原因非常简单，技术引进后，如果不能对其有效地消化吸收，获得的只是生产能力，引进的技术无异于一堆废纸；而中国高铁产业，对引进技术的消化吸收工作完成得好，获得了技术能力，是我国高铁产业技术进步和再创新的基础。显然，生产能力和技术能力截然不同，产品的生产技术或者生产能力，在给定的技术或图纸下如何生产，是可以交易的，可以从市场上购买；但技术能力或产品开发能力，即技术是如何来的，又为什么能来，这样的能力是经验性的，是不可交易的。要掌握技术和技术变化的能力，只能是在企业组织内部，通过技术研发，获得使用技术的经验。当然，对于引进技术的一国企业和产业而言，来自于外部的技术使企业获得现成的先进技术，但如果不是在不断的使用中发现问题解决问题，获得使用技术的经验，而一味依靠技术提供者解决相关问题，则丧失改变已有的技术和自主创新的能力。而只有积极地消化吸收，才能获得技术能力，进而进行自主研发和创新。购买外来的产品和生产方法，并不会直接带来技术能力，同时知识产权仍然归属外方。高铁技术大规模引进，其作用是获得了生产成熟产品的完整经验，否则，中国通过自主研发获得这些完整经验，可能会花费更多的时间和资金投入。再加上中国铁路产业的基础能力较高，对这些经验的学习速度快，吸收能力强，起到了事半功倍的效果。

以青岛四方股份公司为例，从日本川崎重工引进技术，在引进初期，日方认为四方在引进技术后，很难对技术在短期内完全掌握，预计至少需要16年时间，即消化期8年，吸收期8年，在此之后才能进行四方自己的技术研发，因此认为四方短期内不会成为川崎重工的竞争对手。但实际上，四方的技术消化吸收，只用了短短几年就完成了，远远超出所有人的预料。在消化吸收之后，迅速掌握了引进技术的技术能力，以此为基础，进入再创新阶段，是我国自主产品“2系车”的制造商。在四方开发的CRH380A，设计时速380公里，进入美国市场时，美国苛刻的知识产权评估体系评价其是否存在专利侵权，检索出相关专利900多项，在对所有的相关技术对比评价后，美方评估的结论是CRH380A的技术完全是自主产权，四方的专利没有任何侵权，并且已经超过日本新干线技术。为了获得更为完整独立的自主知识产权，四方在开发出CRH380A后，又对时速200~250公里动车组重新开发，目的是替换掉所有从日本引进的技术，否则每辆车的生产都必须向日方缴纳技术使用费，而开发完成后，就完成了全部国产化，实现了去日本化和再创新，中国高铁系列产品，成为完全具有自主知识产权的产品。

很显然，技术引进是中国高铁技术发展的原始来源，而技术能力无法从引进中获得，那么就只能是一种新的技术来源，这个来源只能是来自中国本土产业和企业的产品开发能力和技术积累。事实上，中国铁路装备工业的技术能力，从时间逻辑和技术逻辑的变化看，并非因为技术引进而生成，而是引进之前就存在的，但因为对引进技术的消化、吸收，而更快更好地得到成长。

2. 大规模应用的“中国优势”

中国高铁的发展不过十余年，但无论是建设规模还是速度，中国的高铁都已经是全球领先的。欧洲和日本发展高铁产业的历史最长，但高铁线路加起来，也仅有五六千公里。大规模高铁建设，使中国高铁线路的长度完胜其他国家。1318 公里的京沪高铁，921 公里的哈大高铁，2300 公里的京广高铁，等等，全部加起来已经拥有将近 1 万公里的高铁线路。

大规模高铁建设，是中国高铁技术发展的基础，企业的产品和技术开发，需要不断的动力和财力，而大规模建设带来的确定需求，恰恰是中国高铁不断创新的源泉。只有有应用和回报的技术研发和创新才是有意义的，得不到应用和回报的自主创新不可能出现，也不可能持续。应用是获得经济回报的唯一途径，中国高铁的超速建设，是中国高铁产业得以发展的契机，是别的国家所不具备的基础，也推进了高铁技术的神速进步。只有在应用中，才能发现问题，解决问题，促进技术的成熟，推动产品的更新换代，从而积累中国高铁创新的经验和基础。

3. 独立的产品平台

独立的产品平台，是中国高铁产业自主研发的基础。否则，当一国的产业丧失本土独立的产品和产品平台后，也就失去了发展独立技术能力的基础。大规模引进外国技术，在国外的先进技术和产品进入后，最大的弊端在于破坏原有的技术能力基础。我国的技术引进上已经存在很多这样的例子，如中国的汽车产业，改革开放初期，我国汽车产业尚没有建立独立的产品开发平台，虽然有红旗和上海这样的本土品牌，但不具备完整的价值链体系，很多零部件无法生产，甚至处于手工生产的阶段。在这样薄弱的基础上，通过对外资开放引进技术，无疑本土企业不可能再建立独立的产品开发平台，甚至仅有的品牌也被淡化或抛弃，没有产品开发平台，技术研发和自主创新也只是无本之木。中国的飞机产业也是一个典型的例子，中国于20世纪80年代中期，引进美国麦道为合作对象，中国当时已经在自主研发第一个大型飞机运10，但以合作组装的飞机作为工作对象后，运10的研发团队与技术能力被闲置，所有的技术资源向合作的麦道倾斜。我国当时已经具备的技术能力，日渐消退，最终完全消失。

与此相反，同样是大规模引进的中国高铁产业，为什么还能具备技术能力基础和自主开发能力，原因就在于中国铁路装备工业独立的产品平台。技术引进的时候，中国汽车产业还没有产品开发平台，运10也尚在开发过程之中，产品开发平台也远远没有成熟，还未到达能够提供产品的阶段。中国铁路装备工业，已经有几十年的发展基础，尽管不如跨国公司的技术先进，但已经发展了几十年的时间，不间断向铁路提供产品。因此，其产品开发平台已经进入到成熟和能够经济合理地提供产品的阶段。尤其重要的是，中国高铁产业的引进不过3年多，引进只持续了很短时间，就被迅速扭转向自主开发道路。在一段很短的时间内，大规模引进不可能完全改变和摧毁产品开发平台，而只是改变了原有平台中的部分产品序列，恢复自主开发新产品后，产品开发平台仍然是完整和独立的，产品序列回归原来的性质。因此，中国高铁产业的产品开发平台，是引进的技术得以使用的框架，引进的技术可以对产品开发平台发生影响和作用，因为是在框架内，这种影响和作用更多是正面和有利的，而不可能破坏原有的研发系统或技术能力基础，不会替代中国的技术能力。综上所述，中国高铁技术的引进中，负面作用被抑制，是由于中国具备独立的产品开发平台。在此平台基础上，中国高铁得以引进先进技术，并使技术引进的正面作用发挥到最大，中国高铁的技术得以迅速成长而又不被外方控制，这是技术成功引进的关键条件。

4. 科技创新的支持系统

其一，庞大而独立的研发团队。中国高铁技术引进之前，部分企业的研发团队已经具备强大的技术实力；启动技术引进后，由于需要消化、吸收，传统的研发组织被重组，长客、四方等企业原来的产品设计科向研发中心转化，研发团队规模明显扩大；自主创新方针确立后，研发中心又向国家实验室转化。

其二，资本及试验设施的大量投入。技术开发离不开大量的资本投入，对高铁技术而言，最昂贵的投资在试验设施上。2008年两部联合行动计划之后，国家投入巨资，大大提高了对开发新产品的技术支持力度，建立起大规模的实验室，形成“高速列车系统集成国家工程实验室”。除了政府的大量投入，中国高铁企业也进行了大规模的研发投入，如四方的滚动试验台，是世界上测速最高的实验室，对于时速高达600公里的机车，也可以进行全功能的检测。高铁生产企业试验设施的投入，又带动了相关设备生产企业的发展，如四方的试验台架并不是来自国外，而是由株洲所设计的，这也正是我国铁路装备长期自主开发的优势所在。

其三，外部技术支持系统。中国高铁技术进步的突破，某种意义上是一种举国体制的创新，高铁技术研发，置于国家创新系统之中。企业参与大量由国家牵头的科技项目，产学研合作充分展开，这种完全开放的创新模式，在中国工业发展史尚属首创。它突破了计划体制下的工业部门管理，合作不仅是在铁路行业的科研体系内完成，而是向多个工业部门的研发体系延伸，甚至包括零部件供应商。如两部联合计划后，国家科技计划对高铁技术相关的科研项目，基本是以长客、四方、唐山三大主机厂的产品开发为基础，结合数百家配套企业的产品开发，再加上数目众多的研究机构和人员，进行技术研发的广泛合作。如400时速检测的关键技术和装备、500时速下力学行为、高铁车轮材料关键技术、高速轮轨铁路技术等，除了生产企业，涉及科研院所11个、大学25所、国家级实验室和工程研究中心51家和上万名技术人员，不完全统计包括院士68名、教授和研究员700多名。长客在开发CRH380B时，遇到了一个技术难题，对技术的继续推进至关重要，这个问题在开发长白山号时也曾遭遇，但当时没有能力解决。而现在，由中科院力学所主持，得到了最佳解决方案。四方产品所需的铝合金板材，由于国内企业技术能力不足，无法从国内采购，在引进初期全部进口，但随着零部件生产企业的自主创新和研发，铝合金板材的技术也走向世界先列，四方产品所需的铝合金板材已经全部国产。

5. 结合本土特色的创新

坚持本土特色的创新，是中国高铁技术领先世界的源泉，正如日本汽车产业的崛起，起源于日本本土特色的创新。

引进技术的性能指标决定了中国高铁产业发展的基础。从京沪高铁建设初期，时速目标就定为350公里，当时国内的技术能力决定，只能大规模引进速度更高的外国车型。但国家创新意志，使继续引进升级换代产品被阻截之后，自主开发新一代高速动车组就成为唯一的选择。正是技术性能指标高，才提高了技术创新的参数和边界，使 CRH380 系列的总体性能要求，包括线路、电网等众多子系统，从一开始就决定了会超越法国 TGV、日本新干线和德国 ICE 的水平。目标制定得高，不是一定会实现高目标，但至少可以作为参照系而进步；但如果目标制定得低，很难想象会达到高水平。

每个国家的高铁技术，都是根据本国的国情设计研发的，国外高铁的目的和功能，与中国高铁截然不同。国外高铁一般由于人口少、需求有限，没有必要对高铁进行大规模长时间频繁的使用。如日本，每天只运行 2 小时，短时间运行对列车的动力和抗疲劳能力的要求，自然不同于 4 小时的运行时间。中国高铁需要解决大面积运力不足，CRH380A 运行时速按 350 公里计算，仅在京沪高铁线上跑一趟就需要 4 个小时，这正是我国技术创新的压力和动力。长时间连续运行要求列车具有长时间工作的可靠性，转向架和牵引系统这些列车的关键环节，对材料和结构都会提出更苛刻的技术要求。

而高铁线路条件深受自然环境的影响，由于中国高铁线路长，跨越不同自然环境的地区，引进之初，所有引进的外国车型，都只能满足中国高铁某一方面的要求，而对于高铁运行的其他要求，都必须进行适应性改造才能满足，这也是当时采取联合设计的引进方针的原因。

最接近中国高铁运行条件的是日本的产品和技术，而德国的产品和技术，进行的改造更多。为了更接近中国的条件，每种引进的车型都需要大量的适应性改造，而这种适应性改造，都不可能一次性成功，都类似于产品重新开发所要求的技术过程，需要不断地通过试验进行改造。如对牵引系统做的模拟组合试验，要做疲劳可靠性等各种试验，还要模拟各种可能的恶劣状况，比如中国西部的干燥的风沙气候、南部的多雨湿热、北部的天寒地冻等。

这个过程，使中国高铁在大规模技术引进中，自有的技术能力不但没有被破坏，反而使中国企业的消化吸收更快更有效，多次大量的试验，使企业获得并掌握整车的试验数据，在中国高铁发展中，这些数据正是我国整车自主开发的经验基础。

根据中国本土特色的创新，尤其当这些高铁线路特点是中国独有时，对产品的改进就成为中国新技术的来源。例如，哈大高铁使用 CRH380B 高速动车组，由长客制造，其原型是西门子的车型平台。但因为德国没有高寒线路，而哈大高铁是典型的高寒线路，西门子并没有开发高寒车的经验，车型并不适合高寒特点。而长客在普通机车车辆制造方面就有许多技术是对付高寒的技术积累，以前的高寒技术，部分可以用于高速列车。但普通机车和高速机车又有不同特点，现有普通机车技术，应用于高速列车时，会出现大量的问题，对这些问题的解决和应用，就是新技术的来源。如2012年12月底，哈大线刚刚开通一个月时，高速列车的一个部件出了问题，而这个问题在德国的高铁运行中从未出现过。工程师们在现场找到问题，原因是由于该部件孔大螺栓细，列车运行时进了很多的雪，随着列车运行温度升高雪融化成水，而列车停止运行水再结冰，部件因冻胀而出现裂缝。工程师们将故障部件搬回实验室，在一个试验台架上进行分析，最后找到根本解决问题的方案。而这一故障和解决，给长客带来了技术进步，基于解决方案，长客申报了数项发明专利，甚至让西门子也艳羡不已。

再比如中国高铁的可靠性和抗疲劳性要求都高，要求转向架的技术也不能照搬国外。最初进口的外国产品，并不是采用原有的转向架，而是根据我国要求的转向架图纸制造的。转向架的抗疲劳试验，一般高铁企业仅能满足600万次，欧洲标准最严格，为1000万次；一般标准与中国市场特点结合考察，显然有所不足，因此CRH380转向架的抗疲劳试验，根据的是最严格的欧洲标准，并由最权威的维也纳大学实验检测中心完成。

坚持本土特色的创新，使高铁技术在引进期间和引进后，不但没有停滞，反而实现了质的飞跃。在中国自主研发车型CRH380上，有外国产品的影子，但这是按照全新技术标准，利用中国高铁产业积累的技术能力、目前高效开放的科研体系、中国大规模应用的优势、中国复杂地理条件下所积累的经验和数据以及世界最为宝贵的海量动态数据库，中国完全自主知识产权的创新。而这样的创新，无疑应该是所有的中国产业和企业学习的楷模。在此过程中，我们也看到了开放背景下、价值链分工体系下，我国落后的产业和企业，通过参与国际分工，完全能够实现科技创新和产业升级的耦合，并打造具有全球竞争优势的产业，成为国家的骄傲。

第三节　推动构建创新价值链

一、明确创新价值链延伸的内涵和模式

价值链分工体系的不同环节，创造附加值也即价值的产出不同。推动价值链向创新价值链的演进，从传统价值链的角度分析，实际是向高附加值或高价值链产出的环节延伸。由创新含量比较低的加工组装环节，向创新含量比较高的研发或销售环节延伸，有能力的企业，则可以同时向两端延伸。因此，创新价值链延伸的内涵可以分为：研发主导型，即以提升科技创新能力和产出为主；商业主导型，即通过更有效的销售和售后服务提升商业产出；一体化型，即同时提升科技创新产出和商业产出。

创新价值链的延伸，即创新价值链的高级化过程。由于不同行业有其各自的行业特征与技术属性，不同区域又有其特殊的资源禀赋与环境约束，因此，需要结合具体的产业和区域特点，实施不同的创新价值链延伸模式与路径。

1. 直接高级化模式

生产制造主导型向研发+商业主导型直接延伸的现象，称为直接高级化模式。这种升级模式最为彻底，能够同时占据价值链高附加值的两端环节。但对企业的要求也比较高，居于底端的生产制造主导型企业，由于缺乏创新能力和营销经验，同时向两端延伸的难度极大，除非企业要素积累由于市场或政策的突变出现质的飞跃，这种直接高级化模式的风险较大，成功的可能性较低。

2. 逐步高级化模式

生产制造主导型企业，选择某一个主攻方向，或以技术研发为主，转变为研发主导型企业；或以市场营销为主，转变为商业主导型企业。再以此为过渡，条件成熟之后，向另外一个方向发展，逐步提高不同环节的能力和效率。这种分阶段实现的转变方式，对企业的压力和风险较小，但时间较长，有可能会丧失市场竞争的机会。

山东省制造企业构建创新价值链的过程中，由于起点不同，企业的优劣势不同，构建的模式和路径也大有不同。创新价值链应根据行业、区域及阶段的不同，找到自身的薄弱环节和优势环节，并基于外部环境，寻找企业可以切入转型的机遇，结合本企业优势环节，发挥最大的推动作用。当然，在这个过程中可能会存在对企业的威胁和风险，企业应做好风险分析及其应对措施。创新价值链延伸的示意图如图 7-1 所示。

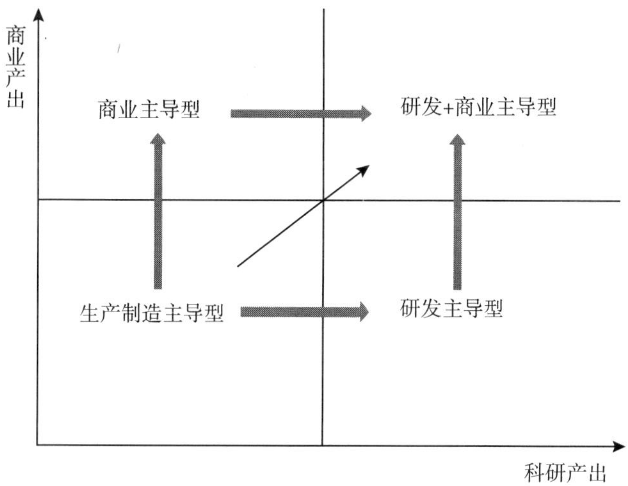

图 7-1　创新价值链延伸示意图

二、区分行业特点构建创新价值链

参与价值链分工使山东省制造业的产业规模和技术水平都得到了一定的提高，但从经济模式上看，仍呈现要素驱动的特征。目前，则应实现由要素驱动转向创新驱动，这就要求一方面要强化研发和升级能力，改变企业依靠劳动力成本或大规模投资发展的特点，通过科技创新和科技能力的提高，促进技术和知识密集型产业及具有高附加值的高技术产业的发展；另一方面要延伸产业链，以产业链引导创新链，优化创新资源，实现科技创新效率的提高，以创新链支撑产业链，科技创新和产业升级得以耦合。鉴于目前山东省要素成本的上升，成本优势逐渐丧失，对这部分产业或生产环节，应予放弃或转入成本更低的其他国家，形成自己的价值链分工。提升价值链分工的地位，从参与价值链辅助环节，如简单组装、非核心零部件制造，转向产业价值链的基本环节，如核心零部件制造、研发设计和流通营销等，不断提高在价值链分工中的地位。

不同行业在进行创新价值链延伸时，需要综合考虑延伸模式的选择。延伸的方向当然是在研发设计和市场营销中二选一，有条件的企业也可以双管齐下。但由于产业的特征和技术含量不同，选择的延伸模式和方向也有差异。

1. 低技术含量行业

山东省部分大中型制造企业属于技术含量较低或生产效率较低的行业，如纺织服装、鞋、帽制造业，食品制造业，塑料制品业，化学原料及化学制品制造业，造纸及纸制品业，有色金属冶炼及压延加工业等行业。这些行业大多是生产制造主导型的行业，技术含量较低。鉴于传统制造行业的特点，不宜采用直接高级化的延伸模式。山东省在这些产业的优势，在于劳动力成本较低、行业技术相对成熟等因素，生产制造效率相对较高。我们认为未来延伸的方向，应向销售和售后服务环节倾斜。由于这些产业技术较为简单，企业成长更大的空间在销售方面，因此，应强化商业化环节，提高价值产出的效率，然后逐步提高研发能力，提高产品质量。

2. 中技术含量行业

技术含量居中的行业，如通用专用设备制造业、电气机械及器材制造业、化学原料及化学制品制造业、金属制品业等，具有资本、技术密集型的特点，这些产业的技术含量高，对国民经济的重要性大。我们认为，这些产业应首先倾向于研发设计环节，进行核心技术的开发。在科技创新能力支撑的基础上，再向商业化环节延伸，提高销售溢价并获得更大的市场份额，充分发挥技术提高带来的竞争优势。

3. 高技术含量行业

技术知识密集程度较高的行业，如交通运输设备制造业和通信设备、计算机及其他电子设备制造业，对技术的要求最高，在国民经济中的战略性地位也最突出。山东省目前已具备高技术含量的产业基础，但由于参与价值链分工，山东省的交通运输设备制造业和通信设备、计算机及其他电子设备制造业企业，大多还未能接触到行业的核心技术，而是处于价值链底端的加工环节。对这些产业，我们认为应倾向于向研发环节延伸，切入高端制造环节，掌控核心技术，加强自主创新能力建设，提高产业的核心竞争优势。

三、提升科技创新的物化效率

科技创新成果本身并不代表科技创新的最终价值，更无法直接带动产业结构升级。科技创新和产业结构升级的耦合，需要提升科技创新的物化效率。科技创新成果只有在企业和市场中完成转化，才能带动产品的升级换代和产业的创新升级。

价值链背景下，科技创新成果物化效率的高低，首先受到企业规模与生产制造能力的影响。科技创新成果和前沿技术能否快速实现商业化，是否具备先进而有效的制造能力是其中的关键。高新技术企业并不是只做技术研发，而不具备生产能力，英特尔的研发能力全球一流，而其生产芯片的制造能力，也是行业内的翘楚。这足以说明制造环节的重要性。基于此，提高生产制造水平与能力，是提高科技创新物化效率和产业结构升级的重要途径。

从现实来看，为了提升生产工艺与制造能力，山东省大量企业都在积极进行技术更新改造和消化吸收资金的投入，这从理论上有助于提高科技创新物化产出效率，也有利于促进生产制造能力和产业结构的提升。此外，生产规模也有助于科技创新成果的物化产出效率。因此，山东省制造企业应提升生产工艺与设备水平，消化吸收资金与技术升级改造资金不是只投入就可以，而必须进一步优化其使用效率，促进企业生产规模的扩大，提升科技创新的物化效率。

其次，需要注意的是科技创新产出的物化效率与科技创新产出的技术含量有较大的关系。我们一般以专利授权量来衡量一个企业或地域科技水平的高低，但并不是所有的专利都代表高技术，专利又分为三种形态，分别是发明专利、实用新型和外观设计。其中，发明专利是新的技术方案，涉及对产品性能及生产方法的突破，因此技术含量最高，包括产品发明、方法发明和改进发明；实用新型是对形状、构造或其组合的发明，创造性要求低，技术价值比较低；外观设计专利是对产品的外形、图案、色彩的新设计，技术含量最低。无疑，一项发明专利产出的物化效率和对产业结构升级的推动作用，将远远高于实用新型专利和外观设计专利。

山东省相关政府机构及大多数企业都极为关注本地区或本企业的专利申请及授权数量。但实际上，企业专利的技术属性会影响到该企业、行业和地区的科技创新能力和未来产业结构升级的能力。专利体系中，技术含量最高、居于核心地位的发明专利比重并不大；实用新型和外观设计专利的数量和比例远远高于发明专利，这类专利申请和获得数量的增加，并不会直接增强企业的技术开发能力，对企业技术水平和产业结构升级作用极为有限。因此，增强企业和产业的科技创新能力，应该从发明专利的角度，考察其产出数量和质量。

最后，一个地区的科技创新是否活跃，还取决于当地的创新文化和创新环境。如果高新技术企业集聚度高，关于技术进步的交流和合作活跃，这种创新氛围会激发企业的科技创新积极性。同时，又会使企业之间的协同创新发挥作用，带动整个产业的升级，实现区域内科技创新和产业结构升级的耦合。

四、提升价值链分工的整体技术进步效应

在山东省制造业参与价值链分工中，尤其在初期阶段，国内企业的技术水平较低，生产要素的技术含量也较低。随着加入全球价值链分工，国内企业得以生产技术含量更高的产品，接触到更先进的技术工艺。在生产过程中，一方面跨国公司的先进技术会存在溢出效应，向国内企业溢出和扩散，从而带动国内企业技术和效率的有效提升；与此同时，国内企业作为跨国公司向全球市场供应产品的生产基地，为了保障出口的质量，跨国公司也会更加主动地提供技术援助和支持，甚至会对国内企业的技术人员提供必要的培训，这也会有效提升国内企业的技术和效率。基于此，大多数企业对参与价值链分工的技术效应，都持一种乐观的判断，认为参与价值链分工体系，就获得了稳定的外部技术来源，类似于背靠大树好乘凉，于是可能放松对自身技术研发的要求。

从山东省参与价值链分工的大多数年份来看，的确是具备技术进步效应，生产效率得以提升，并促进了产业结构的改善升级。但这种技术进步和效率改善更多地体现在当前的价值链分工环节上，也即山东省企业从事价值链分工的加工组装环节。企业不承担技术研发和产品销售的风险，但企业仅作为 OEM 存在，也无法获取更大的经济利益。为了获得更为稳定的价值链分工体系，并满足国际市场的质量标准和要求，跨国公司对加工组装环节内部的工艺改善和

效率提升持鼓励和支持的态度。这带来了显著的效率改善效应，技术提高的效应却并不明显。当山东省企业在此基础上谋求进一步技术进步和产业升级时，也即希望突破价值链分工的低端环节，向高附加值的两端环节延伸时，会对价值链分工体系上居于主导地位的企业形成冲击。此时，跨国公司为了维持其对价值链分工的掌控，就会变为阻碍的态度，采取种种措施避免向代工企业的技术溢出和扩散，甚至直接终止与代工企业的合作，选择其他国家的企业代工，将原来的代工企业从价值链分工体系剔除。这无疑会影响原代工企业生产经营的稳定性，也不利于其研发和升级的努力。此外，长期参与价值链分工，获得先进技术和核心零部件非常容易，企业也容易出现依赖心理，甚至会丧失自主研发的动力和能力，再重启技术研发，对企业也是极大的挑战。

目前来看，山东省价值链分工的技术进步效应已经极为有限，再以旧有模式维持，将会出现低端锁定的局面。尤其是价值链分工的技术进步更多体现在提升山东省的出口能力上，但生产能力和技术能力并未同步提高。表面上看，山东省企业能够出口大量高技术含量的产品，如通信设备、交通设备、电子电讯产品等，但山东省企业的基本功能还是组装车间，技术和中间产品来自外部，山东省企业只获得了如何使用现成的技术加工组装现成的中间产品的能力，而技术如何研发出来的，核心零部件如何生产出来的，则可能一无所知。要改变这种被动局面，当然不能再依靠外源技术。当前及未来一段时间，低技术含量的劳动密集型产业及生产环节必然大量外移。随着这些产业及生产环节的外移，山东省企业发展的传统模式将发生大的变化，技术进步的传统方式也难以为继。山东省企业的技术进步，要实现根本性的模式转变。山东省制造企业应从价值链分工中获取相应的技术进步效应，并以此推动产业结构的优化转型。唯一的途径是以技术创新求变，提升产品技术水平，推动转型升级，向中高端环节延伸，推动产业结构升级。

科技创新不同于技术模仿和引进，科技创新能力的提升，需要科技创新要素的有效整合和对技术的根本性整体突破。有观点认为，山东省企业还不具备大规模自主创新的能力，但需要注意的是，价值链分工体系下的科技创新，并不需要整个产品或行业的创新。科技创新和技术突破，可能只是针对某一环节、某一零部件，以此技术突破为基础，提高企业价值链分工的地位。山东省的大量企业，可以在不同的产业中参与价值链分工，从事研发、管理、财务、营销等某一环节，并强化这一环节所对应的核心竞争优势。并在此基础上通过生产要素的跨国界流动，随着资本、技术、人员等全球流动，进行价值链的全球布局。在此过程中企业实现由 OEM 向 ODM 并最终向 OBM 的转化，则是完全可以实现的。世界上成功的先例并不少，日本、韩国的早期崛起，亚洲“四小龙”及其他东南亚国家的后期跟进，都是在这种高度开放的价值链分工背景下，以本国当时的廉价要素成本参与国际分工体系，在企业的生产过程中学习国外的先进技术，有效发挥干中学的效应，最终使企业得以升级到研发和商业环节。这也是山东省制造企业目前可能完成并且必须完成的转型。此外，山东省制造业已经具备了大量高技术含量的产业优势，如高铁、太阳能、电子电讯等，这是山东省技术研发的基础。除了在价值链分工体系上由低技术向高技术环节的延伸，获得价值链分工体系内部的技术进步效应外，山东省还应该依托这些产业，实现价值链分工体系之间的升级，获得价值链分工的整体进步效应。这个过程，也正是科技创新和产业升级的耦合。

第四节　实现科技创新与产业升级融合发展

一、提升自主研发的产业升级效应

目前山东省相当一部分企业，习惯参与价值链分工并获取现成的先进技术，尽管能够短期获得生产能力和大量的出口份额，企业的利润也得以增加，但其实是被居于主导地位的企业锁定于底端，没有企业发展的内源动力。要实现企业的转型和产业的升级，只能依靠内源技术供应，即企业自主研发所获得的技术能力。要实现科技创新，无论是从科技创新的理论还是从经济现实的案例中分析，都只能依靠大量的自主研发投入，并提高研发产出的效率。

目前，在山东省的自主研发中存在两个主要的问题，导致自主研发对产业升级的推动效应不佳，科技创新和产业升级耦合度较低。一个问题是研发投入不够，无论是研发投入的资金规模还是研发人员的数量，山东省的数据与其经济发展水平相当的地区比较，都处于较低的水平。尽管高投入不一定能带来高产出，但研发投入水平较低，一定不会带来大量的科技创新产出。“二战”后形成赶超的日本和德国经济，20 世纪 70 年代崛起的亚洲“四小龙”，我国的高铁产业，这些获得科技创新和产业升级的成功案例，其共同点都是对自主研发的高度重视和大量投入。山东省的科技创新和产业升级，也要强调研发投入的大量增加，从而增加科技创新产出，带动产业升级。

除了研发投入不够，山东省自主研发的另一个问题是研发效率较低，现有的有限投入，未能带来有效的科技创新产出。究其原因，包括多个方面，如研发投入主体性质单一，企业并不是研发投入的主体，尤其是习惯于参与价值链分工的企业，很少主动去进行自主研发；大量的研发投入来自于政府机构、科研院所和高校，这些研发投入，更多地注重理论价值，而忽视商业价值，其科技创新产出对产业升级的作用也就可想而知。科技创新转化效率低也是一个原因。由于技术交易市场滞后，技术交易的法律法规体系不健全，而为技术交易服务的中介服务体系也极为滞后，导致现有的科技创新成果难以通过技术交易市场在行业内扩散，技术的带动效应极低。此外，由于山东省经济外向度高的原因，无论是政府还是企业都极为重视出口及其对经济增长的带动作用，科技创新也受其影响，有限的研发投入，不是根据企业和产业的现状进行自主研发，而是根据出口市场的偏好，研究开发适合于出口市场的产品和技术，满足了出口的需要，但因为脱离企业和产业的现有特点和基础，对产品的升级换代和生产的技术推动作用却较小。凡此种种，都是未来山东省自主研发应予改进的方面，即增加企业的研发投入，提高研发效率和有效的科技创新产出，促进产业升级。

二、加强新兴产业与传统产业的关联度

推进山东省产业结构的升级，就是要处理好继承与创新、转型与升级的关系。转型是立足已有的，升级是发展新兴的，通过转型升级促使山东省制造业更新换代。保证高新技术产业的良性发展及科技创新的活跃度，对于实现对传统产业的技术改造、促进区域产业结构优化升级具有十分重要的意义。传统产业的市场和利润情况都不乐观，传统产业的企业很难有活跃的科技创新；而新

兴产业，由于其行业特点，科技创新能力更强。如果能加强二者的关联度，则会起到事半功倍的效果，既会推动新兴产业的大发展，又会带动传统产业的改造提升，从而推动区域内产业结构的优化升级。

新兴产业的科技创新，能够对传统产业改造提升发挥作用。从目前来看，传统产业仍对山东省经济起着重要的作用，集聚了大量的就业人员。在就业人员的素质不能短期内改善的局面下，对这部分传统产业不能轻易放弃。因此对传统产业的技术改造，就是山东省传统制造业发展的唯一选择。但山东省新兴产业的发展在很大程度上是依靠参与价值链分工和引进技术来实现的，与原有传统产业关联很弱，因此，新兴产业的科技创新难以在传统产业上广泛运用，即未形成传统产业与新兴产业的技术关联。

科技创新政策和产业政策，应加强新兴产业与传统产业的关联，传统产业的科技创新成果可能无法应用于新兴产业，而如果新兴产业的科技创新成果能突破产业界限，向传统产业扩散，则会带动传统产业的转型升级。这种应用并不困难，我们所说的“鼠标+水泥”“互联网+”等新兴模式，都会带来相应的效应。传统的水泥产业，可能属于劳动密集型产业，对技术的依赖程度低，我们似乎也很难看到从水泥企业中走出的技术创新和产品升级。但如果能够将最新的信息技术应用于其中，在原料采购、物料运输、库存、生产、销售过程中，使用以鼠标为代表的现代化技术，将以互联网为代表的现代化信息应用其中，则再传统的水泥企业，也能够焕发出全新的活力，实现传统产业的升级换代。当然，除此之外，延伸传统产业价值链，提高增加值，也是产业结构高级化的一种方式。

三、分区域实现科技创新与产业升级的耦合

山东省幅员辽阔，各地市之间存在较大的差异。经济发展的资源禀赋不同，地理位置也有较大差异，导致山东省存在沿海和内地城市的差距，这与我国经济发展过程中的地区差距类似。以青岛、烟台、威海等为代表的沿海城市，由于地理位置优越，参与价值链分工有得天独厚的优势，属于经济发达地区；以东营、枣庄等为代表的地区，由于自然资源蕴藏丰富，人均收入高，但产业结构并不合理；以临沂等为代表的内陆地区，要素条件和地理位置均不突

出，属于经济欠发达地区。在科技创新和产业升级的耦合中，也应根据山东省不同的地区特点，采取不同的发展道路。

1. 经济发达地区承担技术创新和发展新兴产业的功能

以青岛、威海、烟台、济南为代表的经济发达城市，因其地理位置上的优势以及较为雄厚的经济基础，应成为山东省科技创新和产业升级中的龙头城市，对其他城市起到带动和辐射作用。这些地市创新资源丰富，产业基础雄厚，发展势头强劲，在进行科技创新和产业结构升级过程中，应依托当地的有利条件，强化科技创新，加大研发投入，以科技创新产出的高效率，提升产业结构，实现科技创新和产业结构升级的耦合。这些地市技术水平较高，适合于承担技术创新的功能，从事技术密集型新兴产业，在山东省科技创新体系的构建中，承担技术创新和产业升级的作用。从价值链分工的具体应用上，这些城市要逐渐放弃技术引进和模仿，淡化在加工组装上的集中度，向研发和营销环节延伸，掌控价值链分工的战略环节，直至具备布局以我为主的价值链分工体系的能力。放弃的加工组装功能，向山东省其他欠发达地区转移，形成梯度配置，从而加大对欠发达城市的辐射带动作用。

当然，在产业升级的过程中，由于会冲击原价值链分工体系上主导企业的利益，可能在创新成功之前就会受到主导企业的阻碍甚至封杀，对于创新企业来说，既未能获得技术创新和价值链升级的一席之地，又会失去原有价值链分工中的传统功能和地位，这是存在的最大风险。有鉴于此，除了要发挥企业的科技创新主体功能之外，政府、行业中介、高校、金融机构等都要发挥相应功能，形成科技创新网络的合力，才会形成技术创新的成果和突破。

我们认为，一方面，可以选择有重点性的突破方针，避免齐头并进，分散创新资源，并形成各城市的产业同化和恶性竞争。应该结合各城市的优势和特色，选择主攻方向，如青岛市可以依托其现有的高铁产业优势，济南市依托其电子产业的优势，进行有针对性的研发和创新，既能保证原有的产业分工地位和利益，又能给城市带来主攻产业上的创新和升级。对主攻产业的创新成功后，再以此为基础，由点到线地把创新推进到相关产业，再由线到面地推进到其他产业，形成全行业科技创新和产业升级的局面。

另一方面，必须强化政府在其中的扶持和鼓励功能，发挥其他创新主体的辅助功能。政府的作用在于加大基础研究投入，以减轻企业应用型研究的投入和难度；规范科技创新的法律法规体系，形成有效的知识产权保护、技术市场交易等。高校和科研院所的功能在于大量培养创新人才，并提供企业应用型研究所需的知识创新成果，尤其是对于山东省的沿海发达城市，发展历史短，高校资源基础并不雄厚，应以其他城市的高校和科研院所资源进行补充。金融机构、其他中介服务机构也应相应发挥创新功能，做好对沿海城市的创新融资、科技评估、创新转化和管理咨询等辅助功能。以全省全范围的合力，建成经济发达城市的科技创新和产业升级平台。

2. 经济欠发达地区实现技术模仿和改造旧产业功能

山东省也存在两极分化，除了以青岛、济南、威海、烟台等为代表的经济发达地区外，其他地区相对滞后，尤其是资本聚集度和技术水平低，但是自然资源丰富，劳动力充裕，生产成本较低，适合于发展对技术创新能力要求不是很高的产业。从世界各国及山东省经济发达地区的经济发展史中可以发现，通过技术引进或模仿，实现跨越发展并实现技术创新也是重要的经济发展模式。如“二战”结束之后，经济发展水平尚属低下的日本，以其当时的优势要素、成本低廉的劳动力参与国际分工，确立贸易立国的方针，大规模地进行技术引进，在消化吸收这些技术的基础上，建立了强大的民族产业，并于20世纪60年代末期迅速成长为仅次于美国和前苏联的第三大经济强国。因此，有效地引进并模仿技术，是产业升级和技术进步的有效途径。为此，山东省欠发达地区应承接发达地区转移出的技术和产业，在此过程中积累资本、技术等要素，并谋求在技术链中的升级，对于这些地区的技术进步和产业升级有重要的现实意义。山东省欠发达地区承接发达地区的技术和产业转移，这既为自身的经济发展奠定了基础，又能够将传统环节和产业从山东省的发达地区转出，有助于经济发达地区的资源向创新环节和产业集聚，并形成山东省内价值链分工的梯度配置。

需要注意的是，在承接传统产业、参与价值链分工的过程中，山东省欠发达地区，也应该结合各自的区域特征和要素禀赋，形成不同的主攻方向。既能避免山东省内不同地区之间的产业同构和恶性竞争，又能形成优势互补，有助于构建完整的产业体系基础。另外，要吸收更早参与价值链分工企业的经验教训，不能一味地依靠外部的技术供应和中间产品，放弃企业自主研发的能力，应该在参与价值链分工的基础上结合本企业本地区的特色，进行相应改进，获取具备自身特色和更高水平的技术成果。最后，由于经济欠发达地区的要素、市场发展都较为落后，可能对价值链分工的主导企业的吸引力不足。当市场机制不足以支撑经济欠发达地区吸引国际国内资本时，政府功能应作为补充，提供更好的政策体系和软环境，以弥补基础设施和产业基础的薄弱，扶持本地尚显弱小的企业进入国际分工体系。

四、以省内基础的升级促进科技创新和产业升级耦合

山东省科技创新能力的提升和产业结构的升级及其耦合，不是取决于主观意志和政府及企业的偏好，而是由山东省整体和企业的经济基础决定，受客观条件的限制，因此要实现山东省科技创新能力的提升和产业结构的升级，不能好高骛远，只能依据客观条件的变化而相应实现升级。

1. 促进劳动力要素的升级

山东省的传统优势，与中国整体的情况类似。作为人口大省之一，劳动力要素的优势显著。尤其在改革开放初期，大量跨国公司的进入，无疑也是看中了这一优势。但从目前的结构来看，1982 年 65 岁及以上人口比重为 5.6%，2015 年上升至 12.2%，说明山东省老龄人口所占比重迅速上升，而劳动力人口的比重不断下降，带来了劳动力要素的优势日渐消减。当劳动力数量发生变化时，要继续发挥劳动力要素的作用，则只能从提高劳动力的质量入手，强化质量优势，这也是山东省科技创新能力提升和产业结构升级的基础。与经济高度发达的情况不相匹配的是，山东省的教育体制并不发达，这是目前最应强化的一环。比如青岛这样经济高度发达的城市，高校资源和科研机构数量较少，创新文化和创新氛围淡薄，与其滞后的基础教育体系大有关系。青岛市中考录取率甚至低于 50%，也即大量十几岁的初中毕业生，由于高中资源的缺乏，而丧失了进入高中以及日后获得高等教育的机会。这些问题，在山东省的其他城市也存在，难以想象在这样的教育基础上，会出现劳动者素质的大幅度提升，科技创新和产业结构升级的耦合，也只能是一句空谈。

2. 促进制度改革及完善

无论是科技创新能力提升还是产业结构升级，都需要制度的保障，需要宽松自由的制度环境，因此，山东省应促进制度改革，以提升科技创新和产业结

构升级。改革激发了山东省技术进步和创新的欲望，开放则降低了山东省科技创新的成本。制度环境的优化，既激发了山东省企业利用开放带来的机遇迅速切入国际分工体系并获得更大的发展机会，也促使大量跨国公司增强了对山东省经济的信心并进入山东省市场。山东省技术进步及在产业结构升级上取得的成就，从某种意义上说，来自于制度成本的大幅度降低，是科技创新能力提升和产业结构升级的真正秘密。而近年来，山东省的制度改革逐渐陷入僵局，这主要是受中国宏观的经济改革制约。改革开放初期，从纯粹的计划经济向市场经济过渡，虽然没有明确市场经济体制的改革方向，但商品经济体制的引入，使制度出现了天翻地覆的变化，制度红利的推动作用巨大。1992 年明确市场经济体制是中国经济体制改革的方向，1994 年汇率并轨、出口退税机制的完善，2001 年加入世界贸易组织与国际规则的对接等，都是山东省制度大幅度改革并凸显制度红利的良好机遇。但目前，随着中国渐进式改革进入攻坚阶段，制度改革的空间缩小、难度加大，造成了山东省制度红利的空间缩小，对技术进步和产业升级的推动作用也有所下降。未来只有大力推动制度的改革及完善，才能形成山东省科技创新能力提升和产业结构升级的新优势。

3. 促进增长模式的转型

山东省进行科技创新的主要产业应以制造业为基石。山东省制造业仍具备传统粗放型增长的特点，高投入和高消耗的企业占很大比重。这种特点，不仅体现在国内生产上，在国际生产的过程中，对价值链分工的参与，也以这种特点为主。许多进入中国的跨国公司，将加工组装环节转包给山东省的制造企业，一方面是由于生产成本更低，另一方面的原因也是由于国外对生产的环境要求更高，因此希望将高投入、高消耗、高污染的环节向发展中国家转移。无疑，这部分生产环节的技术含量是最低的。如果山东省经济能够强调集约型增长模式，强调清洁生产，则会引进具有类似特点的跨国公司，相应的，这部分跨国公司的技术含量也会更高。因此，在承接发达国家加工制造环节过程中，山东省应强调经济增长模式的转型。以此为基础，注重引入的跨国公司能够带来技术进步和效率改善，从而实现科技创新和产业升级的耦合。

4. 打造具有科技创新力的山东省跨国公司

在山东省技术进步和产业升级的初期，参与价值链分工的都是一向缺乏技术和市场的企业，这部分企业以中小企业为主。可想而知，这部分企业无论是否参与价值链分工，技术创新和产业升级能力都是极为有限的。但当前，行业内的优秀大型企业已经成为对外开放参与价值链分工的主体，这成为价值链分工技术进步和产业升级效应加强的基础。此外，由于优秀大型企业具备获取价值链分工体系更大掌控力和话语权的能力，更容易实现价值链分工上各环节的升级，从而推动科技创新，增强产业竞争优势。

对外直接投资方式，是企业利用国外资源的一种主动方式。通过对外投资，主动走出国门，在发达国家新设企业或收购已有企业，能够弥补国内资源的不足，尤其是先进技术和管理经验等。如在硅谷等高技术基地投资设立企业，有助于相关产业的企业获得行业内的最新技术信息及情报，比起被动地等在国门之内通过贸易或引进外资的方式，是更为有效、主动的途径。

有一种观点认为，对海外投资的资金压力大，尤其是大规模收购，会给企业带来非常高的资金压力和财务风险。但在实践中，在国外投资，尤其是在发达国家，完全可以利用当地完善的金融市场、庞大的金融机构、发达的金融产品体系，更自由、更大规模地筹措资金。也就是说，海外投资的资金不一定都出自国内，我们可以在境外利用当地资金。因此，选择理想的投资地点，利用他国的资金，投资预期效益较好的行业，反而可以在开拓市场的同时，缓解企业的资金短缺，取得在全球拓展的优势。

尤其是一些传统加工产业，建成的生产能力闲置严重，在山东省内及国内市场基本进入饱和状态。这些产能过剩的产业，大部分存在高库存和高负债的危机，处于亏损状态，只能靠政府的高补贴苟延残喘。面临这种局面，通过对外投资，开拓国外市场，转移国内的过剩产业，将国内有限的资源和市场用来发展战略性新兴产业等技术含量更高的产业，有助于实现我国的产业结构升级。

跨国经营的专业人才除需要掌握系统的专业知识外，更需要在实践中锻炼和提高。中国的跨国经营企业经过了几十年的国外经营实践，工作在各类海外企业的几十万人员得到了培养和锻炼，通过按国际惯例进行经营活动，在管理方式、营销手段、工作效率等方面经受了国际经营的洗礼，跨国企业也成了培养跨国经营人才的基地，为中国企业跨国经营的进一步发展奠定了人才基础。

当前，部分山东省企业已经具备了成长为具有科技创新力和产业竞争优势的跨国公司，产品和品牌已经在国际市场上享有广泛声誉，在技术上也有比较优势，在管理和人才方面也具有一定的优势，初步具备了对外投资的条件。在对外直接投资中，企业应做好投资项目的可行性研究，对投资环境进行综合评估，在风险大的市场和产业，可以选择当地合作伙伴，并注重风险防范，实施先进的管理形式，进行合理避税，提高企业的投资收益。

山东省企业通过积极参与国际价值链分工，已经建立了一批有国际竞争优势的企业，未来将更多地通过走出去构建以山东省企业为主的国际价值链分工体系，并在此过程中实现科技能力的提升、传统产业转移及产业结构升级。从对外直接投资走出去的理论分析和发展实践来看，通过对外并购，尤其是向价值链高端环节的并购，是以较快速度、较低成本获得有效的技术提升和产业升级的有效手段。

案例解析：中国企业的对外并购回顾

价值链分工视角下的科技创新和产业升级耦合，从企业发展的实践分析，不外是提升企业的科技实力、品牌实力和销售控制力。对于大多数中国企业来说，生产制造成本已经能够控制得很低，并能够通过低价策略等市场竞争手段实现大规模销售和市场份额，但普遍存在的问题在于，科技实力、品牌实力和销售控制力较弱。而这些作为企业发展必不可少的软实力，其构建时间长、风险大。从当前企业发展的模式看，除了采取传统的新建手段，从企业内部构建和培养科技实力、品牌实力和销售控制力，更为常用的手段是通过并购，从企业外部以更快的速度获得这些能力。尤其是在国际市场竞争中作为后来者的中国及山东省企业，以并购切入，不失为一种迅速有效的手段。但需要注意的是，对外并购并不一定会在短期内获得所需的技术、品牌和销售能力，并购也存在巨大的风险。

一、中国企业对外并购回顾

中国企业大规模收购海外企业，基本是在 2001 年我国加入世界贸易组织及 2003 年推动“走出去”战略之后。早期的成功案例主要有：2005 年联想对 IBM 全球 PC 业务的收购；2007 年中国移动从米雷康姆手中收购巴基斯坦巴科泰尔公司；2007 年中国国家电网获得菲律宾电网 25 年的经营权；2008 年中石化成功收购加拿大 TYK，是中石化首家全资海外油气公司；2009 年吉利控股集团完成对沃尔沃全部股权的收购。

当然，也有大量收购失败的案例，早期代表性的案例包括：2005 年中海油对优尼科的收购，中海油以 185 亿美元的高价，试图收购美国优尼科石油公司，但在美国政府干预等主客观因素变化的情况下，最后撤回收购，收购失败；2007 年华为的收购，华为试图和美国贝恩资本联手，以 22 亿美元收购 3Com 公司，但也因美国政府干预等主客观因素的变化而失败；2009 年中铝对澳大利亚力拓的收购，在已经签订 195 亿美元的天价收购合同后，6 月份力拓集团董事会单方面撕毁收购合约，向中铝支付 1.95 亿美元的“分手费”后，导致中铝海外收购的“世纪大交易”失败；2009 年北汽对欧宝的收购，由于在知识产权上没有达成共识，北汽集团竞标收购欧宝最终失败；2010 年华为对摩托罗拉的收购，2011 年对 3 Leaf Systems 专利技术的收购，均因美国担心国家安全，在美国外国投资委员会的干预下，华为的海外收购失败。

二、典型并购案失败原因分析

近年中国海外并购案中，大量的企业收购以失败告终。从全球范围看，中国企业的海外并购失败率是全球最高的。企业在并购中的任何失误，都会使并购这个系统工程运行不畅，可能造成整个并购失败。我们选择中国海外并购失败的几个案例，对失败的原因进行简单说明。

1. 中海油收购优尼科

2005 年，中海油对美国优尼科的收购势在必得，收购价格高达 185 亿美元，比第二收购价 171 亿美元高出许多，美国雪佛龙公司却以更低的价格成功收购。主要原因可以总结如下：

第一，收购时机不佳。收购期间正处于国际油价上升期，无论是美国政府还是民众，对石油公司的发展及被海外企业收购都非常敏感，因此，受到的政府审查更严格，别有用心者也故意制造舆论抵制，以阻碍收购。

第二，收购的准备工作不充分。对美国法律和政治环境的研究不足，如按照美国能源法案，当收购案需接受美国政府调查时，收购必须延后，在此次收购中，共延后 141 天，中海油对这种可能性的预计和准备不足，使 141 天后失去实施收购的可能性。

第三，收购策略有失误。中海油在收购过程中，存在各种或大或小的失误。如在收购过程中不恰当的一些收购表述，诸如强调“以贯彻国家的能源战略”为己任等，更加触动了美国政府的敏感神经；而收购过程中不注重细节，收购价格甚至被提前曝光，造成收购极为被动，优尼科股价大幅上涨，加大了收购难度。

2. 中铝并购力拓

2009 年 2 月，澳大利亚力拓公司的经营，受金融危机影响陷入困境，于是成就了中铝的收购，双方达成 195 亿美元注资协议，中铝获得力拓 18%的股份。但 2009 年 6 月，此次被寄予厚望的世纪交易，就以力拓单方面违约而告终。失败的原因包括：

首先，力拓的出售动机不足。由于金融危机的影响和铝矿石价格的下降，力拓经营陷入困境，公司资金压力大，为了缓解财务危机，欢迎中铝的注资收购。但由于收购后期大宗商品价格上涨，收购案又使其股价暴涨，摆脱经营困境后，由于不是战略性出售，也就很容易撕毁合约，拒绝收购。

其次，收购的准备工作不充分。即对澳大利亚政府的不当干预没有提前预见并准备。当收购遭到澳大利亚一些政客的强烈反对时，中铝未能正面地公关宣传并引导舆论导向，导致澳政府将审查期延长两个月，而这两个月，是至为关键的时期，正是两个月后，国际铝矿石价格大涨，力拓等到了市场回暖的时间，也就能够毁约。

最后，收购策略有失误。最典型的是缺少风险意识，收购金额如此巨大，但收购协议中，规定的单方违约金的比例只有 1%。如此低廉的毁约成本，也就能使力拓敢于单方面撕毁合约，而力拓毁约后，这 1.96 亿美元，甚至不够中铝支付对银行的违约款。如此缺少风险意识，不能在合约中有效地保护自己，导致收购失败。

3. 海尔收购美泰克

2005 年，海尔竞购美泰克，以期成为全球最大家电厂商，最后被惠而浦收购成功，从而使海尔错失了最难得的一次发展机会。失败的原因主要包括：

首先，收购的准备工作不充分。海尔对后期整合运作方案不清晰，尤其当试图在并购后转移工厂的做法，受到对方质询时，给不出强有力的解释，被认为会带来本土工人的大量失业，而引发了工会的严重反对。收购时过于轻敌，对潜在竞争对手分析不足。本以为自己的收购报价稳居第一，胜券在握，但当竞争形势对竞争对手显得更为有利时，海尔显然不知如何应对，甚至没有推出任何应对措施，短期内就快速宣布退出，说明对收购中可能出现的问题，远远没有做好充分的准备。

其次，收购策略有失误。不能很好地处理收购中遭受到的质询，当政府对海尔的并购动机提出疑问，当地民众舆论不利于收购时，海尔对于收购案一直保持沉默，表现出公关协调能力不足的弱点。这造成了政府对海尔收购案的不支持和舆论的不利导向，最终导致收购失败。

三、案例详解：吉利收购沃尔沃

2008 年金融危机对欧美发达国家汽车产业造成极大冲击，知名跨国汽车品牌纷纷折戟，全球市场大幅滑坡。同期，中国汽车产业迅速发展，自 2009 年开始汽车产销量均为全球第一，在人口众多、收入提高的优势下，中国汽车产业迅速成长起来。而中国汽车企业，由于坐拥全球最大汽车市场，利用这一得天独厚的优势，也随之高速发展，并突破中国市场和要素的限制，开始了海外收购的步伐。其中最引人注目的案例，是吉利对沃尔沃的收购。山东省乃至全国企业走向国际市场，进行自己的全球价值链分工布局在所难免，而以对外收购的手段进行，是其中最为重要的一种方式，我们仅以吉利收购沃尔沃的案例为代表，简要总结这一收购的成功要素。

我们对并购双方企业做一简单介绍。收购方浙江吉利，创始人李书福，企业创自 1997 年，凭借与当时的国有汽车企业截然不同的企业机制和定价原则，获得大量低端市场份额，取得了快速的发展，目前是中国汽车行业十强企业，并已连续 6 年进入该榜单，国际化程度不高，基本以中国为主打市场。

被收购方沃尔沃公司，总部设在瑞典的哥德堡，企业历史悠久，成立于 1927 年，品牌价值高，全球化程度高，强调安全、环保和品质，生产和销售体系遍布全球，在瑞典、中国、比利时和马来西亚，都有生产厂和组装线，销售和服务网络遍布全球 100 多个国家。

收购方和被收购方，似乎体现出截然不同的特征和发展战略，而这样的两个企业，为什么能走到同一轨道呢？

1. 收购过程

吉利试图进军国际市场时，希望以并购迅速切入。2002 年开始，选择沃尔沃为潜在收购对象，并开始跟福特正式进行沟通。2007 年福特最终决定出售沃尔沃，2008 年底，众多汽车企业都向福特提交竞购建议书，而吉利经过几年的跟进和准备，精心制作的建议书从众多竞购者中脱颖而出。2009 年 10 月 28 日，吉利被福特选中，成为沃尔沃的首选竞购方。

在之后近半年的时间，双方就收购内容进行了详细的商讨。最终股权收购协议于 2010 年 3 月 28 日签署，浙江吉利控股集团以 18 亿美元完成，获得沃尔沃 100%股权。除此之外，还就知识产权和零部件供应达成相关协议。2010 年 8 月，正式完成交割。最终收购价格低于最初预计的标价，以 13 亿美元现金和 2 亿美元银行票据完成。收购资金来自于吉利自有资金、国内银行贷款和包括美国、欧洲等在内的国外融资。

从收购标的上看，沃尔沃在被收购时的净资产为 15 亿美元。收购后，吉利拥有沃尔沃 100%的品牌，品牌价值接近百亿美元。收购后，吉利拥有沃尔沃在全球范围内所有的车型平台和销售的所有车型。更为重要的是，吉利完全获得核心知识产权，包括关键技术、专利的所有权和使用权。沃尔沃在全球的销售和服务网络体系庞大，2400 多家销售和服务网点，分布在全球 100 多个国家和地区，欧洲和北美市场占 90%，将全数归吉利所有，成为吉利进入世界，尤其是欧美市场的现成销售通道。沃尔沃的战略联盟、重要的供应商体系也尽数划归吉利，保有这些原有供应商合作关系，使沃尔沃尽管在收购后打上了中国标签，但其生产、品质等各方面并不会有大的变化，充分保障了其品牌和质量。协议中同时规定，为确保剥离过程平稳完成，在过渡期间，福特汽车会提供技术支持。而吉利承诺工厂不裁员，沃尔沃瑞典总部和研发不变，保留瑞典和比利时现有的工厂。应该说，这是一次共赢的收购，各方利益都得到了充分体现，皆大欢喜，也为并购后的整合打下了良好的基础。

2. 收购原因

第一，吉利战略转型对技术的诉求。

吉利虽然有着巨大的市场份额，但其最核心的竞争优势在于低成本、低价格。最初能够切入市场，也是凭借其对当时汽车价格底线的突破。野蛮生长期结束后，决定放弃低价竞争的方针，谋求战略转型，将技术和品牌作为最重要的战略方向。而技术的获得，如果依靠企业自身，耗时既长，又很难实现突破。并购是迅速获得技术的有效手段，比起创建，能起到事半功倍的作用。沃尔沃的先进技术得到全球公认，尤其是安全性能、节能环保的特点，居全球首位。沃尔沃先进的专利技术，正是吉利摆脱价格战和重塑竞争优势必不可少的。

第二，提升品牌的需求。

吉利汽车切入当时国有品牌垄断的汽车市场，靠的就是远远低于市场均价的价格，虽然获得可观的市场和利润，但消费者却根深蒂固地认为其品牌形象不佳，价格低廉。品牌形象固化在市场底部，无疑不利于企业未来的转型。向国际市场的进军，更需要国际化的品牌。如果依靠企业自身再去推出新的品牌，耗时既长，品牌形象又在多年的市场竞争中深入人心，很难转型。而沃尔沃的品牌影响力，无疑是吉利转型所急需的。

第三，民营企业走出去的一种方式。

作为典型民营企业的代表，吉利的技术、品牌、资金都不占优势，完全凭借自己的实力打入国际市场难如登天。而开放背景下，企业坐守国内市场，无异于死路一条，只有向国际市场进军，利用全球资源，才能够提高企业的发展潜力和竞争优势。通过收购相对知名的国际品牌而打入国际市场，是目前我国民营企业成功切入国际市场的捷径，成功的先例不少。收购沃尔沃，从而成了吉利冲出中国走向世界的桥梁。

第四，学习系统的市场营销。

吉利的市场份额虽大，但都是通过极为简单的市场营销模式，也即价格战形式获得的。进入国际市场，面对激烈的竞争、挑剔的消费者，吉利的这种单一市场营销模式，很难开拓市场。而沃尔沃作为国际企业，已经具备全球营销的悠久历史，建立了全球销售网络，在最挑剔的欧美市场都已有一席之地，它推出的许多营销战略，如体育营销，让品牌和挑战极限、高尚生活紧密联系；大成本的营销，让沃尔沃和绅士精神紧密地联系在一起，锁定了关注安全和环境、追求生活质量的高端消费群体。通过收购，能够完全学习沃尔沃的营销策略，对吉利而言，是未来走向世界的前提。

第五，企业文化的影响。

企业文化深受企业创始人或领导人的影响。吉利创始人李书福，在国有企业垄断汽车产业的时代，就敢于承担高风险，进入对资本、技术甚至是政府资源要求极高的汽车行业。缺乏生产汽车的技术，李书福通过逆向工程，从多家汽车企业的多个品牌上积攒了最初的生产技术，虽然技术的先进程度和吉利汽车的质量并不占优势，却由于其灵活的定价机制，造出了老百姓消费得起的车型，闯入当时死气沉沉、被国有企业与外资品牌垄断的中国汽车市场，使整个市场局面焕然一新，由此带动了中国汽车行业的竞争和发展。在之后的发展过程中，吉利汽车遭遇了无数的市场凶险，但李书福及其带领的吉利汽车团队仍百折不回，坚持其汽车梦。这样的企业文化，使其在收购沃尔沃时，也能够坚持到最后。收购意向刚提出，即多次遭到福特拒绝，吉利并未放弃，仍旧不断改善自己，最终被选为最优竞购方。收购后期，面对沃尔沃工会的刁难时，吉利始终保持不骄不躁，对对方苛刻的问题耐心解答，以诚意和处处为工会工人考虑的整合方案，获得了工会的青睐，也推动了收购的成功。

3. 福特出售沃尔沃的原因

第一，发展福特品牌。

汽车产业在 2008 年之前，以大为荣，许多汽车企业都通过多次并购，形成了多品牌、大规模的格局。但收购之后并不是都能够完成整合，多品牌战略容易出现分散优势资源的弊端，反而使每个品牌都经营不好。如福特旗下，当时囊括了阿斯顿·马丁、捷豹、路虎、马自达、沃尔沃等众多品牌的全部或部分股权。2006 年，福特亏损 127 亿美元，是福特历史上最严重的亏损。虽然这与当时的市场环境走低有关，但与福特的资源分散到各个品牌，而每个品牌的特点和经营思路又各不相同也大有关系。由此，福特决定收缩企业的优势资源，主要发展福特品牌。之后，福特在 2007 年出售阿斯顿·马丁品牌，在 2008 年出售捷豹、路虎品牌，对马自达等品牌的持股数额也有大幅度下降。出售沃尔沃，也是发展福特品牌为主战略的体现。

第二，沃尔沃带来的经济压力。

沃尔沃在被福特收购后，由于沃尔沃本身的缺陷，加上国际汽车市场增长乏力，销售额在一直下滑。2005 年开始，每年都是亏损，每年的亏损额均在 10 亿美元以上。2006 年，福特陷入有史以来最严重的亏损。2008 年，金融危机的影响使沃尔沃亏损加剧。2009 年，国际金融风暴的影响尚未走远，未来即使企稳可期，但汽车市场的萎缩态势回升乏力。在这样的国际环境中，加上沃尔沃带来的经济压力，使福特义无反顾地决定放弃沃尔沃。

第三，沃尔沃历史使命已完成。

1999 年，福特斥巨资 64.5 亿美元收购了沃尔沃。收购时的目的是看中了沃尔沃的技术，希望能获得沃尔沃在行业内首屈一指的安全技术和环保技术。沃尔沃在车型设计上，远远滞后于其他类似品牌，如奔驰、宝马、奥迪等，因此沃尔沃的品牌和技术虽然与这些企业相当，但由于经营机制僵化，市场营销经验不足，市场份额却远远低于它们。这些企业市场份额和经营利润连年上升时，沃尔沃却不增反降，亏损越来越多。由此，保留沃尔沃，对福特似乎已经失去意义。尤其是当沃尔沃的安全和环保技术已经被福特完全吸收，尽数体现在福特的汽车生产平台和福特汽车上时，出售沃尔沃，就是意料之中的事。

4. 成功收购的因素

第一，对被收购方的尊重。

收购方对被收购方的尊重，是收购得以顺利开展的基本要求，否则，收购将演变为敌意收购，无法推进。对沃尔沃收购时，吉利尊重对方，尤其尊重对方作为瑞典汽车工业尊严捍卫者的骄傲；吉利承诺，收购后吉利不干涉沃尔沃的运营管理，保留沃尔沃单独的运作体系和高管团队，承诺不转移工厂、不裁员。这种对福特和沃尔沃的尊重，使收购过程更为顺畅，避免了双方剑拔弩张的紧张谈判气氛，而使收购能在更为友好的氛围中，更为迅速地完成。

第二，对被收购方的吸引力。

福特出售沃尔沃时，大量大型汽车集团也参与竞购，但并不受福特青睐，原因在于由于汽车企业相互为竞争对手，对沃尔沃收购的汽车企业，极有可能是福特现在和未来的竞争对手。而一旦沃尔沃最为优秀的安全技术和环保技术被收购方所用，将造成养虎遗患的后果。因此，福特对可能对自己构成竞争威胁的大型企业并不热衷，以免增强对手竞争实力。而吉利，无论是规模还是实力，都不足以对福特构成威胁，这反而成为吉利的一个优势。福特对吉利没有太大的戒心，而对同期也希望收购沃尔沃的其他一流汽车企业，却颇为忌惮，最终促成吉利成为沃尔沃的第一收购方。另外一个原因在于，吉利作为来自中国的企业，代表的是更大的进入中国市场的可能性。沃尔沃要走出困境，摆脱多年亏损的局面，作为世界第一大汽车销售市场的中国，无疑是其不可忽视的机遇。但中国海外并购有个政策，不允许多家中国企业竞购同一个海外企业。

而当时被中国发改委允许参与竞购沃尔沃的，就只有吉利一家中国企业，因此，沃尔沃想要通过这次并购直接切入中国市场，就只能选择吉利。

第三，收购双方的销售市场互补无重叠。

一个成功的收购要求收购双方的销售市场互补无重叠。如果收购方和被收购方在市场上有较大重叠，可能会形成内耗，不利于未来的整合，如福特旗下的多个品牌，就有大量的市场重叠，福特在多品牌上顾此失彼，反而出现亏损。从这个角度衡量，吉利和沃尔沃无疑可以说没有市场的重叠。沃尔沃品牌处于汽车市场的高端，消费群体主要是来自于高收入国家或高收入消费者，倡导的是高端豪华的品牌形象；而吉利公司则坚持"制造让老百姓买得起的车"，强调低成本低价格，以发展中国家的底端消费者为主导市场。两个公司的销售市场毫无重叠，反而构成互补关系，从而能够打造更全面的产品体系和销售市场。

第四，对并购的充分准备。

吉利汽车对沃尔沃的关注最早始于 2002 年。当时吉利汽车就确立了转型发展的企业战略，研究了多个品牌出售的可能性后，将焦点放在沃尔沃身上。之后，吉利汽车就开始了和福特的沟通。但福特对沃尔沃出售的决心，是在五年之后做出的。在这漫长的等待中，吉利汽车一直坚持跟进，做好了并购的充分准备。在收购过程中，吉利聘请了庞大的外部专业收购团队，对并购活动所有的危机点都进行准备。通过长期精心的准备，将并购中可能出现的问题都做了提前评估，准备好多种解决方案，从而最终击败了众多竞争者，打赢了这一场有准备之仗。

比如吉利收购时，就提出了相当明晰的运营整合方案，提出了沃尔沃未来的发展之路。通过详尽的成本测算，认为沃尔沃扭亏为盈的唯一出路是，扩大销售规模，摊薄整车成本。降低采购成本，要依靠采购中国生产的零部件；扩大销售，要依靠 B 级车市场，扩大沃尔沃在 B 级车的销售，因为 B 级车市场容量大，发展前景广阔。凭借吉利对中国市场的深度了解，再加上沃尔沃的品牌与技术，在准确的数字计算基础上提出了详尽的运营方案，成为沃尔沃最后选择吉利的根本原因。

四、成功对外并购的启示

成功的对外并购，其一，并购战略与目的要明确。企业应明确在并购中要获得什么样的资源，企业的发展战略远景规划中，急需的要素是什么，而这些急需的要素和资源，能否从并购中获得。

其二，确定并购目标。准确评估目标公司与自身的并购需求，分析本企业发展需要什么资源和要素，分析目标公司有什么样的资源和要素。并购之后，能否符合企业自身发展的要求，当能够满足时，则可以锁定并购目标。当然，一个成功的并购还需要等待并购良机，如在该产业该市场上升通道时，并购的成本和难度无疑会加大。

其三，确定对方的出售意图。成功的并购，只能是在出售和购买双方有确定性诚意的基础上达成。对企业的并购，关键是要找准有战略性出售意图的目标企业。福特出售沃尔沃，正是典型的战略性出售，双方都有诚意的谈判，才能达成交易。如果不是战略性出售，比如财务性出售甚至炒作性出售，则很难保证收购的顺利进行；或者说尽管交易达成，也存在许多变数。如中铝并购力拓，因为力拓仅仅因为财务危机才出售股份，一旦外部环境发生变化，财务压力缓解，收购也告流产。

其四，选择专业并购团队。并购是一项庞大繁杂的系统工程，需要法律、财务、公关、行业运作等各方面的配合，作为一个制造企业，很难完全具备这些专业知识和专业人员。专业并购团队的介入，可以使收购方准确评估目标企业和东道国的法律法规环境，在并购谈判、政府公关等方面做详尽的准备，在尽职调查的基础上制定并购要约，使并购更顺利地完成。

其五，有效的后期整合。并购后的整合才是并购环节中最为凶险的一步。并购往往会带来巨大的资金压力，并购完成之后，也需要有相应的大量配套资金投入，这往往成为企业潜在的财务风险。同时，不同的企业，有着不同的品牌策略，不同的市场推广战略，不同的技术研发方向，不同的企业管理模式和企业文化，没有强有力的整合方案，将会导致整合失败，而最终拖垮并购双方。这样的案例并不少见，如TCL在并购汤姆逊后，不但未能获取海外资源，反而导致母公司陷入巨额亏损。

结束语

随着改革的全面深化，山东省经济增速开始放缓，参与价值链分工的基础也发生了较大变化。经济全球化的今天，山东省制造业要实现价值链分工的跃迁，唯一的途径是实现本土科技创新，并以自主知识产权的科技创新成果，推动产业结构的优化升级。能否实现科技创新与产业结构升级系统的协调耦合关系，对山东省制造业及整体经济发展至关重要。经济新常态下，山东省参与价值链分工的国内外环境都出现较大变化，已经使山东省的现有价值链分工模式及技术进步和产业结构升级效应受到了较大冲击。当前，对于山东省来说新机遇和新挑战同时并存。在发展创新型经济的大背景下，如何提高科技创新能力，并能发挥技术优势，优化山东省产业结构，对转变经济增长方式，实现经济可持续发展至关重要。

价值链分工背景下，产业结构调整的重点，已经不再是简单地改变三次产业的比例关系，而是转向了提升价值链上的国际分工位置，从价值链的中低端向高端跃迁。从山东省内部来讲，在价值链分工背景下，科技创新是推动传统产业改造，加快发展新兴产业，驱动产业结构由低端向中高端跃迁的根本动力。

尽管近年来山东省价值链分工地位有所下降，与之相对应的技术进步及产业结构升级效应也随之消减，科技创新与产业结构升级系统的耦合也处于初级阶段，但耦合度处于不断改善的过程中。对山东省科技创新与产业结构升级系统的耦合机制及对策研究表明，通过合理的战略设计及政策引导，山东省科技创新与产业结构升级系统之间“共生、互动、匹配、协同”的动态关系完全能够形成，从而促进价值链分工背景下两大系统融合发展，增强创新优势。

附录 山东省枣庄市锂电产业科技创新及产业升级的耦合研究

山东省枣庄市锂电产业是山东省价值链分工体系下科技创新和产业升级耦合的典型案例，其在发展初期以切入国际价值链分工体系为基础，形成一定竞争优势后，通过有效构建科技创新和产业结构升级的耦合体系，获得了更大的发展空间。从山东省枣庄市锂电产业的发展现实看，主要通过科技创新主体的协同，使科技创新和产业升级机制充分发挥作用，由此实现了两大系统的联动和耦合。

一、枣庄市锂电产业发展现状

山东省枣庄市锂电产业发展的聚集度高，自 2004 年以来，以枣庄高新区为中心，迅速发展起来。目前，已经发展成为山东省战略性新兴产业的代表，产业规模和创新能力都在国内处于较高水平。目前，枣庄锂电产业体系功能庞大，创新体系功能完善，科研开发、孵化创新、专业服务等功能齐备，囊括了科学研究、技术开发、中试孵化等全过程，如附图 1 所示。

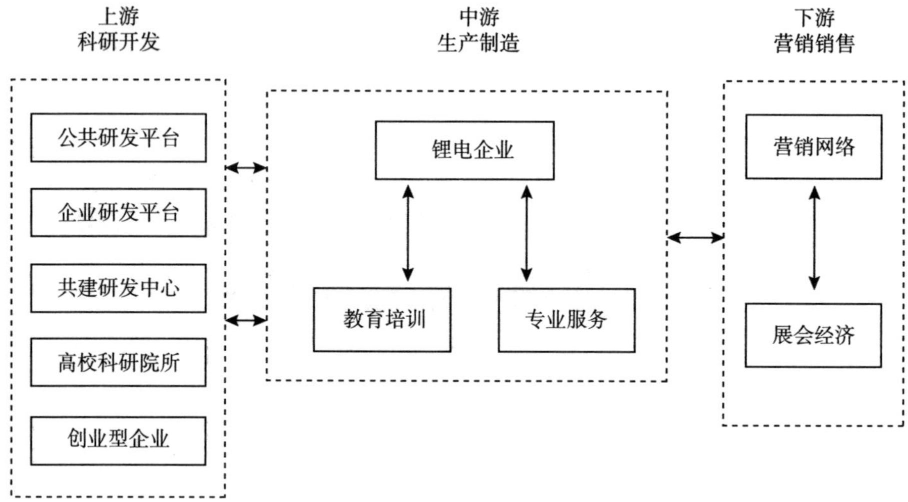

附图 1　山东省枣庄市锂电产业体系示意图

二、枣庄锂电产业价值链的构成

目前，枣庄锂电产业包括 3 个大企业集团、30 多家关联企业，形成了一个较为完善的价值链，从锂电原材料、锂电池生产制造，再延伸到包括电子产品、储能系统和电动车辆等产品。从锂电产业价值链整体分析，每一环节的价值增值程度各不相同。

1. 研发环节

与其他产业相同，锂电产业作为战略性新兴产业，研发创新环节的作用至关重要。枣庄锂电产业的竞争优势，也是突出体现在这一环节上，高新园区与国内数十家高校和科研院所合作，建成国家级科技企业孵化器等多家公共研发服务平台。枣庄市锂电企业普遍重视研发投入，除了辖区内企业投入大量资本进行自主研发外，已经尝试与国内锂电产业的其他企业、相关高校和科研院所展开合作，以推进科技创新。枣庄市锂电企业在应用型的技术创新上优势较大，但对基础研究的技术突破明显不足，这是由于枣庄市乃至山东省都缺乏对锂电产业进行专业研究的科研机构，高校资源基础也很薄弱。这导致枣庄市锂电产业的核心技术优势不足，理论研究的成果较少，潜在增长动力有所欠缺。这是未来枣庄市锂电产业应当强化的环节，可以借助枣庄市及山东省以外的高校和科研院所资源，实现跨区域合作。

2. 生产环节

枣庄市锂电产业的生产能力较强，尤其是在高新区内，聚集了数十家企业，生产的产品销往国内及海外市场。但在价值链的生产环节的最大问题在于缺少带动整个集群的龙头企业，由于缺乏起到核心带头作用的主体企业，大部分企业之间联系和合作并不稳定，而单个企业与上游科研单位或下游产品营销部门的联系也不密切。因此，锂电生产企业之间的横向联系不强，与研发机构和下游产业部门的纵向联系，无论在广度还是深度上都发展不足。枣庄市锂电生产企业基本还处于单兵作战的局面，企业之间难以形成优势互补，而在事关全行业技术进步的重点领域的技术突破上，由于缺乏行业内合作，限制了生产效率的提高，无法在企业之间形成合力，推动枣庄市锂电产业全行业的生产功能改善。因此，枣庄市锂电产业在生产环节上，应以加强企业合作，形成产业优势为主要方向。

3. 销售环节

从销售环节上，枣庄锂电产业的领军企业，以海特、威斯特等为代表，重视品牌推广和企业形象塑造，企业的品牌价值高，销售网络已经覆盖全国，以山东市场作为基础，向国内辐射。与国内的某些大型企业如海尔、海信等公司，已经达成了较为稳定的供货关系。与某些特殊采购商加强联系，如枣庄锂电产业的某些企业，获得了中国船级社（CCS）认证，产品广泛使用在海洋海事领域，包括港口建设、轮渡、游艇和海上作业等。另外，也得到了相关政府机构的认可，如海特电子集团生产的产品，获得了军品入网许可证，超级电容器、磷酸铁锂动力电池等已经广泛使用于军工领域。在国际上，与 GE 等公司达成供货协议，产品出口到美国、澳大利亚等多个国家。在销售环节上的不足是对国际市场的出口能力尚显不足，缺乏进入国际市场的渠道，导致在出口过程中受制于国外的经销商，企业的出口利益被经销商盘剥，这是枣庄锂电产业在销售环节上应予改善的地方。

三、枣庄锂电产业价值链的特点

1. 地理集聚度高

枣庄锂电产业以高新区作为发展的大本营，差不多所有的与锂电生产和研发的企业和机构，都集中在规划面积 533 公顷的高新区，可以说是步步为营，高新区处处充斥着锂电产业的气息。如此高的地理集聚度，使园区内锂电企业的合作非常容易展开，也形成了良好的推动锂电产业发展的园区氛围。目前，高新区内已经形成完整的产业链，从研发到生产到销售，即锂电产业发展的全过程，可以在高新区内一站式满足。高度的地理集聚性，多样化的链接实现形式，产业链之间大量的信息交换及要素联系，使高新区成为枣庄市锂电产业价值链和创新链高度集中发展的大本营，甚至形成了对国外锂电企业和科研机构的吸引力。

2. 对外依赖性强

枣庄高新区锂电产业是以锂电技术开发研究机构和生产企业为主导和核心而形成的。尽管已经构成了完整的产业链，但薄弱环节仍然在研发上，尤其是由于缺乏本地高校和科研院所的支持，枣庄市锂电企业所使用的核心技术，仍大量来自国外，依赖从美国和日本引进。中国巨大的锂电市场，对国外跨国公司和科研机构具有巨大的吸引力，大量跨国公司以各种形式，或参股或技术许可，涉足枣庄锂电产业，短期内使枣庄锂电企业获得了更快的发展，但长期来看，由于枣庄锂电企业过度依赖技术引进而忽视研发，不利于企业的技术进步。同时，跨国公司和国外科研机构的进入，又会弱化枣庄锂电企业之间、企业与本土高校和科研院所之间的联系，阻碍本土科技创新能力的提高。

3. 产业升级能力不强

枣庄高新区锂电产业在国际价值链链中仍处于低端的位置，与发达国家锂电产业还具备较大的技术差距，加上技术依靠引进，限制了产品升级换代的能力。而从企业的技术研发看，由于缺乏基础研究的支持，大多数企业仍在进行局部修补性的技术研发，产品更新换代速度慢，基本是跟随国外跨国公司发展，甚至大量企业尤其是中小型企业引进国外锂电企业即将淘汰的技术，成为国外锂电企业的代工车间，整体来看，缺乏产业升级能力。

四、枣庄锂电产业科技创新与产业结构升级耦合体系的构建

总体来看，枣庄锂电产业的技术能力尚显不足，产业升级缓慢，也即科技创新和产业升级的耦合尚不尽如人意。实现锂电产业的升级及竞争优势的提升，迫切需要使锂电产业在全球产业价值链体系中向高端环节攀升，推动科技创新和产业结构升级的耦合。

1. 构建科技创新和产业升级主体体系

科技创新和产业升级的实现，取决于科技创新和人力资本要素，而枣庄市的优势要素体现在地理位置、土地、劳动力等传统要素上，这与科技创新和产业升级不相匹配。如在 R&D 占 GDP 比重、每万人发明专利拥有量等统计指标上，枣庄市在山东省范围内也处于较低水平，当然无法有效推动科技创新和产业升级。枣庄高新区锂电产业科技创新和产业升级体系的耦合，首先需要构建科技创新和产业升级主体体系。从目前来看，枣庄高新区锂电产业科技创新体系由锂电生产企业、研发机构和其他辅助性组织组成。在此科技创新网络中，研发机构和企业是网络内的主要节点，作为创新体系中的组织主体，是决定产业结构升级的重要因素。因此，应以之为核心，组合大学、科技中介机构、政府、金融机构等其他主体，构成科技创新的行为主体，集中有限的科技创新资源，提高科技创新的产出效率。

2. 建设区域创新平台

创新平台是企业和研发机构科技创新的重要基础，枣庄市锂电产业的创新平台，应以企业为主体推进产学研相结合，整合各种机构，发挥不同主体的科技创新功能；以市场为导向，实施科技成果产业化；强化科技创新的法制保障，构建多层次的创新推动制度和政策，促进科技资源开放和共享。同时，可以跨区域利用高校及科研院所的资源，推动建立枣庄市锂电企业创新战略

联盟。

3. 壮大企业群体

企业是科技创新和产业结构升级的基石。科技创新能力和产业升级的耦合，首先有赖于企业群体的壮大。鉴于枣庄市锂电产业缺乏核心龙头企业的现状，枣庄市应鼓励和引导大企业以市场为途径，以并购、合资、合作等方式，扩大企业规模，迅速成长为枣庄锂电产业的龙头企业；培育科技型小微企业，集中在龙头企业周围，构成企业合作体系。以此为手段，能够不断壮大企业群体，促进锂电产业集群的发展。

4. 大力发展科技金融及中介服务

科技创新离不开金融的支撑，枣庄市应完善金融服务体系，形成对科技创新的有效支撑。通过引进股份制银行，吸引国内大型金融机构入区设立分支机构或功能中心，拓宽枣庄市锂电产业的融资渠道；鼓励有条件的锂电新能源高新技术企业上市，支持锂电企业利用债券和票据等形式募集资金；发挥政府创业投资基金引导作用，吸引社会创业投资机构进入，发展风险投资等，解决锂电企业在科技创新和产业结构升级中的资金问题。

在中介服务机构方面，枣庄锂电产业缺乏高层次的中介机构，中介机构规模小、功能单一，难以为企业提供科技咨询、教育培训、信息沟通、创业投资、管理咨询等中介服务支持，在科技创新和产业结构升级中难以发挥重要作用。为推进中介服务体系的发展，枣庄市目前应围绕产业创新需求，健全科技创新服务体系建设，培育科技服务业，推进市场化服务，提供专业化服务。科技中介机构要以民间投资为主，鼓励科学家、工程师开展业余咨询服务活动。最后，应创新中介服务模式，将以前单纯的中介服务升级，倡导一站式中介服务，提供综合性中介服务。

5. 培育创新机制和环境

科技创新和产业升级过程中，市场机制是资源配置的主要方式，但当市场机制存在失灵和不足时，政府也应适时进入，以弥补市场机制的不足。枣庄市政府在枣庄锂电产业科技创新和产业结构升级的过程中，除了要营造科技创新环境，转变政府职能，建立高效廉洁行政系统外，还要提供公共产品和服务，为科技创新和产业升级的耦合打好基础；此外，还应完善知识产权制度，推动锂电产业领域的自主创新和自主知识产权；最后，应出台扶持锂电产业发展的政策措施，充分发挥好政府产业政策引导作用，以调动市场主体的积极性。

6. 完善国际合作交流机制

价值链分工体系下，应充分利用国际合作交流机制，以推动科技创新和产业结构升级的耦合。为此，应鼓励枣庄锂电企业走出国门寻找新的发展空间，推动国际合作交流，以自身的优势切入全球价值链分工体系并实现在其中的升级。首先，应发挥龙头企业的带动效应，吸引各类锂电配套企业向高新区集聚，进行专业化分工与协作，构建完整的产业价值链，实现规模经济、促进科技创新，全面提升产业结构的升级。其次，应激发企业参与国际交流合作的积极性。鼓励企业开展参股并购、联合研发等方面的国际合作，积极开展全方位、高水平的科技国际合作，鼓励锂电企业开拓国际市场，在国际交流和合作中推进科技创新和产业升级的耦合。

参考文献

［1］常涛等. 基于资源型经济转型的区域科技创新能力评价研究——以山西省为例［J］. 科技管理研究，2016（16）：62-67.

［2］陈搏. 全球科技创新中心评价指标体系初探［J］. 科研管理，2016（1）：289-295.

［3］陈继初，胡晓红. 基于因子分析的湖南省区域科技创新能力评价［J］. 企业导报，2016（15）：175-177.

［4］丁永建. 面向全球产业价值链的中国产业升级［M］. 北京：科学出版社，2010.

［5］（芬）海迈莱伊宁，（芬）海斯卡拉. 社会创新、制度变迁与经济绩效——产业、区域和社会的结构调整过程探索［M］. 北京：知识产权出版社，2011.

［6］韩红利，刘晓君. 产业升级再解构：由三个角度关照［J］. 产业经济，2011（1）：47-51.

［7］（德）坎特纳，（意）马雷尔巴. 创新、产业动态与结构变迁［M］. 北京：经济科学出版社，2015.

［8］雷琳洁等. 基于灰色关联分析的区域科技创新效率评价——以我国东部九省为例［J］. 河北联合大学学报（社会科学版），2015（3）：18-21.

［9］李钢，廖建辉等. 中国产业升级的路径和方向［J］. 中国工业经济，2011（10）：16-26.

［10］李艳军. 科技创新与环京津区域产业结构优化［M］. 北京：中国经济出版社，2013.

［11］梁运文等. 垂直专业化、利润创造与中国制造业发展困境战略突破

[J]. 产业经济研究，2013（4）：1-13.

[12] 刘冰，王发明等. 基于全球技术链的中国产业升级路径分析 [J]. 经济与管理研究，2012（4）：58-63 .

[13] 刘泉. 价值链体系背景下产品内垂直分工的技术外溢研究 [J]. 山西财经大学学报，2013（11）：45-56.

[14] 刘维林等. 全球价值链嵌入对中国出口技术复杂的影响 [J]. 中国工业经济，2014（6）：83-95.

[15] 刘友金，胡黎明. 产品内分工、价值链重组与产业转移——兼论产业转移过程中的大国战略 [J]. 中国软科学，2011（3）：149-159.

[16] 刘志彪. 从全球价值链转向全球创新链：新常态下中国产业发展新动力 [J]. 学术月刊，2015（2）：5-14.

[17] 隆国强. 全球化背景下的产业升级新战略——基于全球生产价值链的分析 [J]. 国际商贸，2007（7）：27-34.

[18] 卢锋. 产品内分工 [J]. 经济学（季刊），2004（1）：55-82.

[19] 罗来军，史蕊等. 工资水平、劳动力成本与我国产业升级 [J]. 当代经济研究，2012（5）：36-42.

[20] 马红旗，陈仲常. 我国制造业垂直专业化生产与全球价值链升级的关系——基于全球价值链治理视角 [J]. 南方经济，2012（9）：83-91.

[21] 钱士茹，赵斌斌. 基于耦合模型下的科技创新与区域经济协调发展研究 [J]. 蚌埠学院学报，2015（4）：59-63.

[22] 王岚等. 中国制造业融入全球价值链路径研究 [J]. 中国工业经济，2015（2）：76-88.

[23] 王业强，梁阁. 区域科技创新能力评价与空间格局演变 [J]. 发展研究，2016（4）：34-40.

[24] 邬义均. 产业经济学 [M]. 北京：中国统计出版社，1997.

[25] 徐建中，冷单. 知识整合再造视角下的制造企业核心竞争力提升机制研究 [J]. 情报杂志，2010（12）：23-28.

[26] 杨武，杨森. 中国科技创新与经济发展耦合协调度模型 [J]. 中国科技论坛，2016（3）：30-35.

[27] 张凯，曲婷. 区域科技创新竞争力评价与经验借鉴研究——以湖南

为例 [J]. 湖南社会科学, 2016 (3): 140-143.

[28] 张平, 于珊珊, 姜鹏. 科技创新引领服务外包产业升级研究 [M]. 西安: 西安电子科技大学出版社, 2015.

[29] 张少军, 刘志彪. 国内价值链是否对接了全球价值链——基于联立方程模型的经验分析 [J]. 国际贸易问题, 2013 (2): 14-27.

[30] 章熙春, 柳一超. 德国科技创新能力评价的做法与借鉴 [J]. 科技管理研究, 2017 (2): 77-83.

[31] 赵大平. 政府激励、高科技企业创新与产业结构调整 [M]. 北京: 中国经济出版社, 2012.

[32] 赵文军等. 贸易开放、FDI 与中国工业经济增长方式 [J]. 经济研究, 2012 (8): 18-31.

[33] 赵昱. 创新资源国际流动格局、过程及对中国自主创新的影响 [D]. 华东师范大学, 2014.

[34] 周璇. 基于小波理论的我国省域技术创新能力差异化的实证研究 [D]. 江西财经大学 , 2014.

[35] 朱卫平, 陈林. 产业升级的内涵与模式研究——以广东产业升级为例 [J]. 经济研究, 2011 (2): 60-66.

[36] 祝新, 王邵. 基于灰色关联分析模型的广西科技创新能力评价研究 [J]. 科技进步与对策, 2016 (22): 109-115.

[37] Arndt, Sven W. and Kierzkowski, Henryk (ed.). Fragmentation: New Production Patterns in the World Economy [M]. London: Oxford University Press, 2001.

[38] Arndt, Sven W. Globalization and the Open Economy [J]. The North American Journal of Economics and Finance, 1997 (8): 71-79.

[39] Asheim B. Regional Innovation Systems: The Integration of Local Sticky and Global - Ubiquitous Knowledge [J]. Journal of Technology Transfer , 2002 (27): 77-86.

[40] Bhagwati and M. H. Kosters (ed.). Trade and Wages: Leveling Wages Down? [M]. Washington D. C.: AEI Press, 1994.

[41] Boekema, F., Morgan, K., Bakers, S. and Rutten, R. (ed.). Knowledge,

Innovation and Economic Growth: The Theory and Practice of Learning Regions [M]. Cheltenham: Edward Elgar Publishing, 2000.

[42] Deardorff, et al. Fragmentation: New Production Patterns in the World Economy [M]. London: Oxford University Press, 2001.

[43] Dixit A. K. and Grossman Gene M. Trade and Protection with Multistage Production [J]. The Review of Economic Studies, 1982 (49): 583-594.

[44] Doloreux. Regional Innovation Systems in Canada: A Comparative Study [J]. Taylor & Francis, 2004 (5): 479-492.

[45] Feenstra Robert C. Integration of Trade and Disintegration of Production in the Global Economy [J]. Journal of Economic Perspective, 1998 (12): 31-50.

[46] Florida R. Cities and Creative Class [M]. New York: Routledge, 2005.

[47] Ganotakis P., Love J. H. The Innovation Value Chain in New Technology-Based Firms: Evidence from the U. K. [J]. Journal of Product Innovation Management, 2012, 29 (5): 839-860.

[48] Grossman Gene M. and Esteban Rossi-Hansberg. Trading Tasks: A Simple Model of Offshoring [R]. NBER Working Paper, 2006b (August), No. 12721.

[49] Hansen M. T., Birkinshaw J. The Innovation Value Chain [J]. Harvard Business Review, 2007, 85 (6): 961-977.

[50] Hassink R. How to Unlock Regional Economies from Path Dependency? From Learning Region to Learning Cluster [J]. European Planning Studies, 2005, 13 (4): 521-535.

[51] Hummels David, Ishii Jun and Yi, Kei-Mu. The Nature and Growth of Vertical Specialization in World Trade [J]. Journal of International Economics, 2001 (54): 75-96.

[52] Hwang, et al. Vertical Specialization and Trade Growth in Northeast Asia [J]. China and World Economy, 2011, 19 (2): 109-126.

[53] Kim, Park. Clinical Features and Survival Outcomes in Patients with Multiple Myeloma: Analysis of Web-based Data from the Korean Myeloma Registry [J]. Acta haematologica, 2009 (4): 200-210.

[54] Koopman, et al. Tracing Value-added and Double Counting in Gross Ex-

ports [J]. American Economic Review, 2014, 104 (2): 459-494.

[55] Krugman, Paul. Growing World Trade: Causes and Consequences [J]. Brookings Papers on Economic Activity, 1995 (1): 327-362.

[56] Roper S., Du J., Love J. H. Modelling the Innovation Value Chain [J]. Research Policy, 2008, 37 (6-7): 961-977.

[57] Scott, A. Creative Cities: Conceptual Issues and Policy Questions [J]. Journal of Urban Affairs, 2006 (28): 1-17.

[58] Yi, Kei-Mu. Can Vertical Specialization Explain the Growth of World Trade? [J]. Journal of Political Economy, 2003 (11): 52-102.

后 记

本书成稿之际，正是在加拿大一年访学期的最后两个月，刚刚搬到加拿大多伦多附近的奥克维尔，一个优美静谧的小镇。本书的最初起源在于我的博士学位论文对于国际价值链分工的研究，最近几年世界及中国风起云涌的科技创新，使得我决定将价值链分工的研究与科技创新进行结合。而实验室范畴的科技创新，无疑对经济的推动作用和现实意义极小，因此继而决定将科技创新与产业结构升级进行结合研究。

科技创新、产业升级和国际分工，无疑是开放背景下和科技为王时代，一国经济发展最重要的三条主线。但自 2017 年初写作开始后，我才发现将三者融合研究的难度之大，于是写作陷入了写写停停的僵局。其间，2017 年 8 月底开始了在加拿大温莎大学经济系的一年访学。我与 9 岁的儿子初到异国他乡，在完全陌生的环境里，几乎寸步难行。那段最艰难的时间里，在我租住的简陋的小公寓中，每天清早我书桌上的一灯如豆，反而使我完成了在国内优渥的物质环境下没能完成的本书主体写作。无论物质生活上如何的困顿艰难，只要仍旧能够读书、思考、写作，我的心一样平静满足。

我的书稿和我们的坚强一起成长，我努力融入了加拿大的生活，儿子比我做得更好。之后的大半年时间我们游历了美丽的加拿大，无论何处，我始终带着我的电脑，我的书稿和我一同见证了阿岗昆的红叶，露易丝湖畔的清澈，魁北克的壮美，爱德华王子岛的旖旎，直至在奥克维尔的沉静中，最终成稿。写作完成之际，仍旧意犹未尽。如何在全球价值链分工体系中实现山东省乃至全中国科技创新和产业结构升级的耦合，既是学术研究和政府政策的重中之重，也是我国企业未来发展可以倚重的战略。如果能够实现其耦合，则可以使我国企业的发展避免比如中兴的困局。

感谢我的儿子尧尧，风雨晴天一直陪在我身边，坚强乐观、毫无保留地爱我、鼓励我，是我写作和成长的最大动力；感谢温莎大学的各位教授，Nurlan、Sang、Yahong、Tongzhe、Arbex 等，对本书提出了宝贵的修改意见；感谢我的朋友 Jason，伴我度过了异乡最孤独彷徨的岁月，美味的巧克力和牛排，不及其中的深情厚谊；感谢我远在国内的家人，是我最坚强的后盾；感谢我的导师臧跃茹老师，远隔千里仍旧为我审稿作序；感谢每一个在这一年里帮助我的人，Lynda、Sonya、Kristi、Head，以及从爱德华王子岛回魁北克途中无私帮助我不知名的朋友……你们使世界更美丽！

任　燕

2018 年 7 月 11 日于加拿大奥克维尔